中国共产党历次代表大会史丛书

第一辑

中共三大史

中共广东省委党校　编
欧阳湘　著

中共党史出版社

图书在版编目(CIP)数据

中共三大史/中共广东省委党校编;欧阳湘著.--北京:中共党史出版社,2024.1

(中国共产党历次代表大会史丛书.第一辑)

ISBN 978-7-5098-6442-5

Ⅰ.①中… Ⅱ.①中… ②欧… Ⅲ.①中共三大(1923)—史料 Ⅳ.①D220

中国国家版本馆CIP数据核字(2023)第233302号

书　　名:中共三大史

作　　者:中共广东省委党校(编)　欧阳湘(著)

出版发行:中共党史出版社

责任编辑:王兵　赵雨

责任校对:申宁

责任印制:段文超

社　　址:北京市海淀区芙蓉里南街6号院1号楼　**邮编:**100080

网　　址:www.dscbs.com

经　　销:新华书店

印　　刷:北京盛通印刷股份有限公司

开　　本:680mm×960mm　1/16

字　　数:270千字

印　　张:19.5

版　　次:2024年1月第1版

印　　次:2024年1月第1次印刷

书　　号:ISBN 978-7-5098-6442-5

定　　价:50.00元

此书如有印装质量问题,请联系中共党史出版社读者服务部　电话:010-83072535

中共三大旧址

目录 CONTENTS

导论　中国革命史、中共党史上的丰碑

1923 年 6 月 12 日至 20 日，中国共产党第三次全国代表大会在广州举行。大会正式确立了建立国共合作统一战线的策略方针，为国共合作的建立和大革命的到来完成思想上、理论上和策略上的重要准备，但中共三大也有不足之处。全面系统研究中共三大史，具有重要的理论和历史价值。

一、中共三大的历史坐标

1923 年召开的中共三大具有重要的历史意义。1923 年中国和世界发生的大事深刻影响了中共三大的召开与决策。锁定中共三大的历史坐标，需从这两方面着眼。

（一）1923 年的世界

从世界范围看，在 1923 年及稍前数年间，至少有这样几件大事对于中共三大的召开和稍后连续数年间的国民革命产生了不可忽视的影响。

一是国际形势为中华民族复兴和中国革命展示了两种未来。

第一次世界大战后，通过巴黎和会和华盛顿会议，帝国主义列强建立了“凡尔赛—华盛顿体系”，确立了帝国主义的统治秩序。1919 年《凡尔赛和约》规定德国在中国山东的全部权益由日本继承，激起中国人民的极大愤慨，引发著名的五四运动，中国政府代表最终拒绝在和约上签字。1921—1922 年举行华盛顿会议是日美争霸远东太平洋的结果，其焦点是中国问题。1922 年 2 月 6 日，美、英、法、意、日、荷、比、葡、中 9 国在华盛顿会议上签订的《九国公约》，核心是肯定美国提出的在华实行“门户开放，机会均等”的原则，实质上是在美国占优势的基础上，建立帝国主义列强对中国的联合统治。这加深了中国的半殖民地地位。对于中国提出取消在华领事裁判权的要求，会议决定由列强代表组成法权委员会，对中国法律与司法有关情况进行考察后，用渐进的或其他方法取消，但各国有权采纳或拒绝该委员会的建议。中国提出的关税自主要求，也只得召开“关税会议”的空头支票。对于中国要求废除不平等条约的要求，也都被英、美、日、法等国代表以种种借口加以拒绝。

这说明，中华民族的复兴和解放不能寄望于帝国主义。毛泽东后来在《论人民民主专政》中指出：“帝国主义的侵略打破了中国人学西方的迷梦。很奇怪，为什么先生老是侵略学生呢？中国人向西方学得很不少，但是行不通，理想总是不能实现。”于是，中国革命从“欧风美雨”走向“以俄为师”。“关税会议”和“法权会议”，是1923年及后数年间，中外交涉的重要内容，史称“修约外交”。国共合作的广东革命政府直到广州、武汉国民政府，则坚持反帝立场，反对这两个会议，主张直接废除不平等条约，史称“废约外交”。

第一次世界大战是帝国主义国家之间的战争。世界大战给各国人民带来深重的苦难，俄国成为帝国主义体系的薄弱环节。俄国人民反战运动日益高涨，引发了二月革命。二月革命后成立的资产阶级临时政府掌握着主要权力，继续执行反人民的对外政策，并力图扑灭国内的革命火焰。列宁和布尔什维克党采取正确的方针政策，领导俄国人民取得了十月社会主义革命的胜利。1922年12月30日，在莫斯科举行的苏维埃第一次代表大会，宣告苏维埃社会主义共和国联盟（以下简称“苏联”）正式成立。苏联的成立，世界格局从此发生了惊天巨变。此前，1922年11月至12月召开的共产国际四大，着重讨论工人统一战线的方针，要求东方各国共产党积极参加并领导民族民主革命。共产国际四大，对中共三大有直接的重要影响。

二是土耳其独立为中国展示“以俄为师”道路成功的现实模板。

1923年，凯末尔在苏俄支持下取得土耳其民族解放斗争的胜利，为共产国际和苏联推动与孙中山的合作发挥了示范作用。这也是中共三大确定国共合作方针的重要背景。

近代土耳其与近代中国有相似的国情和历史命运。正如蔡和森所说："最近一世纪来，世界上最被国际帝国主义压迫的老大国家莫如土耳其与中国。土耳其与中国的问题，就是所谓近东问题与远东问题。""帝国主义列强在土耳其所造的罪恶，正如在中国所造的一般"。第一次世界大战后，土耳其面临亡国的危机。1918—1922年，土耳其发生了革命，史称"凯末尔革命"，得名于领导人凯末尔（或译为"基马尔"）。

支持东方殖民地、半殖民地国家的民族解放运动，是共产国际和苏联"东方战略"的重要内容。凯末尔领导的土耳其民族解放运动，遭到英、法等西方列强的干涉。1920年4月，凯末尔在安卡拉召开大国民议会，组成了以他为首的政府。他写信给列宁，要求建立外交关系，并请求苏俄援助土耳其的民族独立运动。在列宁的关注下，苏俄积极支持凯末尔革命，使凯末尔领导的土耳其人民打败了苏丹政府的反动军队，歼灭了希腊的主力部队，取得了民族解放斗争的重大胜利。1923年7月，协约国被迫与土耳其签订《洛桑条约》，承认土耳其的领土完整和国家主权。共产国际代表积极宣传凯末尔革命，以期推动中国的革命者，尤其是孙中山与苏俄的合作。

共产国际和苏俄援助土耳其革命的成功范例，直接影响了其对中国革命的认识和政策，中共三大即是例子。张太雷在中共三大期间发表的《羞见国民的中国国民党》中，将土耳其凯末尔领导的政党称为国民党，并要求中国国民党"对标对表"学习。他说，国民党应当是国民的党，是领导国民群众的政党，"土耳其的国民党就是一个最好的例子"。陈独秀在凯末尔领导的土耳其革命成功榜样的鼓励下愿意转变观念，通过国共合作来推动国民革命。他认为，半殖民地的中国，在客观条件上，国民革命是目前的需要，而且是目前的可能。

（二）1923年的中国

从中国来看，控制中央政府的北洋军阀内讧，并发生曹锟贿选事件，严重损害了中央政府的合法性，导致北洋集团进一步分裂。这为国民革命兴起创造了比较好的政治条件。

1. “好人内阁”破产

1922年中共二大召开前后，北洋军阀发生内讧。徐世昌下野、黎元洪上台。1922年直奉战争的结果，奉系失败，张作霖率残部出关。直系完全控制北洋政府，直系首领曹锟觊觎总统宝座。此时，原国会众议院议长吴景濂曾通过吴佩孚的部将王承斌呈献“法统重光”之计，即重新拥戴黎元洪复职大总统，恢复张勋复辟期间解散的国会。这对直系而言，是个一箭双雕的好办法：其一，“安福国会”选举的总统徐世昌已属非法，理应下台；其二，随着旧国会的恢复，孙中山的护法运动也失去存在的合理性。等到黎元洪把剩下的任期做满，再把曹锟推上来。在曹锟和吴佩孚的密谋下，直系将领和议员纷纷发表通电，要求徐世昌下野。6月2日，徐世昌通电下野，并退回天津。接着，黎元洪从天津回到北京，复任大总统。不久，孙中山领导的南方政府也因陈炯明叛变而中断。全国表面上统一了。

北洋政府时期，国内政治混乱不堪，一向以天下为己任的中国知识分子都想为国出力。自由主义派知识分子也跃跃欲试。1922年5月，自由主义知识分子提出自己的政治宣言——《我们的政治主张》。由北大校长蔡元培领衔，东南大学教育科主任陶行知和北大图书馆主任李大钊、教务长胡适以及丁文江、陶行知、梁漱溟、朱经农、王宠惠、罗文干、汤尔和等共16位各界知名人士签署。这篇宣言提出“好政府”作为改革中国政治的药方，基本要求是：一个“宪政的政府”、一个“公开的政府”，一种“有计划的政治”。并认为政治改革的唯一下手功夫，“在于好人须要有奋斗的精神”，“向国中的恶势力作战”。

1922年9月，由于军阀派系矛盾，吴佩孚等支持王宠惠组阁，署理国务总理，罗文干任财政总长，汤尔和任教育总长，这届内阁被人称为“好人政府”。胡适、丁文江等大喜过望，全力以赴地支持和指导王、罗、汤治理国家，提出一揽子治国方略。可惜“好人内阁”并无实权，只不过是军阀手里的工具与装饰。11 月，国会议长吴景濂等借口财政总长罗文干在签借款合同中有贪污问题，逼使黎元洪下令将其逮捕，形成轰动一时的“罗案”。陷于孤立的吴佩孚与曹锟妥协。王宠惠于 11 月 29 日宣布下台。“好人政府”仅存续两个月零六天。胡适说，“我们当日对于北方政府，确曾抱一点希望”，但简直是“与虎谋皮”。

2. 北京政变与曹锟贿选

“好人政府”垮台后，直系军阀曹锟完全控制北洋政府。到 1923 年 6 月，自觉羽翼已丰的曹锟，策划一脚踢开傀儡总统黎元洪，欲谋自己上台。为此，曹锟导演一幕幕“闹剧”：几百名军警官到总统府索饷，“万人国民大会”要求黎元洪下野，千人包围黎宅，冯玉祥、王怀庆等要求辞职。黎元洪见大势已去，只好携眷离京赴津。这样，北洋政府出现无总统、无内阁、无国会的无政府状态。国内各政治派别就此展开角逐。当时称为“北洋政变”。对此，中共三大给予极大关注。《向导》周报出版“北京政变”专刊（第 31 期和第 32 期合刊），刊发共产国际代表马林和中共中央负责人陈独秀及李大钊、蔡和森、毛泽东等的文章。6 月 25 日，陈独秀、李大钊、蔡和森、毛泽东、谭平山等以国民党员名义，给孙中山写联名信，认为“最近的北京危机不是近几天来事态发展的结果”，要求孙中山“离开广州前往舆论的中心地上海，到那里去召开国民会议”。同年 7 月发表的《中共中央第二次对于时局的主张》，详细阐述了此次“北京政变”的经过，揭露“曹党”的阴谋，分析各方面解决时局方案的错误观念，提出由负有国民革命使命的国民党牵头召集国民会议，由国民会议产生新政府，“以真正国民革命的势力，扫荡全国军阀及援助军阀的外国势力”。

黎元洪下台后，大量议员离京，使国会无法正常开会。从而破坏了直系原定的选举时程。曹党的意图，是在 10 月 10 日之前通过合法手段完成选举上任。为了拉拢更多的国会议员，曹党可谓无所不用其极，决定对出席国会会议的议员发放临时出席费。靠金钱的吸引，聚集议员。在重金收买下，在京国会议员终于达到大选的法定人数。国会经过 44 次的接连流会后，于 10 月 5 日正式进行总统选举。结果，曹锟得票 480 票，超过到会议员总数的四分之三，当选民国大总统。曹锟贿选成功，于 10 月 10 日就任。10 月 7 日，《京报》就赫然刊登曹锟花费 1300 万大洋“贿选”的内幕，并将其收买国会议员的一张 5000 大洋面值的支票照相刊登。一时间舆论哗然，曹锟成众矢之的，受贿的议员被讥讽为“猪仔议员”；这次国会通过的《中华民国宪法》本系中国第一部正式颁行的宪法，却被讥为“贿选宪法”，声名狼藉。中共三届一中全会决定对可能参与贿选的党籍议员胡鄂公进行调查处理。由此，北洋政府的权威更加弱化，中国人民对所谓民主政治的信仰下降。反帝、反封建口号深入人心。以国共合作为基础的国民革命统一战线，顺应时代潮流。

二、中共三大的历史地位

1923 年 6 月，中国共产党第三次全国代表大会在广州召开。大会正确估计了孙中山的革命立场和国民党进行改组的可能性，决定共产党员以个人身份加入国民党，以实现国共合作。大会还决定，共产党员加入国民党时，党必须在政治上、思想上、组织上保持自己的独立性。大会选举产生了中央执行委员会，还组成陈独秀任委员长的中央局。中共三大，在中国共产党的不懈奋斗史、理论探索史和自身建设史上，都具有重要意义。

（一）中国共产党不懈奋斗史上的中共三大

中共三大是党的历史上专门研究统一战线的一次全国代表大会，20 世纪 20 年代初，中国处于军阀割据、战乱不断、民不聊生的状况。中国的政治、经济现状和京汉工人大罢工惨遭镇压的教训，使刚成立不久的中国共产党认识到，只有积极联合孙中山领导的国民党，建立工人阶级和民主力量的联合战线，才能彻底推翻帝国主义和封建军阀的统治。中共三大决定共产党员以个人身份加入国民党，以实现国共合作。大会也强调，中国共产党必须保持自己的独立性。中共三大制定国共合作的策略方针，有力推动了中国革命的发展。

中共三大后，在中国共产党和人民支持下，孙中山领导了收回关余的斗争，鲜明打出反对帝国主义的旗号。中国共产党为帮助国民党改组，促进国共合作的建立，进行了不懈努力。1924 年 1 月，孙中山在共产党人的帮助下，召开国民党第一次全国代表大会。大会通过了共产党人起草的以反帝反封建为主要内容的宣言，确定联俄、联共、扶助农工的三大政策。从此，以国共合作为基础的革命统一战线正式建立起来。这是我党统一战线政策的巨大胜利。党通过国民党这一合法的组织形式，加强对工人、农民运动的领导，全国工人运动逐步得到恢复和发展，农民运动也逐渐兴起。以国共两党合作为特征的革命统一战线的建立，加速了中国革命的进程，在中国革命历史上出现了轰轰烈烈的大革命。经过两次东征和南征，广东革命根据地得到统一和巩固。由于国共合作，北伐战争赢得了胜利，大革命风暴迅速席卷全国。国共合作后，革命形势得到迅速发展，并取得巨大成果，这是旧民主主义革命所不能比拟的。正如毛泽东同志所指出的，孙中山先生致力国民革命凡 40 年来未能完成的事业，国共合作仅两三年的时间，就获得了巨大的成就。这是两党结成统一战线的辉煌成果。

中共三大确立的统一战线方针，后来经过反复实践和发展，成为中国共产党的重要法宝。抗日战争时期，中国共产党建立抗日民族统一战线，团结一切可以团结的力量，调动各方面的积极因素，不断发展壮大抗日武装力量，巩固和扩大抗日根据地，为争取抗日战争的胜利发挥了重要作用。解放战争时期，中国共产党建立人民民主统一战线，实行土地改革，巩固工农联盟，保护民族资本主义工商业，团结知识分子，争取包括国民党革命分子在内的一切民主党派和无党派人士，广泛凝聚人心，使国共两党的力量对比发生了根本的变化，解放战争很快便取得了全国性的胜利。新中国成立后，中国共产党运用统一战线，建立人民民主专政政权，完成对资本主义工商业的社会主义改造，建立了社会主义制度。党的十一届三中全会后，党和国家进入以经济建设为中心、努力实现四个现代化的新时期，爱国统一战线也进入一个迅速发展壮大的新阶段，真正形成了大团结大联合的局面，为推进我国改革开放和现代化建设凝聚了强大的源源不断的力量，香港和澳门相继回归，物质文明、精神文明和政治文明都取得了举世瞩目的伟大成就。党的十八大以来，以习近平同志为核心的党中央高度重视统战工作，站在治国理政的战略高度，完善大统战工作格局，努力寻求最大公约数、画出最大同心圆，汇聚实现中华民族伟大复兴的磅礴力量。

1939 年 10 月，毛泽东在《〈共产党人〉发刊词》中指出：统一战线、武装斗争、党的建设是中国共产党在中国革命中战胜敌人的三个法宝。2021 年 11 月，党的十九届六中全会通过的《中共中央关于党的百年奋斗重大成就和历史经验的决议》把坚持统一战线作为党百年奋斗积累的十条宝贵历史经验之一，强调“建立最广泛的统一战线，是党克敌制胜的重要法宝，也是党执政兴国的重要法宝”。中共三大开创的统一战线法宝，与时俱进又历久弥新。

（二）中国共产党理论创新史上的中共三大

中共三大作为马克思列宁主义与中国革命实际相结合的一个重要里程碑，被载入中国共产党的史册。中国共产党从成立开始就努力探索中国革命的基本问题，但鉴于本党与国民党存在的重大差异，为保持本党的独立性和纯洁性，一开始并不接受共产党员加入国民党的意见。在共产国际的指导、帮助下，中国共产党的认识水平不断提高。到中共三大时，中国共产党确定了革命统一战线的方针政策，促进了国共合作的形成。中共三大贯彻的马克思主义基本原理主要有两个方面。

首先，列宁提出的殖民地革命的理论，为中国共产党制定国共合作的方针提供了理论依据。殖民地革命，乃鼓励殖民地社会中的弱小民族反抗来自帝国主义的民族压迫和本国资产阶级的阶级压迫，也就是所谓的阶级和民族的双重革命。列宁把马克思、恩格斯“全世界无产者，联合起来”的口号，发展为“全世界无产者和被压迫民族联合起来”。1920 年共产国际二大至 1922 年共产国际四大期间，制定和完善了东方革命的战略策略，即要求东西方革命运动相互支持，结成强大的反帝统一战线。中国共产党接受列宁关于殖民地革命的理论。中共三大《关于第三国际第四次大会决议案》指出：对于东方问题的决议案：大会特注重其在各殖民地及半殖民地的二种工作：即一面为国民革命，为达到殖民地的政治的独立奋斗；一面须组织工人及农民，利用资产阶级间之冲突，执行为他们特别的阶级利益的争斗。

其次是马克思主义的革命策略与政策思想。统一战线是马克思主义的一个基本战略策略问题。马克思和恩格斯在《共产党宣言》中指出："共产党人到处都支持一切反对现存的社会制度和政治制度的革命运动"。"共产党人到处都努力争取全世界的民主政党之间的团结和协调"①。列宁强调，不实行统一战线策略，就休想在工人阶级中赢得多数。1922 年 1 月在莫斯科召开的共产国际第四次代表大会，要求无产阶级要尽最大的努力联合同盟军，要利用一切机会，哪怕是极小的机会来获得大量的同盟者，尽管这些同盟者可能是暂时的、动摇的、不稳定的、靠不住的、有条件的。根据具体的环境和条件采取必要的妥协，是无产阶级及其政党争取同盟军的一条重要策略原则。依照列宁的理论，结合党的实践经验，证明马列主义的统一战线理论，为世界各国共产党制定革命的统一战线政策提供了理论依据。

建党初期，共产党人对中国社会状况和革命性质缺乏正确的认识，企图照搬俄国十月革命的"模式"，企图超越资产阶级民主革命阶段。后来，在共产国际的指导帮助下，中国共产党人对中国的具体实际有了准确的认识。中共三大对中国实际的认识包括两方面。

一是中国社会性质的具体实际。鸦片战争以后，中国社会一步一步地沦为半殖民地半封建社会，帝国主义和中华民族的矛盾、封建主义和人民大众的矛盾成为中国社会的主要矛盾。辛亥革命虽然导致了封建帝制的崩溃与共和国的建立，却未能从根本上推翻帝国主义、封建主义的反动统治。1921 年中共一大误认为中国是资本主义社会，把中国的革命任务定为"消灭资本家私有制"，"推翻资本家阶级的政权"②。在列宁和共产国际的帮助下，中国共产党在马列主义和中国革命的结合上有了认识上的新突破。中

① 《共产党宣言》，人民出版社 2000 年版，第 62 页。
② 《"一大"前后》，人民出版社 1985 年版，第 6 页。

共三大阐明了中国社会的半殖民地、半封建性，并指出“半殖民地的中国，应该以国民革命运动为中心工作”[①]。

二是中国革命力量对比的具体实际。当时的北洋军阀代表着封建阶级的利益，在国际上得到帝国主义的支持，掌握着几十万军队，力量十分强大。共产党虽然代表着人民的利益，代表着生产力的发展方向，但由于刚刚诞生，势单力薄，还很幼小，无能力单独完成打倒强敌的任务。中国共产党要打倒北洋军阀的统治，就必须建立革命的统一战线，团结一切可以团结的力量。环顾当时国内政治力量，中国共产党建立革命统一战线，孙中山领导的国民党是唯一可选择的合作对象。在半殖民地半封建的中国，不仅工、农、小资产阶级能参加民主革命，而且民族资产阶级也能参加这一革命。辛亥革命后，以孙中山为首的资产阶级革命派，一直坚持反对北洋军阀的立场，虽然在斗争中屡遭失败，但是在苏俄政府和中国共产党的帮助下，逐步走上了联合苏俄，欢迎中国共产党与其合作的道路。国共合作成为可能。

（三）中国共产党自身建设史上的中共三大

中共三大决定实行国共合作，扩大了中国共产党各地组织的活动范围，使党走上更广阔的舞台。在大革命的实践中，共产党借助国民党的组织形式，以合法身份公开宣传自己的政纲和主张，大力开展群众性运动，扩大共产党在全国的政治影响，壮大了自己的队伍，使之成为国民革命中坚核心力量。中共三大是中国共产党从创建时期转入大革命的里程碑，成为中国共产党从比较狭小的圈子里走出来、向群众性的无产阶级政党转变的起点。

首先，发扬党内民主、批评与自我批评的优良作风。

一是中共三大开党内民主集中制之先河，为民主集中制这一党的根本组织制度的形成和发展提供了宝贵经验。中共三大在讨论国共合作问题时，发言的代表有二届中央委员，各地来的代表。虽然共产国际和马林、陈独

① 《中共中央文件选集》（1），中共中央党校出版社 1982 年版，第 115 页。

秀已明确主张必须实行国共合作，但大会组织了认真的讨论，正面意见听，反面意见也听，甚至可以在大会上争论。二是对坚持错误观点的少数人，不是采取组织上的打击，而是互相说理，把问题讲清楚。例如，蔡和森在发言中，坚决反对陈独秀和共产国际马林的意见，但在选举中央执行委员会时，蔡和森仍然以高票（40票中的37票）当选。会议在坚持原则、充分行使代表权利和相互团结上达到了统一。大会在充分讨论的基础上，吸收上述两种意见的合理成分，克服陈独秀和张国焘意见的片面性，保证党的决议的正确性。陈独秀在中共三大的工作报告中不回避问题，敢于承担责任。他说，由于五名中央委员不在一起，中央组织机构不健全，严重削弱和影响了中央对各地工作的领导。加上缺少对各地情况的了解，也缺少工作策略，所以中央难以对各地迅速发生的工人运动实行及时的领导。这是京汉铁路大罢工遭到失败的原因之一。在此基础上进行批评和自我批评，他说："陈独秀由于对时局的看法不清楚，再加上他很容易激动，犯了很多错误。张国焘同志无疑对党是忠诚的，但是他的思想非常狭隘，所以犯了很多错误。他在党内组织小集团，是个重大的错误。"接下来，陈独秀又指出了各地方党组织的错误，包括北京、上海、湖北和广州的同志，唯独表扬了毛泽东领导的湖南党组织，"只有湖南的同志可以说工作得很好"。陈独秀自己批评自己，又批评其他同志，而且是在党的代表大会上的报告中作出这样的批评，不但为其他代表的发言创造了民主气氛，对于当前促进党内民主、活跃组织生活，加强党的作风建设都具有重要的借鉴意义。

其次，建立健全党的制度、从严治党管党。

中共三大通过的《中国共产党中央执行委员会组织法》，对党的中央执行委员会、中央局的产生、员额组成、工作分配和职责范围、工作程序等作了详细规定，确保党的领导机构依法依规产生，依法依规运作；对党的代表大会、临时代表大会和中央执行委员会、中央局的会议召集、权限和决策程序等，都有可操作的规定；对党代会代表的名额分配、选举程序、表决权限等，也作了原则性与灵活性相结合的规范。这是中国共产党的历史上第一个关于党中央组织结构和工作制度的法规性文件，在党的历史上是具有深远意义的。中共三大还制定党纲草案，并第一次修订了党的章程，初步确立民主集中制原则：党员个人服从党的组织，少数服从多数，下级组织服从上级组织，全党各个组织服从党的全国代表大会和中央委员会。新党章和其他文件、决议案，体现了从严治党管党的原则。例如，严格党员入党、退党手续，规定“候补党员”制度。在执行党纪上，增加“严守本党的一切秘密”的内容。同时，调整和增加各级组织成立的人数。中共三大还加强了民主监督。《关于党员入政界的决议案》规定：“凡党员之行动带有政治意义者，中央执行委员会有严重监督指导之权。党员遇有不得已须在政界谋生活时，必须请求中央审查决定。”组织法规定，会计在中央督察之下，管理本党财政行政，并对于各区各地方及本党一切机关之财政行政负责。中共三大规定的“候补”制度延续下来（只是不再区分入党前的职业差异，统一为一年）；由原来“须有党员一人介绍”改为“须有正式入党半年以上之党员二人之介绍”的规定，则一直执行到现在。

最后，中共三大是中共党代会举办制度化、规范化的开端。

中共三大在国民党执政的广州举行，国共关系融洽，政治法律环境宽松，几乎是公开半公开举行，因而是党的前四次代表大会中代表人数最多、党的主要领导人全体参加的党代会。众所周知，党的主要创始人陈独秀、李大钊因故没有参加1921年的中共一大，李大钊、毛泽东没有参加1922年的中共二大；而1923年6月召开的中共三大，则是党的主要领导人和各地负责同志联袂出席，可谓群英荟萃、欢聚一堂。大会根据《中国共产党中央执行委员会组织法》的规定，选举陈独秀、蔡和森、李大钊、谭平山、王荷波、毛泽东等9人为中央执行委员，中央执行委员会又选出陈独秀、蔡和森、毛泽东、罗章龙、谭平山5人组成中央局，陈独秀为委员长，毛泽东为秘书，罗章龙为会计，负责中央日常工作。该组织法规定：“本党一切函件须由委员长及秘书签字。执行委员会之一切会议，须由委员长与秘书召集之。”这是毛泽东第一次进入中共中央核心领导层。中共三大也是非常规范的一次党代会。代表经党员选举产生，具有广泛的代表性，体现了民主集中制原则。中共三大通过的《中国共产党中央执行委员会组织法》，对于党代会的召集与议事规则进行了详细规定。大会期间，工作报告和讨论、通过决议案和选举都有章可循。中共三大结束后，全体代表到黄花岗烈士墓举行悼念活动，并由瞿秋白领唱《国际歌》。此后，在中共党代会和其他重要会议上为烈士默哀和闭幕式上奏响《国际歌》成为惯例。总之，中共三大初步确定党的代表会议程序，堪称中共党代会制度化的开端。

三、中共三大的历史局限

由于历史的局限，中共三大并没有解决国民革命中的所有问题。这反映了中共正处于幼年时期，对革命中的各种问题还缺乏成熟的分析和理性的判断，不可避免地存在局限性。

（一）中共三大的局限

中共三大在确定国共合作时，对于无产阶级的领导权和党对军队的掌控问题上存在不足。大会关于国民运动及国民党问题的议决案提出：中国国民党应该是国民革命的中心势力，更应该立在国民革命之领袖地位；没提到共产党和工人阶级争取国民革命领导权的问题。中共三大结束后，在国民革命的实践探索中，党的领导人在自己的文章中分析了中国社会各革命阶级的政治、经济、社会等状况及其相互关系，充分肯定了无产阶级的地位和作用。1925 年 1 月，中共四大明确指出无产阶级应该在民族民主革命运动中“取得领导地位”。

大会对国民党内的复杂情况和日后可能发生的变化也估计不足。这些认识局限在一定程度上成为大革命后期右倾错误的根源。中共三大未能对国共两党及其所代表的阶级力量作出正确的分析与估计。过于强调合作的一面，而忽视了斗争的必要性。合作并不意味着就是融合。在合作中亦存在着斗争，以斗争求合作。政见不一的国共两党是在反帝、反军阀这一国民革命目标下实行合作的，但双方本身的阶级属性是不同的，所代表的阶级利益更是有巨大分歧，双方缺乏稳固的长期合作的政治思想基础。因此在国共合作中，中国共产党应既联合，又要进行必要的斗争，而不能为了合作，一味地退让，从而丧失自己的相对独立性。

中共领袖陈独秀在后面的国共合作中也极力强调国民党的作用，认为凡是国民革命工作，都应当归于国民党，由国民党组织工作，即“一切工作归国民党”。这种思想后来发展为著名的“二次革命论”的观点，错误地认为革命的领导阶级是中国的资产阶级，国民党是主角，处于领导地位，共产党是配角，处于服从和协助地位，共产党应始终从“客人”地位出发，以国民党为主，帮助国民党来对待和处理国共两党关系及有关重大问题。

（二）中共三大在具体问题上的不足

中共三大虽然认识到农民在革命中的重要地位，但是却没有提出解决农民问题的切实办法；瞿秋白坦言，《党纲草案》还存在不足，如没有具体地认识农民问题的解决，虽然在草案中有“不得农民参加，革命不能成功”一语，然而农民要求中只有减租，而没有土地问题。虽然他很赞成“耕地农有”或“耕者有其田”的口号，然而起草党纲时，他屡经思索，始终不敢写上去。曾经和国民党谢英伯争论过“耕者农有”问题的谭平山，也没有提出意见。

与此相关的是工农联盟问题。共产国际 1923 年 5 月指示提出：“共产党作为工人阶级的政党，应当力求实现工农联盟。”而三大党纲草案和关于农民问题的决议案的提法，与之有相当差距，甚至三届一中全会和五月扩大会议仍没有“工农联盟”字样。至于土地革命问题，五月指示强调：“共产党必须不断地推动国民党支持土地革命”，并提出了一些非常具体的做法。但是，三大通过的宣言、党纲草案及各项决议案，均不涉及土地问题。三届一中全会和五月扩大会议关于土地问题的提法，都没有达到这个高度。

在革命军队问题上，虽然认识到了没有民众支持的军事行动是不可能成功的，但却没有注意军事武装的问题。实际上，由于工人运动的失败，加上共产国际的指示，中共在三大前后也逐步认识到军事武装的重要性了，如积极参与创建黄埔军校、组建工团军和农团军，成立军事运动委员会等。对存在于中国的军阀政治缺乏更深层次的认识，中共也曾多次批评国民党经常与军阀携手勾结。中共三大后，中国共产党帮助国民党改组，改组后军队由政党所属，改变了当时带有普遍性的军队私有性质，这是国民党军队与军阀最大的不同。但在国民党名义上统一全国后，又出现了新军阀之间的连年混战。直到1949年解放战争胜利，中国共产党才算从根本上消灭了存在中国长达37年之久的军阀政治现象。

（三）中共三大局限性的根源

按照马克思主义的基本原理，实践是认识的基础。中共三大时，中国共产党的革命正从社会革命转向国民革命。以国共合作为基础的革命统一战线尚未正式形成；国民合作开展的国民革命尚未实际开展，很多问题没有暴露出来，不可能事先预知并提出对策措施。中共三大后，特别是1924年国民革命统一战线正式形成后，随着国民革命实践的深入开展，中国共产党的领导人总结经验，才对国民革命的领导权问题、保持党的独立性问题，逐渐有了深刻认识。毛泽东1927年在八七会议上总结这个经验教训时说："国民党问题在吾党是很长久的问题，直到现在还未解决。"苛责中共三大，显然有"事后诸葛亮"之嫌。

由于受到共产国际的影响，中共三大未能对国共两党及其所代表的阶级力量作出正确的分析与估计，未能明确提出关于工人阶级在民主革命中的领导权问题。大会仍认为中国工人阶级还未成长为一个"独立的社会势力"，中国国民党是国民革命的中心势力，是应该立在国民革命的领袖地位的政党，而这是国民革命理论的局限所在。马林在讨论国共合作的西湖会议上强调："孙中山先生的国民党是中国现在一个有力量的民主和民族革命的政党，不能说它是资产阶级的政党，而是一个各阶层革命分子的联盟。"马林对中国工人阶级的力量评价很低，甚至说中国共产党是个"早产儿"，是过早地制造出来的。共产国际指责孙中山偏重军事工作、保存广东的革命根据地，不重视思想政治和宣传工作，马林甚至说希望孙中山在南方的军事斗争失败，则无疑是中共三大不重视军事工作和军事斗争的根源。

总之，中共三大是中共历史上一次重要的会议，开启了统一战线的先河，推动了大革命的发展以及党的自身的建设，对中国革命和中共自身的发展都具有重要的意义。中共三大在决策和认识上的些许不足，是很正常的现象。

第一章　从中共二大到三大

中共二大前夕，《中国共产党对于时局的主张》明确提出邀请国民党和其他民主党派及团体举行“联席会议”，共同建立民主联合战线。但这种“党外合作”的方式不可能被孙中山和国民党所接受，共产国际也不认同。到中共三大，决定接受党内合作的方式，从而确定了革命统一战线的方针政策，促进了国共合作的形成。中国共产党之所以发生如此大的变化，是国内外各方面因素共同作用的结果，也是中国共产党在当时历史条件下所能作出的唯一正确的决策。

一、中共三大选址广州的背景

在中共七大召开之前，中国共产党曾在四个不同城市（三个在国内，一个在国外）举行过六次全国代表大会。这四个不同会址的选定，是根据当时国内多种条件和因素决定的，都有着特殊的历史背景。每次大会的选址和每次大会所要解决的任务，与大会的历史地位、作用和历史意义都有着密切的关系。中共三大是中国共产党唯一在广州召开的全国党代会。那么，中共三大为什么在广州召开呢？最简单的回答是：“因为中国共产党中央局已从上海迁移到了广州，因此在广州召开党的三大是理所当然的事。”然而，历史的事实是，为了在广州召开中共三大，共产国际和中共中央才决定中央局从上海迁移到广州。陈独秀在中共三大的报告中说，“我们要准备召开党代表会议，所以我们就把中央委员会迁到广州”[①]。那么，为什么共产国际和中共中央一定要在广州召开中共三大呢？这是当时国际、国内复

① 陈独秀：《在中国共产党第三次全国代表大会上的报告》，广东革命历史博物馆编：《中共“三大”资料》，广东人民出版社 1985 年版，第 57 页。

杂的革命形势发展的结果。这必须从共产国际的决定说起。

（一）共产国际要求中共中央南迁广州

在 1922 年中共二大前后，共产国际作出了要求中国共产党南迁广州的决定。

共产国际之所以要求中国共产党南迁广州，主要源于共产国际驻华代表马林的建议。马林（1883—1942），荷兰共产党活动家。曾在荷兰殖民地爪哇（今属印度尼西亚）从事工会活动。1920 年参加共产国际二大，后被派往中国。出席了中共一大。富有民族解放运动工作经验的马林，非常看好孙中山和国民党，认为他们能够领导中国的民族解放运动。正在广西桂林筹备北伐的孙中山，邀请马林到访。1921 年 12 月，马林在中共党员张太雷陪同下，经武汉和湖南抵达桂林，同孙中山多次长谈。马林建议孙中山改组国民党，与苏俄结盟。1922 年 1 月，省港大罢工爆发时，马林正在广州。国民党领导下的南方政府对罢工的支持，给马林留下深刻印象，坚定了他促使国共两党合作的想法。声势浩大的罢工使他对广州的工人运动有了新认识，增强了信心。他认为，不论在工人的组织方面，还是在社会主义宣传方面，广东都是唯一可以完全自由地放手工作的地方。广州组织起来的工人与工会国际联系是可能的。结束华南行后，马林提议苏俄使团在南方设立俄国代表机构，获使团重视，报给了莫斯科。他建议中共改变对国民党的排斥态度并在国民党内部开展工作，“不放弃自己的独立性”；“还向我们党的领导机关把驻地移往广州，在那里至少可以公开工作”。国民党方面表示同意在国民党内进行共产主义宣传[①]。但马林的建议遭到中共中央的拒绝。于

马林

① 马林:《向共产国际执行委员会的报告》(1922 年 7 月 11 日)，李玉贞主编:《马林与第一次国共合作》，光明日报出版社 1989 年版，第 74—75 页。

是，马林回莫斯科述职，寻求共产国际的支持。

青年共产国际代表达林与马林持相近观点。1922 年 3 月，达林到上海会见陈独秀、张太雷等人，商讨有关召开团的一大事宜。4 月，达林在广州首次会见孙中山，讨论国共合作问题。根据他的提议，中共中央于 1922 年 4 月底在广州召集党、团负责干部会议。陈独秀、蔡和森、张太雷、张国焘、谭平山、林伯渠等 20 多人出席。会议主题是讨论中国共产党对国民党的关系问题。达林认为，广州能为中共开展群众运动提供“合法条件”，主张将中共中央驻地迁往广州，遭到陈独秀的明确拒绝[①]。

1922 年 5 月，苏俄在华工作全权代表利金向共产国际提出中共“中央局迁往广州”的建议，并阐述了这样做最重要的理由是：1. 现在在南方有广泛的合法条件；2. 在广州有最先进的工人运动；3. 最后，广州是国民党的活动中心。合法条件和广州工人运动的巨大规模，提供了同工人群众建立联系的可能性。这是我们的首要的和基本的任务。社会主义青年团的例子证明了这一点。应该说，广州社会主义青年团取得巨大组织成就，正是因为具有这两种情况：合法条件和工人运动的发展速度。广州共产主义小组之所以至今未与广州工人运动建立密切的联系，只能用其薄弱来作解释。正因为如此，需要从北方派一些能力强的同志到广州工作。在共产主义小组中央局迁到广州和整个工作重心集中在广州的情况下，这是完全可以做到的。最后，南方是国民党的活动舞台，如果我们共产主义小组中央局迁到广州，这种情况就有助于把国民革命运动的各种联系集中到中央局手中。在南方，中央局较容易把劳动群众从国民党的影响下吸引过来，使之接受共产主义小组的影响[②]。

7 月 11 日，马林向共产国际执行委员会提交作为驻远东代表的报告。马林结合他对中国各地特别是南方地区的考察，以及与孙中山的会谈，陈

---

① ［苏］C. A. 达林：《中国回忆录（1921—1927）》，中国社会科学出版社 1981 年版，第 97 页。

② 《利金就在华工作情况给共产国际执委会远东部的报告（摘录）》（1922 年 5 月 20 日），中共中央党史研究室第一研究部译：《联共（布）、共产国际与中国国民革命运动（1920—1925）》第 1 卷，北京图书馆出版社 1997 年版，第 95 页。

述中国共产党迁驻广州的理由，以及他的建议遭中共中央拒绝的过程。马林还建议：以办事处的形式，在广州建立一个共产国际与红色工会国际的代表机构，负责中国、日本和朝鲜三个国家，该办事处同时作为青年工作和妇女工作的中心。他的理由是："在远东，广州是唯一勿需打扰当局就可以建立常设代表处的城市。它对于通过香港同 3 个国家联系也十分利用。"[①]共产国际接受马林等人的提议，要求"中国共产党中央委员会接短笺后，应据共产国际主席团 7 月 18 日决定，立即将驻地迁往广州并与菲力浦（马林）同志密切配合进行党的一切工作"。这个命令当时用打字机印在马林的丝衬衣上，荷兰阿姆斯特丹国际社会史研究所保存着原件[②]。

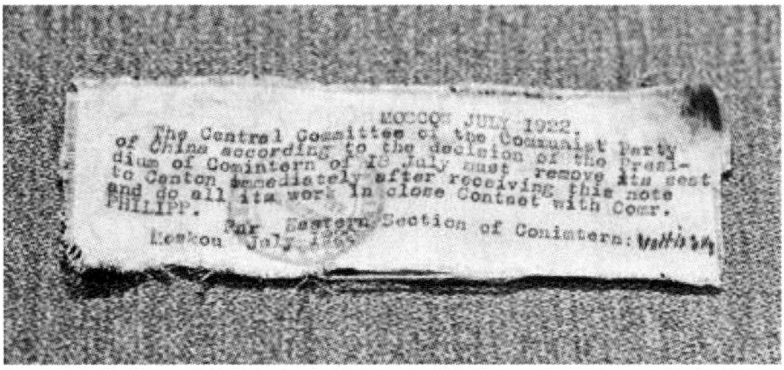

马林衬衣上的共产国际指令

（二）广州成为中共三大举办地的优势

共产国际驻华代表一致建议中共中央迁驻广州，便是后来反对中共中央迁驻广州的维经斯基也承认，"把中央委员会迁到广州，那里是更适于广泛合法地开展工作的地方"[③]。这是何故？从远了说，广州是近代中国民主革命策源地，富有革命传统；从近了说，中国共产党成立后，广州开展工作卓有成效，工人

① 马林：《致共产国际执行委员会》（1922 年 7 月 11 日），中共中央党史研究室第一研究部编：《共产国际、联共（布）与中国革命文献资料选辑（1917—1925）》第 2 卷，北京图书馆出版社 1997 年版，第 319—320 页。

② 广东革命历史博物馆编：《中共"三大"资料》，广东人民出版社 1985 年版，第 19 页。

③《维经斯基给中共中央的信》（1922 年 8 月），中共中央党史研究室第一研究部译：《联共（布）、共产国际与中国国民革命运动（1920—1925）》第 1 卷，北京图书馆出版社 1997 年版，第 117 页。

运动和青年运动都迅速发展，成为中国革命的“红色之都”。这为中共三大在广州召开创造了良好的社会条件和组织基础。更重要的是，国共合作在广州有很好的基础，政治条件宽松。这是北洋政府辖区和外国租界无法比拟的。

1. 新的经济因素和阶级力量

广州是中国最早遭受西方侵略的地方，也是近代中国反侵略、反封建斗争的排头兵。从三元里抗英开始，仁人志士在广东抵御外侮、反抗黑暗势力，追求民族解放。同时，广东在吸收西方近代工业文明方面也先行一步，是近代“中国人开眼看世界的窗口”。毛泽东说：“自从一八四〇年鸦片战争失败那时起，先进的中国人，经过千辛万苦，向西方国家寻找真理。洪秀全、康有为、严复和孙中山，代表了在中国共产党出世以前向西方寻找真理的一派人物。”① 这四位代表人物，除严复是福建人外，其他三人均隶籍广州府且最初在广州活动。

广州是近代中国先进生产力及其代表者的主要诞生地。1845 年，大英轮船公司职员约翰 · 柯拜，负责送入黄埔船只的监修工作。他从当地中国人手里租了几个泥船坞，雇用中国人从事修船业，他将船坞扩建为石船坞，后人称之为“柯拜船坞”。这是中国近代造船工业的开端，产生了中国第一批近代产业工人。广州也是中国民族资本主义最早的诞生地之一。世代以农桑为业的广东省南海县简村人陈启源，早年在越南、泰国经商时看到当地缫丝厂有用法国机器缫丝，很是羡慕。1872 年，他采办缫丝机器回国，在家乡筹办机器缫丝厂。至 1873 年建成开工，取名为“继昌隆”，仿继昌隆而设立的缫丝厂有四家。中国民族资本主义企业逐渐发展，又诞生了一批近代产业工人。

广州也是中国工会运动开展最早、最发达的地区之一。鸦片战争后，出现第一批海员工人和码头的搬运工人。为了保障和维护自身利益，他们效法欧美做法，成立工会组织。1851 年，广州打包工人首先组织起来，成

① 毛泽东：《论人民民主专政》（1949 年 6 月 30 日），《毛泽东选集》第 4 卷，人民出版社 1991 年版，第 1469 页。

立“广州打包工人联合会”。此后，工人运动蓬勃发展起来。民国初期，“南方工会的发生”，成为中国职工运动发展史上一个重要契机。著名工运领袖邓中夏说：“南方工会为什么首先发生？这里不能不略略叙说当时的政治状况。”1917年，孙中山联合南方各省军阀进行护法活动，在广州成立军政府。“从此南北分裂，国会南迁于广州，自建所谓护法政府。但既号称护法政府，政治上不能不略取开明，故人民颇有集会结社的自由，南方工人就因此得以组织工会。”[①] 于是，华侨工业联合总会、茶居工会、藤器工会等便在这时产生了。到1921年，广州地区已经拥有130多个工会组织。

此外，英国殖民统治之下的香港，产业工人众多，在全国工人运动格局中具有重要地位。香港自古以来就是中国领土。广州与香港之间联系紧密，除地缘优势外，香港工人多数来自广州周边地区。倚重广州，既是香港工人运动发展的特殊形式，也形成了广州与香港互相声援、互相支持的格局，使广州工人运动的规模、声势和影响都较其他城市大。

2. 工人运动和青年运动的组织基础

广州是中国最早传播马克思主义的地区之一。俄国十月革命的胜利，为马克思主义在广州的传播开辟了道路。五四运动前后，新文化、新思潮通过各种渠道在广州广为传播。1919年，杨匏安在《广东中华新报》发表他的《马克思主义》一文，系统地介绍马克思主义的三个组成部分的基本原理。广州是共产党组织最早建立的城市之一。1920年暑假，在北京大学学习的广东籍学生谭平山、谭植棠、陈公博回到广州，积极宣传新文化新思想，于10月创办《广东群报》。不久，陈独秀到广州，担任广东省教育委员会委员长。陈独秀亲自参加广州共产党早期组织的创建活动。1921年3月，陈独秀与谭平山、陈公博、谭植棠等九人建立广州共产党早期组织。中共一大后，正式成立共产党广东支部，书记谭平山、组织委员陈公

① 邓中夏：《中国职工运动简史》（1919—1926），人民出版社1979年版，第10页。

博、宣传委员谭植棠。广州共产党早期组织建立后，注重发展党员，加强党的建设。五四运动中涌现出的积极分子如阮啸仙、杨匏安、张善铭、冯菊坡、梁复燃、黄裕谦、郭植生、陈适曦、王寒烬、罗绮园、周其鉴、刘尔崧等都于1921年被吸收加入共产党。杨章甫、谭天度、杨殷、潘兆銮、余广、赖玉润等于1922年入党。至1922年6月，中共广东支部已有党员32名。1922年春夏之间，经中央批准，成立中共广东区执行委员会（亦称粤区委）。

广东党组织成立后，致力于发展工人运动。党中央在上海成立中国劳动组合书记部，广州也成立南方分部（后改为广东分部），谭平山任主任。广东党组织派人深入各地宣传和开展工会工作，先后建立了广州土木建筑工会、广州茶居工会、理发工会、革履工会等。在南方分部的领导下，广东工人开展了一系列斗争，都取得胜利。1922年1月12日，香港爆发海员大罢工，海员们陆续坐火车回广州，得到广州各界的大力支持，广州各工会克服各种困难，为罢工工人提供住处和生活费用。中共广东党组织大力支持，在广州成立“香港罢工后援会”，为返穗工人做后援。在党的领导下，上海、武汉等地铁路工人纷纷成立“香港海员罢工后援会”，并发表通电和文告，募集捐款援助香港罢工。至3月8日，香港海员大罢工在坚持了56天后取得胜利，沉重打击了帝国主义的嚣张气焰，推动了全国工人运动的开展。香港海员大罢工成为中国第一次工人运动高潮的起点。

由于广东党组织重视工人运动和广州地区工人运动开展得比较好，1922年5月，中国劳动组合书记部决定第一次全国劳动大会在广州召开。大会接受共产党提出的“打倒帝国主义”“打倒封建军阀”的政治口号。党的领导人陈独秀、张国焘、张太雷、谭平山、林伯渠等20多人参加了会议。这次大会也得到了国民党人的大力支持。这是中国工人阶级第一次全国性的盛会，中国共产党领导的新型工人运动自此由分散转为集中。会后，全国的工人运动如火如荼地开展起来。在劳动大会的影响下，广东工人迅速发展。1922年8月，广州2万多土木建筑工人要求增加工资，举行罢工，取得了胜利。广州的酒业、米业、柴炭、碾米、手车夫等行业的工人也开展了经济斗争。至1923年2月，在广州已成立了共产党领导下的广东工会联合会，使广东的工人运动进一步发展，并在全国引起积极影响。

广州于1920年秋成立了社会主义青年团，是全国最早成立团组织的地区之一。中国共产党成立后，根据青年共产国际对中国建团工作的指示，对社会主义青年团组织进行整顿和恢复。1921年11月，谭平山受上海总团的委托，在广东筹建分团。至1922年3月初，团员人数已发展为400多人。1922年3月14日在广州召开了广东省社会主义青年团成立大会，通过了团的章程等几项决议。4月又以通讯选举的办法，选举谭平山为书记。广东团组织吸取过去的教训，重视思想建团工作，加强对团员和青年的科学社会主义和马克思主义的宣传教育。由于广东的团组织工作开展得较好，1922年5月5日至10日，中国社会主义青年团第一次全国代表大会在广州东园召开。会议由张太雷主持，党中央领导人陈独秀以及少共国际代表达林作了重要讲话。谭平山就广东团组织情况向大会作了报告。大会选举高君宇、施存统、张太雷、蔡和森、俞秀松五人为团中央委员，施存统任书记。

劳一大与团一大相继在广州成功召开，一方面表示广东工人运动、青年运动发展得好，有召开中共三大的群众基础；一方面也说明广州有不受干扰召开中共三大的政治环境。

3. 宽松的政治条件与和谐的国共关系

广州是民主革命的策源地。孙中山曾三次在广州建立革命政权，更重要的是，孙中山领导的国民党和革命政府，对共产党的活动不予限制。在中国共产党成立前后，中国南方和北方形成了两个政治中心。一个是在南方以孙中山为领导的革命中心；一个是在北方以北洋军阀政府为首的反革命中心。民主革命的影响在广东深入人心，广东的南方革命中心地位形成后，影响不断扩大。辛亥革命失败后，在全国持续地、坚持不懈地高举革命大旗，与北洋反动政府做坚决斗争的，当属孙中山领导的革命力量，屡

孙中山

败屡战、不屈不挠。孙中山以广州地区为中心的革命运动始终未停止过，辛亥革命、二次革命、护国运动以及三次护法运动，都是以广东为基地，依靠南方各派政治势力进行的。当时这种南方蓬勃发展的革命形势，和北方北洋军阀政客、武人之间的争权夺利、相互残杀，形成了鲜明的对比。

相比之下，全国其他地方没有广东这样宽松的政治环境。首先看北京和其他北洋政府辖区。1923年1月，中共中央原本准备在北京召开中共三大，即毛泽东致张秋人信中所说的“甫先生在京大考”。但稍后，吴佩孚镇压二七大罢工，北京政府通缉共产党领袖陈独秀、李大钊和共产国际代表马林，中共中央被迫南迁。其次看上海租界地区。上海是中国最大城市和中国共产党创建时期的活动中心，租界地区不受北洋政府管辖。但在反共反人民方面，帝国主义和封建军阀并无二致。1921年2月，上海租界法国巡捕房借口《新青年》“言词激烈，有违租界章程”，将其强行封闭。后来，中共一大在上海召开时，就因躲避外国巡捕而转移到浙江嘉兴南湖。1921年9月，陈独秀在上海被捕。中共二大后，在上海的党组织屡遭变故，先是陈独秀二度被捕，继而中国劳动组合书记部遭查封。二七大罢工后中共中央迁回上海，只能秘密分散隐居。迁回上海的《向导》无法正常出版。“在吴佩孚所统治的整个长江流域国民党是非法的。在上海，只有几个领导人，不成其为一个党。只有在广州它才真正存在”，“我们在广州有充分的行动自由，而且只能在这里公开举行党的代表大会和劳动大会”①。

① 《致共产国际执行委员会、红色工会国际、共产国际执行委员会东方部和东方部远东——关于中国形势和1923年5月15日至31日期间的工作报告》（1923年5月31日），中共中央党史研究室第一研究部编：《共产国际、联共（布）与中国革命文献资料选辑（1917—1925）》第2卷，北京图书馆出版社1997年版，第455页。

国共两党在广州关系良好，在革命斗争中密切合作。这为中共三大在广州的召开创造了良好氛围。这是根据国共两党共同需要促成的。在孙中山掌控的广东，共产党组织得到发展与壮大也是由于孙中山扶持与支持革命。广州是孙中山及其领导的国民党长期进行革命活动的根据地，革命气息一直比较浓厚，国民党和共产党的关系良好。中国共产党创建前，陈独秀就应陈炯明的邀请来到国民党治理下的广州，就任教育委员会委员长。对共产党开展的各项革命活动，孙中山和国民党不但没有进行限制，相反，在一些革命活动中，两党还密切配合，互相支持。1922 年爆发的香港海员大罢工，就是两党合作领导取得胜利的一个光辉典范。国民党因为自身成员的特点，与海员关系密切，在海员中有组织机构和许多党员、骨干分子。香港海员大罢工的发起机构“中华海员工业联合总会”，就是由国民党领导的；大罢工中的最著名的领导人物苏兆征、林伟民等人当时均是国民党员。当时正在广州观察香港海员大罢工的马林认为，海员组织是孙中山同海外华侨联系的一个纽带①。第一次全国劳动大会热情邀请国民党参加，国民党在大会中始终配合中共，使大会得以胜利进行。后来的实践证明，中国共产党把召开第三次全国代表大会的地点，选在革命力量比较壮大，政治环境宽松的广州，为大会的顺利进行和圆满完成提供了保证。

中共三大在广州召开的一个重要背景，是三大的中心议题是讨论通过全体共产党员加入国民党，全面贯彻落实共产国际的指示精神。没有国共合作的议题，中共三大就不一定非要跑到国民党革命的中心地广州召开。因此，无论对中国共产党或国民党来说，如果有一方没有实现国共合作的意愿，认识不到国共合作的必要性，那么中共三大就可能不在广州召开。

（三）中共中央南迁广州的波折

1922 年 8 月，马林带着共产国际要求中共中央迁驻广州的指令回到中国，准备催促执行。不过，由于中国政治局势发生重大变化，中共中央南

① 中国社会科学院现代史研究室选编:《马林在中国的有关资料（增订本）》第 2 版，人民出版社 1984 年版，第 215—216 页。

迁广州没有立即实现。

1922 年 6 月，南方政府内部陈炯明发动兵变，炮轰孙中山的总统府。广州卫戍司令魏邦平、海军司令温树德、海军陆战队司令孙祥夫，先是维持中立、作壁上观，后公然投降叛军，广州局势渐趋险恶。8 月 9 日，孙中山得悉北伐回师失利，知待援无望，固守省河已无必要，决定离粤赴沪，另图讨陈良策。孙中山登上英领事提供的炮艇，启程赴港前往上海，他领导的南方政府也宣告结束。广东落入陈炯明的统治之下，南方革命形势低落。同年 8 月，维经斯基给中共中央来信，要求中共中央暂缓南迁，理由是：陈氏兵变后，孙中山先生被迫离开广州前往上海。“在吴佩孚战胜张作霖之后发生的一些最近的事件，看来对广州政府的命运产生了影响，而孙逸仙和陈炯明之间的斗争使南方的政治局势很不稳定。因此，我们的工作中心向南方的转移，应该推迟到南方各种力量的对比更加明朗的时候。”①

另一方面，中共领导人重视北方工人运动，不同意南迁广州。此时，直系军阀吴佩孚尚未暴露出凶残的军阀本性。苏俄和中国共产党都希望争取吴佩孚支持工人运动。共产国际对吴佩孚存在幻想，认为“吴佩孚好过张作霖”“是一个较进步的军阀”，是可以争取的对象。1922 年 7 月、9 月和 10 月，李大钊在吴佩孚幕僚白坚武牵线搭桥之下，与吴佩孚三次在洛阳见面，为工人运动创造条件。1922 年 8 月，吴佩孚通电发表了“保护劳工”等四大政治主张，这虽是吴佩孚收买人心的一时之举，但对工人运动特别是北方工人运动的高涨起了一定的作用。1922 年 10 月，中共中央迁往北京。中国劳动组合书记部和《向导》周报社相继迁往北京。1923 年二七惨案后，李大钊立刻写信给白坚武，表示断绝与其多年的友谊；对吴佩孚，他更是深恶痛绝，将其视为整个革命事业和人民的仇敌。

这时候，执行共产国际关于中共中央南迁广州的指令，并在广州召开

---

① 《维经斯基给中共中央的信》（1922 年 8 月），中共中央党史研究室第一研究部译：《联共（布）、共产国际与中国国民革命运动（1920—1925）》第 1 卷，北京图书馆出版社 1997 年版，第 117—118 页。

第三次全国代表大会的时机成熟了。国共两党在广州友好相处的良好政治环境，因1922年6月陈炯明叛变受到很大的冲击。但到1923年1月，陈炯明被驱逐出广州，孙中山回到广州重建军政府后，革命形势迅速好转。首先是广东共产党和社会主义青年团的组织得到整顿和恢复，各项工作迅速展开，工会组织得到重建，工人运动也重新活跃起来。其次是重新回到广州的孙中山，由于指导思想上开始奉行“联俄、联共、扶助农工”的政策，对民众的革命斗争的态度更加积极，对共产党的态度更加友好，对实现国共的合作更加积极主动。这样，在广州，国共两党的关系更加密切，革命斗争的政治气氛更加浓厚。

根据马林笔记，中共中央在1923年2月上旬，因京汉铁路工人大罢工失败的政治形势，对“党的工作”计划作了调整：“中央委员会迁至上海，而后至广州”.“会议延期至5月在广州召开”①。这就是说，中共中央迁回上海只是为再南迁广州做准备。

二、中国共产党转向国民革命

从党的历史来看，党的每次代表大会，都有一个相对中心的大会议题，就是说有一个大会要解决的相对的中心任务。党的三大要解决的中心任务，就是决定以党内合作的方式与国民党进行联合的策略问题。那么，中国共产党为什么要与国民党进行联合呢?

（一）西湖会议的召开

中共二大后，中国共产党人坚持把马克思主义基本原理同中国革命和建设的具体实际结合起来，创造性地运用列宁关于殖民地半殖民地革命的理论，探索中国革命道路。

1922年7月，中国共产党第二次全国代表大会在上海举行。大会召开前的6月15日，中共中央发表《中国共产党对于时局的主张》，明确

① 马林:《郑州铁路大罢工笔记》(1923年2月4日到10日)，李玉贞主编:《马林与第一次国共合作》，光明日报出版社1989年版，第124页。

中国共产党第二次全国代表大会会址之一——上海南成都路辅德里 625 号

提出邀请国民党和其他民主党派及团体举行联席会议，共同建立民主联合战线。党的二大通过对中国经济政治状况的分析，揭示出中国社会的半殖民地半封建性质，指出党的最高纲领是实现社会主义、共产主义，但在现阶段的纲领，即最低纲领是打倒军阀，推翻国际帝国主义的压迫，统一中国为真正的民主共和国。大会指出，为实现反帝反军阀的革命目标，必须联合全国一切革命党派，联合资产阶级民主派，组成“民主主义的联合战线”。党的二大第一次提出明确的反帝反封建的民主革命纲领，并使这个纲领很快传播开来，“打倒列强，除军阀”成为广大群众的共同呼声。

但中共二大提出与国民党实行“党外合作”的设想不现实。中共二大结束后不久，共产国际代表马林来到上海，建议召开一次中央工作会议，传达共产国际的指示，讨论加入国民党的问题。1922 年 8 月 29 日至 30 日，应共产国际代表马林的要求，中共中央在杭州西湖召开特别会议（史称西湖会议），讨论国共合作问题。出席会议的有陈独秀、李大钊、蔡和森、张国焘、高君宇及共产国际代表马林和翻译张太雷。会议由陈独秀主持。马林转达共产国际对中国革命的看法和与国民党联合的意图，即：“共产国际执行委员会认为国民党是一个革命组织”；“共产党人应该支持国民党”；“共产党人应该在国民党内开展工作”；“共产党员加入国民党既可以增强革命势力的团结，又可使国民党革命化，尤其可以影响到国民党所领导的工人群众，将他们从国民党手中争取过来”。马林并指出，中共二大通过的与国民党建立“民主联合战线”的决议，是“空洞不能实行的‘左’倾思想”，进而阐述了其必须实行党内合作的理由。马林讲话后，与会人员围绕共产党员是否可以加入国民党的问题，展开了激烈的讨论，大致形成三种意见：一种意见明确反对党内合作，认为国民党是资产阶级政党，共产党员加入无异与资产阶级相混合，会丧失自己的独立性；一种意见是基本同意党内合作，认为国民党组织非常松散，共产党员加入不会受到约束，采取共产党员加入的方式，是实现民主联合战线易于通行的办法；第三种意见认为，共产国际的决议可以服从，只是必须向国民党提出一定的条件，即孙中山要根据民主主义原则改组国民党，取消加入国民党必须“打手模”以及向个人宣誓等入党手续。对西湖会议前后关于国共合作方式的争论，陈独秀在 1929 年 12 月 10 日的《告全党同志书》中是这样描述的：

大会散会不久，共产国际即派代表马林来中国，要求中共中央全体委员在西湖开会，提议加入国民党的组织，力言国民党不是一个资产阶级的党，而是各阶级联合的党，无产阶级应该加入去改进这一党以推动革命。当时中共中央五个委员：李守常、张特立、蔡和森、高君宇及我，都一致反对此提议，其主要的理由是：党内联合乃混和了阶级组织和牵制了我们的独立政策。最后，国际代表提出中国党是否服从国际决议为言，于是中共中央为尊重国际纪律遂不得不接受国际提议，承认加入国民党①。

可见，陈独秀在西湖会议上是迫于“国际纪律”不得不同意以中共党员加入国民党的方式实现国共合作。在陈独秀与共产国际的关系中，这恐怕是陈独秀第一次违背自己心愿屈服于共产国际的旨意。西湖会议后，陈独秀不仅率先加入国民党，而且发表多篇文章，一律按照马林的观点公开地宣传国民党。虽然陈独秀也曾提出过一些不合共产国际观点的意见，但由于当时他在党内的特殊地位和崇高声望，因而他在公开场合的态度转变，十分有力地推动了党内其他同志的转变，大大加速了第一次国共合作和革命统一战线的建立。

西湖会议是中国共产党在共产国际的帮助下政治主张和策略方针的一个重要转折点。这次会议部分克服了党内存在不愿与国民党实行党内合作的“左”倾观点，为党的三大确定全体党员加入国民党、建立国共合作统一战线的策略奠定了基础。西湖会议后，李大钊、林伯渠陪同马林去上海和孙中山会谈，阐明共产国际和中国共产党合作的意见，孙中山表示赞同。李大钊、陈独秀、蔡和森、张国焘等率先以个人身份加入国民党。

（二）从社会革命转向国民革命

所谓国民革命，就是工人、农民、小资产阶级和资产阶级几个阶级联合一致，共同反对帝国主义和封建军阀的革命。中共三大正式提出中国革命现阶段的主要任务是实行国民革命，并确定党的中心工作是致力于国民革命运动。中共二大到三大的变化，有一个认识深化和实践发展的过程。国民革命思想的提出，表明中国共产党对中国国情和中国革命的特点已有了正确认识，标志着中国共产党的中心工作从社会革命到国民革命的重点转移。

---

①　任建树、张统模、吴信忠编：《陈独秀著作选》第3卷，上海人民出版社1993年版，第86—87页。

1. 国民革命思想的重新提出

早在辛亥革命时期，孙中山就把他领导的资产阶级民主革命称为“国民革命”。1906 年，孙中山在《军政府宣言》中解释说：“前代为英雄革命，今日为国民革命。所谓国民革命者，一国之人皆有自由、平等、博爱之精神。即皆负革命之责任。”中共二大后，共产党重新提出“国民革命”的口号，在某种意义上是出于一种策略的考虑。一方面表明中国共产党与国民党进行的是党内合作而非与资产阶级政党“合并”，另一方面又用孙中山能够接受的“国民革命”口号，有意识地把他们的革命引向反帝反封建的目标。而要使国民党能够进行反帝反封建的民族革命，就必须先改造国民党，“成为一个强大的国民党”①。

当然，国民革命口号的重新提出也离不开共产国际的指导。根据党的创建时期负责宣传工作的李达回忆，“1922 年 3 月，第三国际拍来一份英文电报，主张中国应干国民革命（National Revolution 译为国民革命），当时我们不懂国民革命是什么”。同年夏季，张国焘和十多位青年团员从莫斯科回到了上海，带来了国际指示，也带回许多文件。国际的指示主张中国应当实行国民革命，反对帝国主义与封建军阀，建立民主国家②。

中共二大确定反帝反封建的民主革命纲领后，以陈独秀为代表的中国共产党人逐步提出了“国民革命”的命题。9 月 13 日，蔡和森率先在《向导》创刊号上提出“国民革命”的概念：“总之，为中国人民根本祸患的就是国际帝国主义与封建的旧势力，三十年以来的国民革命运动，就是由这两种东西刺激起来的。”③ 一个星期后，陈独秀强调国民革命是中国革命建国的必经之路：“我们造国的程序是：第一步组织国民军；第二步以国民革命

---

① 中国社会科学院现代史研究室选编：《马林在中国的有关资料（增订本）》第 2 版，人民出版社 1984 年版，第 161 页。

② 李达：《中国共产党的发起和第一次、第二次代表大会经过的回忆》，中国社会科学院现代史研究室、中国革命博物馆党史研究室选编：《“一大”前后》（2），人民出版社 1980 年版，第 22 页。

③ 蔡和森：《统一，借债，与国民党》，《向导》周报第 1 期，1922 年 9 月 13 日，第 6 页。

解除国内国外一切压迫；第三步建设民主的全国统一政府；第四步采用国家社会主义开发实业。”[①]1923年上半年，陈独秀又发表《统一的国民运动》和《怎样打倒军阀》等文章，蔡和森发表《中国革命运动与国际之关系》。到中共三大召开前，中国共产党的“国民革命”论初步成型，并逐渐获各界重视和认同。对此，陈独秀后来说：“在本报第二期《造国论》上，便改用‘国民革命’来代替‘民主革命’这个口号。这一个口号，不但近来经国民党采用，成了全国普遍的口号，并且实际上适合于殖民地半殖民地各阶级联合革命的需要。”[②]

应该说，辛亥革命时期孙中山提出的国民革命并非完全等同于后来国共合作后的“国民革命”。共产国际和中国共产党重提“国民革命”后，孙中山对国民革命有了新的认识，一方面，是孙中山几经挫折，深刻洞察到辛亥革命后“中国之情况不但无进步可言，且有江河日下之势。军阀之专横，列强之侵蚀，日益加厉，令中国深入半殖民地之泥犁地狱”[③]。辛亥革命失败的根本原因是没有唤起广大工农群众，故孙中山得到结论：“国民革命之运动，必恃全国农夫、工人之参加，然后可以决胜，盖无可疑者。”[④]同时，这也可视为是中国共产党的意识形态与国民党意识形态的渐趋求同存异，寻求最大约数。孙中山在国民党一大重新提出“国民革命”的口号，从而赋予“国民革命”以新的含义。这时的“国民革命”，把革命矛头直接指向国内军阀和帝国主义。这样，国共两党共同进行了一场轰轰烈烈的大革命，时称“国民革命”。“国民革命”这一口号成为20世纪20年代中前期最流行的口号。

---

① 陈独秀：《造国论》，《向导》周报第2期，1922年9月20日，第10页。

② 陈独秀：《本报三年来革命政策之概观》，中共中央文献研究室、中央档案馆编：《建党以来重要文献选编（1921—1949）》第2册，中央文献出版社2011年版，第469页。

③ 广东省社会科学院历史研究所等合编：《孙中山全集》第9卷（1924.1—1924.3），中华书局1986年版，第115页。

④ 广东省社会科学院历史研究所等合编：《孙中山全集》第9卷（1924.1—1924.3），中华书局1986年版，第121页。

2. 对国民革命理论的宣传阐释

中国共产党人重新提出了国民革命的问题，并对开展国民革命的必要性和可能性，以及国民革命的性质和任务，进行了深入的探索。1922 年 9 月在上海创刊的中共中央政治机关报《向导》周报，是中国共产党宣传国民革命的主要阵地。陈独秀在《向导》周报上撰文指出：在殖民地半殖民地的经济地位，决没有欧洲十八世纪资产阶级的革命之可能。“中国产业之发达还没有到使阶级壮大而显然分裂的程度，所以无产阶级革命的时期尚未成熟，只有两阶级联合的国民革命（National Revolution）的时期是已经成熟了。”[①] 关于开展国民革命的重要性和迫切性，陈独秀指出：“散漫不集中的各个运动，决不能打倒困兽犹斗的军阀；能够打倒军阀的只有统一的国民运动。”[②]“必须做统一的国民运动，使全国各阶级各党派各部分争自由争民权的各种势力，在一个统一的目标之下结合起来，成为一个有组织的广大的国民运动，才有充分反抗军阀的力量。”[③] 蔡和森认为，“中国革命运动之性质与历程必与从前欧美资产阶级的民主革命大不相同。殖民地的革命运动已不是纯粹资产阶级民主革命的问题，事实上业已变成了国民革命（亦可称民族革命）的问题”；国民革命的特征与任务是“一面打倒国内的封建势力，一面反抗外国帝国主义”。只有“朝着国民革命的正轨走去，而且朝着世界革命走去，中国革命才得成功，中华民族才得解放！”[④] 这表明，中国共产党人对国民革命的认识愈来愈明确了。这为党的工作中心转到国民革命创造了条件。

《向导》周报所反映的中共国民革命宣传的内容，集中在如下几个方面：

第一，对帝国主义、封建军阀的分析与批判。资本主义已入“侵略殖民地的帝国主义时代”，从经济关系和阶级根源上科学地揭示了帝国主义

---

① 陈独秀：《造国论》，《向导》周报第 2 期，1922 年 9 月 20 日，第 10 页。

② 致中（独秀）：《统一的国民运动》，《向导》周报第 20 期，1923 年 2 月 27 日，第 158 页。

③ 陈独秀：《怎样打倒军阀》，《向导》周报第 21 期，1923 年 4 月 18 日，第 153、154 页。

④ 蔡和森：《中国革命运动与国际之关系》，《向导》周报第 23 期，1923 年 5 月 2 日，第 169—170 页。

垄断和掠夺的本质。中国人民的另一个敌人——封建军阀已成为帝国主义的代理人，“所以我们要雪耻，我们要先打倒军阀政府，而建设能为我们反抗列强压迫的政府”。1922 年 10 月，《向导》第 4 期还发表了《介绍一篇国民革命的纲领：为了群众利益而革命——非为了革命来找群众》的文章，通过介绍印度的国民革命纲领，“供需要做国民革命的中国参取”，认为“在国际帝国主义和军阀交相压迫下的中国，是决定他急于要做国民革命”，帝国主义和封建军阀的压迫产生出一大批的革命群众，而此国民革命的领导者只有亲切于群众利益，才不会在革命的群众前落伍，因为“革命是要为了群众利益的”[①]。这样《向导》周报就把拯救中华、反抗帝国主义和打倒军阀三者有机结合起来，为中国国民革命确立了切实可行的战略目标和步骤。

第二，倡导国民革命与建立民主联合战线。陈独秀提出“两阶级联合的国民革命”为基础，将全国人民“在一个统一的目标之下集中起来，成立一个有组织的广大的国民运动”，其具体形式是以中国共产党为基础，实现国共合作，而国民党“是我们集中势力，运用势力的中心”[②]。中共的宣传家更致力于解释国民革命的全民性与超阶级性：革命或反革命的区分，“不应以一个阶级一个党派或个人之间的名义为标准”[③]。“革命的资产阶级应该和革命的无产阶级妥协，打倒共同敌对的军阀阶级，而不应该和反革命的资产阶级妥协”，而“幼稚的无产阶级”和革命的资产阶级合作，也是中国无产阶级目前必由之路。

第三，宣传、承认国民党在国民革命中的领导地位。改变原来对国民党的定性，强调“国民党是一个代表国民运动的革命党，不是代表哪一个

① 君宇、春默：《介绍一篇国民革命的纲领：为了群众利益而革命——非为了革命来找群众》，《向导》周报第 4 期，1922 年 10 月 4 日，第 29—32 页。

② 致中（独秀）：《统一的国民运动》，《向导》周报第 20 期，1923 年 2 月 27 日，第 158 页。

③ 独秀：《革命与反革命》，《向导》周报第 16 期，1923 年 1 月 18 日，第 130 页。

阶级的政党”[①]；所以，“应该立在国民革命之领袖地位”[②]。同时呼吁“今日的国民党应该挺身出来找寻那些呼唤的声音去宣传去组织，树起旗帜来让民众——反抗军阀与外国帝国主义的民众是工人，是学生，是农民，是商人，都集合在国民党旗帜之下，结成一个向军阀与外国帝国主义作战的联合战线”[③]。

3. 党的工作重心的逐步转变

建党初期，共产党人对中国社会状况和革命性质缺乏正确的认识，企图照搬俄国十月革命的“模式”，企图超越资产阶级民主革命阶段。中共一大旗帜鲜明地把实现社会主义、共产主义作为奋斗目标，把社会革命作为全党工作的重点，“主张直接无产阶级革命”[④]。

在共产国际的指导与帮助下，中国共产党人把马克思列宁主义同中国革命实践相结合，通过学习和掌握马克思主义尤其是列宁关于民族殖民地革命理论，清醒地认识到：中国现阶段的革命对象不是资本主义而是帝国主义和封建军阀；革命的目标不是社会主义而首先是民主主义；对现有的资产阶级政党不能采取排斥的态度而应联合各革命派共同对敌。1922 年 7 月召开的中共二大，提出了党的最高纲领和最低纲领。最高纲领规定：“中国共产党是无产阶级的政党。他的目的是要组织无产阶级，用阶级斗争的手段，建立劳农专政的政治，铲除私有财产制度，渐次达到一个共产主义的社会。”最低纲领是：“消除内乱，打倒军阀，建设国内和平”；“推翻国际帝国主义的压迫，达到中华民族完全独立。”[⑤]

对此，陈独秀说：“党在第一次代表大会时还没有纲领，甚至没有规章，党的要求——无产阶级专政——悬在半空，到第二次大会时就脚踏实

---

① 双眼：《国民党是什么》，《向导》周报第 2 期，1922 年 9 月 20 日，第 16 页。

② 中国社会科学院近代史研究所现代史研究室编：《“二大”和“三大”：中国共产党第二、三次代表大会资料选编》，中国社会科学出版社 1985 年版，第 193 页。

③ T.C.L.：《普遍全国的国民党》，《向导》周报第 21 期，1923 年 4 月 18 日，第 155 页。

④ 中央档案馆：《中共党史报告选编》，中共中央党校出版社 1982 年版，第 216 页。

⑤ 中央档案馆：《中共党史报告选编》，中共中央党校出版社 1982 年版，第 115 页。

地了，有了规章，找到了与中国实际的联系并定了党要走的道路。”[①] 但由于各种条件的限制，中共二大时，党的工作仍以反封建军阀的工农民主革命为重心，并没有真正转移到反帝反封建的轨道上来。虽说要在“打倒帝国主义和军阀”的口号下工作，但由于认识不足和宣传不力，“反对军阀”已成为全国普遍的呼声，而“反抗帝国主义”的声音则微乎其微。所以陈独秀在三大会议上说：“打倒军阀的口号已得到中国社会上大多数人的响应，而打倒帝国主义的口号还没有产生很大的影响。”[②]

根据国际国内形势的发展和共产国际的指示精神，中共从 1923 年 1 月起，开始放弃使用“民主主义的联合战线”的口号，改称“国民革命的联合战线”。两者之区别在于：前者只提反对封建军阀，坚持国共党外联合；后者则强调反对帝国主义，主张实行国共党内合作。这表明党已经开始实行由以反对资本家阶级为目的的工人运动向以反帝反封建为核心的国民革命运动转变，而且成为国共两党建立联合战线的出发点和理论依据[③]。

（三）二七大罢工失败的反思

中国共产党成立后致力于组织领导工人运动。工人斗争的高涨引起帝国主义和封建军阀的恐惧。吴佩孚在帝国主义的支持下，疯狂镇压工人运动，制造了二七惨案。

1. 中国工人运动第一次高潮

中共二大前后，在党的领导下，以 1922 年 1 月香港海员罢工为起点，1923 年 2 月京汉铁路工人罢工为终点，掀起了中国工人运动第一次高潮。

---

① 马林：《致共产国际执行委员会的信》，李玉贞主编：《马林与第一次国共合作》，光明日报出版社 1989 年版，第 243 页。

② 《陈独秀在中国共产党第三次全国代表大会上的报告》，中国社会科学院近代史研究所现代史研究室编：《“二大”和“三大”：中国共产党第二、三次代表大会资料选编》，中国社会科学出版社 1985 年版，第 170 页。

③ 肖甡：《论中共三大的历史意义》，中共广州市委宣传部、中共广东省委宣传部、中共广州市委党史研究室等编：《中共三大学术研讨会论文集》，广州出版社 2006 年版，第 33—41 页。

其中，安源路矿工人大罢工、开滦五矿工人大罢工最具代表性，充分显示出组织起来的工人阶级的力量。

安源路矿是江西萍乡的安源煤矿和由湖南株洲到萍乡安源的株萍铁路的合称，共有工人1.7万人。工人们深受帝国主义和封建主义的残酷剥削与压迫，劳动条件差，生活十分困苦。湖南党组织非常关心安源路矿工人的疾苦。毛泽东与李立三等人指导当地成立了中国共产党在产业工人中的第一个党支部。1922年9月初，毛泽东到安源对罢工进行部署。接着，湖南党组织又派刘少奇来此工作。9月12日，李立三主持召开安源支部会议，并成立罢工指挥部，由李立三任总指挥，刘少奇任俱乐部全权代表。同时还成立侦察队等组织，以负责维持罢工期间的秩序。经过充分的准备，安源路矿工人于9月14日举行大罢工，发表《萍乡安源路矿工人罢工宣言》，工人提出要求保障政治权利、改良待遇等条件。在罢工工人和社会舆论的压力下，9月18日路矿当局不得不同意罢工工人提出的13项要求，罢工取得全面胜利。这是中国共产党第一次独立领导并取得完全胜利的罢工斗争，提高了党组织在工人群众中的威信，有力地证明了团结起来的中国工人阶级有着无穷无尽的伟大力量。

安源路矿工人罢工

10月23日，开滦五矿近5万名工人开始举行声势浩大的反帝总同盟罢工。开滦煤矿由唐山、赵各庄、林西、马家沟、唐家庄五矿组成，有矿工约4万人。10月16日，开滦五矿工人联合会向矿局提出增加工资、改善待遇等六条要求，后遭到矿局无理拒绝并扣压工人代表。10月23日，矿工在劳动组合书记部的领导下举行罢工。10月26日，罢工受到军警开枪镇压，工人伤60余人。28日，邓培领导启新洋灰公司8000多工人举行同情大罢工。随后，开滦五矿工人俱乐部被查封，工人们联名呼吁并组织人员进京请愿。罢工持续25天，以失败告终。在罢工总指挥部和工人纠察队的领导下，近5万人开始了行动一致的反帝斗争。工人的斗争引起了外国资本家和中国反动当局的恐惧。反动军阀曹锟派出一个师的兵力前来镇压。英帝国主义的康克斯来福枪队也参与了血腥的镇压活动。60多名工人被打死打伤。工人们不屈不挠，仍然将罢工持续了20多天。正是因为有了共产党的领导，开滦五矿的工人们才真正感受到了团结和斗争的力量，在工人运动史上留下了光辉的一页。

中国共产党在领导工人运动过程中，党的自身建设开始得到加强。党在工矿企业的基层组织开始建立起来。随着工人斗争的发展，涌现出苏兆征、史文彬、项英、邓培、王荷波等一批优秀工人运动领袖人物，他们纷纷参加到党的队伍中来。党领导发动和组织的工农运动尤其是工人运动，显示出中国工人阶级坚定的革命性和坚强的战斗力，扩大了中国共产党在全国的政治影响，为党同其他革命力量合作、掀起全国规模的大革命准备了一定条件。

2. 二七惨案与工人运动低潮

京汉铁路，原称卢汉铁路（与粤汉铁路连通后为京广铁路），是卢沟桥、郑州至汉口的铁路。1921年，党的创始人李大钊就来到郑州，给工人讲革命道理，讲工人阶级团结的力量。京汉铁路工人大罢工是中国共产党领导的第一次工人运动高潮的顶点，罢工最终以失败告终，但它进一步显示了中国工人阶级的力量，扩大了党在全国人民心中的影响。

北洋军阀武力阻挠京汉铁路总工会成立大会，是大罢工的导火线。京汉铁路总工会的筹备工作完全是公开进行的。筹备会将开会的宗旨及地点均登载各报，并向京汉铁路局局长赵继贤报告。赵继贤玩弄两面手法，表面上同意召开总工会成立大会，暗地里却密电吴佩孚，要求禁止该会成立。吴佩孚看到，京汉铁路工人的团结，将会更有力地与北京政府对抗，做了武力镇压的准备，并下令对京汉铁路总工会的成立大会“预为防范，设法制止”。

1923 年 2 月 1 日，京汉铁路总工会在郑州召开成立大会，遭到军警的阻拦。项英和林祥谦、施洋一起率领工人代表和群众冲破军警拦阻线，砸开大门进入会场，宣布成立京汉铁路总工会，选举杨德甫为总工会委员长，凌楚藩、史文彬为副委员长，项英为总干事。大会在军阀的武力高压下被迫宣布散会。同时，代表及来宾所住各旅馆也被军警包围；总工会会所被重兵占驻，禁止工人出入；室内一切文件、什物被捣毁一空；各地代表和来宾被勒令离开郑州。对此，京汉铁路总工会召开秘密会议，决定发动全路总罢工，以抵抗军阀的武力压迫。2 月 2 日，京汉铁路总工会郑重宣布 2 月 4 日正午起，京汉路全体一律罢工。

1923 年 2 月 4 日，震惊中外的京汉铁路大罢工开始了。郑州、江岸、长辛店分别于 9 点、10 点、11 点宣布罢工，正午 12 时，全路客车、货车、军车全部停驶，车站、桥梁、道棚、工厂一律停工。长达 1200 余公里的京汉铁路，3 小时内，2 万多工人一致实行全路总同盟罢工。2 月 6 日，陈潭秋等组织声势浩大的示威游行，穿过 5 国租界到达华界，巡捕岗警不敢阻拦。帝国主义驻北京公使团召开紧急会议，议决向北京政府提出严重警告，要求武力镇压。英国驻汉口总领事召集萧耀南的代表和外国资本家举行秘密会议，策划镇压罢工。

2 月 7 日，在帝国主义支持下，军阀吴佩孚调动军警血腥镇压罢工工人。反动派将京汉铁路总工会江岸分会委员长、共产党员林祥谦捆绑在电线杆上，强迫他下复工令。林祥谦宁死不屈，壮烈牺牲。京汉铁路总工会与湖北省工团联合会法律顾问、共产党员施洋被杀害时，身中三弹仍引吭三呼“劳工万岁”。二七惨案中，前后牺牲者40余人，受伤者300余人，被捕入狱者40余人，被开除而流亡者1000余人。此后，京汉和各铁路50多个工会被捣毁、封闭，大批共产党人和工会领袖遭通缉逮捕。此后，全国工人运动转入低潮。这次罢工高潮提高了党和无产阶级在全国人民中的政治威信，为建立各革命阶级的统一战线奠定了无产阶级的基础。

3. 对二七惨案的反思

放弃对吴佩孚的幻想。中国共产党发表的《为吴佩孚惨杀京汉路工告工人阶级与国民》书说：这次“二七”大惨杀就是前此倡言“保护劳工”的军阀吴佩孚发纵指使的！这个虚伪险诈的武力魔王，“保护劳工”的假面具戴不到几个月，现在已在全国工人之前，毕露其鲜血淋漓逞凶惨杀的真面目了！这次大惨杀，不仅是军阀惨杀工人的意义，乃是军阀惨杀争自由人民的先锋军的意义。中国共产党宣布：“这个惨杀凶手吴佩孚不仅是工人阶级的敌人，乃是全国争自由的人民的敌人”；并呼吁“打倒惨杀工人的军阀吴佩孚、曹锟，打倒一切压迫工人的军阀”[①]。

The Guide Weekly.

嚮導 週報

第二十期

每星期三出版

中國共產黨為吳佩孚慘殺京漢路工告工人階級與國民

我們的死者

《中国共产党为吴佩孚惨杀京汉路工告工人阶级与国民》书

① 《中国共产党为吴佩孚惨杀京汉路工告工人阶级与国民》书，《向导》周报第20期，1923年2月27日，第158页。

二七惨案的沉痛教训，使共产党领导人改变了不与其他政党合作的关门主义思想。二七大罢工的失败，使“两年来共产党所惨淡经营的工会组织，除广州湖南尚能保存外，其他各地皆完全倒台。中国职工运动从此进入于消沉期了”。中国工人运动遭遇的挫折使共产党人认识到中国革命单靠无产阶级是远远不够的，要想取得革命的胜利就必须团结一切可以团结的力量，建立起巩固的统一战线。二七大罢工失败后，中外资本家与北洋军阀政府开始实行反攻倒算，蓬勃的工人运动陷入一片低潮。蔡和森说，因为二七大罢工刚失败，党内有一种复仇的心理。“工人们心中都惑恐，欲用京汉路总工会名义在上海办报，公开反吴。”这里所说的反吴即反对吴佩孚[①]。罢工斗争失败的经验教训是：在产业工人人数较少的中国，无产阶级要战胜帝国主义和中国反动势力，必须同各民主阶级和党派建立革命统一战线[②]。

二七大罢工失败后，共产党人也认识到了孙中山这面旗帜的重要影响和作用。孙中山先生是一位开明的民主革命家，他历次建立的革命政权对工人运动都抱有宽容和同情的态度。马林在给共产国际的报告中就曾指出：“孙中山长期和工人有接触，特别是在广东省和华侨之中。他的党的领导者们在广州支持工会，在罢工中常站在工人一边。”1920 年，香港海员工人组织筹备委员会，在护法军政府内部登记，孙中山为表支持亲自为其定名为“中华海员工业联合总会”，并在该会举行成立庆典时派员参加。1922 年发生的香港海员大罢工，就是在中国共产党和孙中山领导的国民党的大力支持下进行的。张国焘晚年回忆：香港罢工海员“得到了国民党和共产党的支援。国民党所领导的广东总工会和共产党领导的中国劳动组合书记部广东分部等组织，热烈地招待他们，并给予经济上的援助”。

① 蔡和森：《中国共产党史的发展（提纲）》，《蔡和森的十二篇文章》，人民出版社 1980 年版。
② 田夫、王志新：《中国共产党历次全国代表大会简介》，《人民日报》1982 年 8 月 30 日。

香港海员和市民欢庆罢工胜利

特别是二七大罢工的失败，使共产党感到了自己力量的单薄，于是共产党在此时接受了国民革命的口号，与孙中山领导的国民党合作的策略开始正式实施，国共合作的步伐加快。只有先联合国民党完成国民革命，打倒帝国主义与封建主义这两个最大最凶恶的仇敌，无产阶级才能得着起码的人权与自由，才能为彻底解放创造最基本、最必要的条件，历史也才能有所前进。当然，无产阶级的历史使命是消灭一切剥削制度，彻底解放全人类，这项伟大使命绝非民主革命所能包含。但在实现这项伟大使命的长期斗争中，反帝反封建的民主革命却是一个必经阶段。它标志着中国共产党人对新民主主义革命任务的探索达到了前人未曾达到的高度，从而为中国共产党的工作中心从工人运动转向国民革命奠定了坚实的基础。

斗争策略发生重大的变化，国共合作成为共产党的最佳选择。毛泽东在 1923 年 4 月发表的《外力、军阀与革命》一文中说，反动派的范围最广，包括直、奉、皖三派。因为反动势力来得太大了，研究系、知识派和商人派都会暂放弃他们非革命的主张去和革命的国民党合作，如同共产党暂放弃他们最急进的主张，和较急进的国民党合作一样。中国政治的发展趋势是：一方最急进的共产派和缓进的研究系、知识派、商人派都为了推倒共同敌人和国民党合作，成功一个大的民主派；一方就是反动的军阀派。中国政治的结局是民主派战胜军阀派。但目前及最近之将来，必然是反动军阀支配的天下，“外力和军阀勾结为恶”。毛泽东承认，中国“革命的民主派主体当然是国民党，新兴的共产派是和国民党合作的”[①]。

京汉铁路工人罢工的失败教训，使全党痛定思痛，认识到建立国共合作统一战线的极端紧迫性。此后，中共中央采取积极步骤联合孙中山领导的国民党。到中共三大时，坚持反对加入国民党的只有陈公博、李汉俊、沈玄庐、杨明斋几人及一部分广东与湖北的同志了。

三、孙中山改组国民党的尝试

正是由于孙中山晚年政治思想上有了这些重大进步，使他实行联俄、联共、扶助农工三大政策有了坚实的基础。这也为中共三大决定接任党内合作的方式奠定了基础。孙中山在新的历史条件下，和当时的中国共产党，在对中国社会和革命基本问题的认识上，在大方向上基本是趋同的。这是中国历史发展的潮流使然，这更是中国社会革命发展的需要。

（一）陈炯明叛变事件的影响

1922 年 6 月的陈炯明叛变给孙中山的打击很大。在极度的困境中，孙中山陷入彷徨苦闷之中，他需要寻求救国救民的新途径。共产国际、苏俄和年轻的中国共产党，对孙中山伸出了援助之手。这些因素促使孙中山选择了“以俄为师”的道路，决心实行“联俄、联共、扶助农工”的三大政策，并下决心筹备国民党，允许共产党人加入国民党。

---

① 毛泽东：《外力、军阀与革命》（1923 年 4 月 10 日），中共一大会址纪念馆编：《中共一大代表早期文稿选编（1917.11—1923.7）》上册，上海人民出版社 2011 年版，第 975 页。

1. 陈炯明叛变事件

中共二大召开之前，在广州的孙中山却遭遇兵变，总统府被叛军炮轰，后来证明是他信任的部下陈炯明所为。到中共二大结束时，平叛失败的孙中山，黯然回到上海。

孙中山领导的国民党是一个资产阶级性质政党。由于政治斗争错综复杂，辛亥革命后混进了一批封建官僚和投机政客，蜕变成一个成分复杂、组织松懈的政治团体。面对北方强大的北洋军阀的统治，孙中山可谓是孤军奋战，屡遭失败但愈挫愈勇。孙中山统一两广后，一直致力于北伐，各路人马在孙中山的命令下，于1922年2月向赣南、鄂东与湖南进军。然而，由孙中山一手培养的广东军阀陈炯明由于与孙中山在许多重大问题上存在分歧，早已貌合神离。陈炯明长期在军队经营，深得孙中山的重用。但是当孙中山十分信任地将多个要职交给他的时候，羽翼渐丰的陈炯明就以阳奉阴违的手段对付孙中山，他表面上拥护孙中山进行北伐，暗地里却先后与各地军阀勾结，以各种办法去破坏孙中山的北伐计划。

1922年6月初，李烈钧率领的北伐军攻下江西南部重镇赣州、吉安，进逼南昌。孙中山即以总统名义，任命谢远涵为江西省长、徐元诰为政务厅长。但就在此时，陈炯明趁后方空虚之际，在广州发动叛乱。1922年6月16日凌晨，叛军4000余人围攻总统府，并炮轰孙中山的住所粤秀楼。孙中山在部下强力劝解下，乘小艇转登停泊于天字码头附近的宝璧舰，后再转至永丰舰（后称中山舰）上坚持战斗。陈炯明勾结直系军阀，打着“恢复法统”旗号，威逼孙中山下野，取消南方军政府。英美帝国主义则落井下石，逼迫孙中山避难所乘的军舰离开白鹅潭。由于帝国主义兵舰的牵制，孙中山率领的海军无法对陈炯明部叛军进行有效打击，有的军舰甚至公然附和叛军。8月9日，孙中山得悉北伐回师失利，知待援无望，决定离粤赴沪，另图讨陈良策。孙中山领导的南方政府宣告结束。

孙中山于8月14日抵达上海，住进法租界的莫利爱路29号的寓所。陈炯明的背叛行为使孙中山遭到沉重的打击，陷入极大的苦闷和绝望之中。孙中山感到心力交瘁。因为以往的失败，是败于强大的敌人，想不到这一次，却倒在自己一手扶植的人手中。陈炯明叛变，是孙中山一生革命事业中所遭受的最惨重的失败。他没料到“祸患生于肘腋，干戈起于肺腑”。在孙中山处境艰难之时，不少国民党右派背离而去。此前，北方的国民党人士李石曾、蔡元培、吴稚晖、王宠惠等与陈炯明、北洋军阀呼应，高唱孙中山和徐世昌同时下野的调子，公然联名通电请孙下台。孙中山希望获得美、英、日、法等国援助的幻想也都破灭了。危机也是转机，陷入彷徨苦闷的孙中山重新思考革命道路，寻求救国救民的新途径、新道路。

2. 苏俄与中国共产党伸出援手

陈炯明叛变后，恶意地披露孙中山与苏俄等结盟的有关文件，表明其反对联俄、联共态度。俄国十月革命胜利后，对中国的平等友好态度和真诚帮助，中国共产党成立后的工人运动、青年运动的迅猛发展和其显示出来的力量，促使孙中山实现晚年的伟大转变。

孙中山承受了前所未有的沉重打击，陷入了绝望与彷徨中。他在9月18日发表的《就陈炯明叛变事件致海外同志书》中说：“文率同志为民国而奋斗垂三十年，中间出死入生，失败之数不可偻指，顾失败之惨酷未有甚于此役者。”他闭门苦苦思索，近年走过的路一幕幕浮现在眼前：自己过去的革命总是依靠军阀，又把希望寄托在帝国主义的支持上，结果遭受了失败。陈炯明当年也拥护自己护法，想不到这个以革命面目出现的军人，最后竟蜕变成了封建军阀。这又促使孙中山重新寻找出路。革命的出路在哪里？孙中山反复叩问自己，但又无从作答。因为此时他在反思自己用人不当之余，也深刻分析遭受失败的真正原因。在孙中山陷入苦闷中反思的关键时刻，苏俄和中国共产党对他伸出了热情的援助之手。

共产国际和苏俄的支持。8月下旬的一天，共产国际代表马林到访，带来了共产国际的指示，再一次提议孙中山领导国民党与共产党合作，对国民党进行改组，然后进行反帝反封建的国民革命。一番推心置腹的交谈，令孙中山重新燃起希望。因为他过去一直未能认识清楚谁是敌人，谁是朋友。他学习西方，拜西方为师，希望中国也能像西方一样发展起来、强大起来。结果，正如毛泽东所说那样“先生老是欺负学生”。与此相反，列宁领导的苏俄与共产国际一直十分友好地对待孙中山。不久，正在北京的苏俄代表越飞也派出代表与孙中山会谈。后来越飞与孙中山通信，交流对中国各种问题的看法，介绍苏俄国内的状况。越飞在北京与北京的军阀当局谈判时发现北京政府是“某个外国的代理人”。孙中山对越飞的评价十分认同，“有些国家不愿中国和俄国达成协议”，害怕中国将摆脱它们政治、经济的压迫。通过多次信函来往，孙中山与越飞虽未谋面，却已神交。在孙中山一生中最艰难困苦之际，苏俄和共产国际给孙中山以宝贵的支持和援助，与帝国主义形成巨大反差。

中国共产党也向他伸出了真诚的援助之手，支持他的正义斗争。就在陈炯明炮轰总统府的前一天，共产党就发表了第一次对时局的主张，提出“中国现存的各政党，只有国民党比较是革命的民主派，比较是真的民主派”。据张国焘回忆：“这个时候，几乎只有中共向他（孙中山）表示好感。中共公开宣言要与孙先生合作，指斥陈炯明为反动；而且采取行动上不惜处分在广州支持陈炯明的少数共产党员。这些事使孙先生为之感动，认为中共确有诚意与他合作。”陈独秀致信共产国际代表吴廷康，也提出“很希望孙文派之国民党能觉悟改造，能和我们携手”。7 月，中共二大提出建立民主联合战线，尊崇国民党的领导地位。这一切，与陈炯明的炮轰形成巨大反差。孙中山增进了对共产党的了解和好感。中国共产党成立后，人数虽然不多，但领导工人运动和青年运动卓有成效，与腐朽、沉闷、患得患失的老大国民党相比，显得生机勃勃、斗志昂扬，也令作为国民党领袖的孙中山刮目相看。

1922 年 8 月，孙中山因陈炯明叛变而退避上海，蒙受其有生以来最沉痛的打击。处于危难绝望之中的孙中山，得到了共产国际和苏俄政府，以及中国共产党的巨大支持和真诚帮助。孙中山顺应时代的潮流，决心寻求新的力量和途径，毅然选择“以俄为师”的道路，改组国民党，实行“联俄、联共、扶助农工”的新三民主义，从而开始他一生中最伟大的转变。

（二）孙中山改组国民党的筹备

在中国共产党和共产国际的帮助下，屡遭挫折的孙中山开始了晚年的伟大转变，逐步确立了联俄联共的思想。为了彻底使国民党脱胎换骨，孙中山任用共产党员从事国民党改组的实际工作，吸收包括工人、农民在内的基层群众的新鲜血液充实国民党。这就成为中共召开三大讨论统一战线问题的重要背景，和此后第一次国共合作得以顺利实现的前提条件。

1. 改组国民党的筹备

孙中山在逐步确立联俄联共政策的同时，国民党的改组工作也在推进，放手让共产党员参与国民党的改组工作。中共中央召开西湖会议前，李大钊曾与孙中山进行多次交谈，讨论“振兴国民党以振兴中国之问题”。西湖会议后，李大钊由孙中山亲自介绍加入国民党。

国民党的《规约》有“党员不得加入他党”的排他性条款。如 1919 年孙中山改组中华革命党为中国国民党时，经孙中山修订的《中国国民党规约》第 2 章第 8 条规定：“党员不得兼入他党，并不得自行脱党。”第 9 条说：“党员如有改变宗旨，违背规约，或以个人行为妨害本党名誉者，由本党公议后除名。”① 这一规定虽然不是专门针对共产党，但对刚刚建立的中共来说，客观上起着排斥作用。最初，有些国民党员参与到共产主义者中间研究马克思主义，有的还参加了中共早期组织，但因《规约》的限制而退出，如国民党员戴季陶就参加上海共产党早期组织，参与起草中共党纲，后因要恪守《规约》而退出②。

1922 年 8 月以后，孙中山抛弃了以往国民党《规约》中关于“党员不得兼入他党”的排他性规定，为共产党员加入国民党排除了障碍。当李大钊向孙中山说明自己是第三国际党员，不能脱离第三国际党籍时，孙中山

---

① 孙中山：《中国国民党通告及规约》，广东省社会科学院历史研究所等合编：《孙中山全集》第 5 卷（1919.1—1921.11），中华书局 1985 年版，第 128 页。

② 邹鲁：《中国国民党史稿》，台湾商务印书馆 1983 年版，第 338 页。

回答："这不打紧，你尽管一面做第三国际的党员，一面加入本党帮助我。"这表明孙中山尊重共产党的独立性，欢迎共产党人加入国民党。对此，李大钊 1927 年回忆道："于是，决心投入中国国民党。事在四五年前（其时孙中山先生因陈炯明之变避居上海，确期则不复忆矣），钊曾亲赴上海与孙中山先生讨论振兴国民党以振兴中国之问题。曾忆有一次，中山先生与我等畅谈此问题亘数小时，当即由先生亲自主盟，介绍钊入国民党，是为钊献身于中国国民党之始。"① 当时在上海的中共中央负责人陈独秀、蔡和森、张太雷等，也正式加入国民党。所宣誓的入党词，已不是服从孙中山之类的语句，而是拥护孙中山先生的三民主义，宣誓后，每人签上自己的名字，而不是打手模。

李大钊

1922 年 9 月，孙中山在上海先后三次召集有陈独秀等共产党人参加的国民党中央和各省负责人会议，讨论研究改组方案。9 月 4 日，孙中山在上海召集各省国民党负责人 53 人，讨论改组国民党问题，陈独秀、马林、张太雷均应邀参加。孙中山解释了联俄、联共政策，马林讲了话。与会者一致同意改组国民党。9 月 6 日，陈独秀被孙中山指定参加由丁惟汾、张秋白等 9 人组成的国民党党务改进起草委员会，起草国民党改组方案并草拟国民党党纲和党章草案。9 月 13 日，李大钊在北京接受记者访问时转述孙中山的主张。李大钊说：在上海最先会见了孙中山先生，孙中山以为应恢复合法的国会、护法总统、护法政府，同时使中央拥有强大的武装力量，来削弱各督军的势力。李又谓孙认为需组织有力的政党。所以当时正在改组之中国国民党，要扩大工人基础，这样改组后的大政党，一方面要讨论政治手段的运用，做一般政党应做的工作；另一方面还要努力唤起民众的

① 张静如等编：《李大钊生平史料编年》，上海人民出版社 1984 年版，第 185 页。

觉醒，将中国国民党建成一个群众革命的先锋组织。总之，中国在近期内，“想要依靠短暂的统一来实现永久的和平，那是不现实的，除了四万万民众的觉醒和真正的群众性的改革之外，别无他途可寻”[①]。

1922 年 9 月 4 日，孙中山在上海召集国民党改组会议，图为与会人员合影

9 月 18 日，孙中山在上海发表《致国民党员书》的党内通信，沉痛地回顾了同陈炯明的分歧、陈炯明叛变的始末及严重后果。他还作自我批评，“任用非人，变生肘腋，致北伐大计，功败垂成，当引咎辞职”，并决定联俄联共，彻底改组国民党，实现国家的统一。

2.《中国国民党宣言》和《孙文越飞联合宣言》的发表

1922 年 11 月 15 日，孙中山召集国民党员张继等 59 人审查中国国民党改进全案，推胡汉民、汪精卫起草宣言。12 月 16—18 日，孙中山在上海再次召集在沪国民党干部 65 人会议，审议中国国民党宣言、党纲和党章。孙中山在上海召集国民党中央及各省市负责人会议，研究改组国民党的规划，都委派共产党负责人参与。共产党人参与国民党的改组工作，有

① 李大钊：《中国统一的方策与孙吴两氏的意见》（1922 年 9 月 17 日），朱文通等整理编辑：《李大钊全集》第 2 卷，河北教育出版社 1999 年版，第 118 页。

利于增进国民党的凝聚力和战斗力，也为实现国共合作奠定了基础。

1923 年 1 月 1 日，孙中山在上海发表《中国国民党宣言》（刊于当日上海《民国日报》），对三民主义作了新解释，加进了一些新内容。如，关于民族主义，提出“力图改正条约，恢复我国国际上自由平等地位”；关于民权主义，提出“废除经资产为标准之阶级选举”“实行普选制度”等要求；关于民生主义，提出规模宏大的工商业应由国家经营，并“得由工人参与一部分之管理权”，以及“制定工人保护法”“改良农村组织，增进农人生活”等反映工农群众利益的要求[①]。《中国国民党宣言》包括对内依靠人民群众进行革命；对外修改不平等条约，以求得世界民族之平等，体现了国民革命反帝、反封建的鲜明特点。很明显，此时的孙中山在共产党人的帮助下，思想有了很大的变化，产生了质的飞跃。

中國國民黨宣言

民國日報增刊

創造中華民國大總統

孫中山先生最近肖像

1923 年 1 月 1 日，孙中山发表《中国国民党宣言》

1923 年 1 月 2 日，孙中山在上海召集中国国民党改组大会，公布《中国国民党党纲》和《中国国民党总章》，为国民党改组提供了基本遵循。前者阐明三民主义和五权宪法的基本内容及原则；后者包括“党员”“组

① 广东省社会科学院历史研究所等合编：《孙中山全集》第 7 卷（1923.1—1923.6），中华书局 1985 年版，第 6 页。

织”“会议”“经费”“纪律”“附则”6 章。

1 月 21 日，孙中山以总理名义任命了国民党本部各部部长，共产党员林伯渠被任命为总务部副部长。随后，他又吸收谭平山、张太雷参与国民党中央的改组工作。1 月 23 日，孙中山委任居正、陈独秀等 21 人为国民党本部参议。这都说明，孙中山的国民党正在通过改组获得新生，在中国革命的基本问题上，和共产党的认识正在趋同，和中国共产党人的关系和感情都正在积极地得到加强和发展。国共合作迎来了可预期的光明前景。

1923 年 1 月 17 日，苏联代表越飞南下上海会见孙中山，其后又进行多次会谈，李大钊、宋庆龄参加。1 月 26 日，孙中山与越飞联名发表《孙文越飞联合宣言》，苏联政府表明对中国革命的同情和对孙中山的支持；孙中山表示欢迎苏联政府的帮助，公开确立了国民党的联俄政策。这是孙中山明确联俄的标志，也标志着其三大政策的形成。此后，孙中山也曾明确表示：“我党今后之革命，非以俄为师，断无成就。”[①] 孙中山的联俄政策确定。

孫中山與越飛氏之重要談話

1923 年 1 月 26 日发表《孙中山与越飞氏之重要谈话》，图为新闻报道

① 广东省社会科学院历史研究所等合编：《孙中山全集》第 11 卷（1924.9—1925.3），中华书局 1986 年版，第 145 页。

（三）党内合作的基础与依据

从当时情况看，国民党是大党、老党，但组织松懈，成分复杂，派系繁多，思想陈旧。而中国共产党是无产阶级的先锋队，虽然思想先进，但人数较少，成立的时间也较短，当时甚至还不能公开活动。以国共合作为基础建立国民革命统一战线是历史的选择。

1. 国民党改组前的跨党党员

有论者认为西湖会议前后加入国民党的李大钊等人是最早的“跨党党员”。但实际上有更早的“跨党党员”。众所周知，“十月革命一声炮响”，给中国送来了马克思列宁主义。一些国民党人也大力介绍马克思主义理论和苏俄政治经济制度，有的还成长为共产主义者。他们在加入中国共产党后，仍参加国民党的活动。这些“跨党党员”大致有如下几种典型：

一是林伯渠，入党后继续参与国民党的党务活动。林伯渠留日期间加入同盟会，参加辛亥革命。民国成立后，积极支持孙中山，从二次革命、护国运动、护法战争，无役不与。中国共产党成立前后，林伯渠正在上海孙中山事务所办理党务，后来他回忆说：“我自五四前后与先生同在上海国民党中央党部工作，常往返于上海、广州。”[①] 1920 年 12 月，林伯渠经李大钊、陈独秀介绍加入上海共产党早期组织。入党后被安排继续留在孙中山身边工作，回广州任总统府参议，获孙中山高度信任，两人的谈话甚至宋庆龄都不与闻。苏俄政府派特使越飞来华，都经林伯渠联络会见孙中山，商谈改组国民党、建设军队及苏俄援助中国革命等问题。许多共产党人加入国民党也都直接或间接地同他相关。同时，林伯渠还参与广东共产党早期组织的活动。1922 年担任广东省社会主义青年团财政部审计股股长。1923 年 1 月孙中山决定改组国民党，林伯渠被委派为总务部副部长。同年 6 月，在广州革命政府供职的林伯渠参加了中共三大。在国民党一大

---

① 《中国走向自由》，《新华日报》1943 年 2 月 11 日，第 2 版。

上，林伯渠当选为中央候补执行委员，会后担任农民部部长。林伯渠是第一次国共合作的桥梁。对此，吴玉章说："由于伯渠同志和孙中山的密切关系，在推动孙中山的思想进步和促（成）国共合作方面，他起了很大作用"；并有诗为赞："十月光芒照万方，联俄联共好主张，中山改组国民党，还仗伯渠作桥梁"[①]。

二是董必武，尝试地方军事合作。董必武（用威），曾参加辛亥革命、二次革命，先后加入同盟会、中华革命党、国民党。护国运动和护法运动时期，董必武的挚友蔡济民被孙中山任命为鄂西靖国军总司令，董必武是蔡济民的主要助手。1919 年 1 月，蔡济民被内奸杀害。董必武赴上海向孙中山报告，并在报纸上发表文章、公电。其间，走上马克思主义道路。"1921 年在中共一大上，董必武反对某些代表把孙中山先生与北洋军阀相提并论，极力主张联合孙中山为首的国民党进行革命，可惜未获通过。"[②]董必武入党后，仍参加孙中山的革命活动。最典型的例子是与鄂西军合作开展"倒王运动"（讨伐湖北军阀王占元）。当时，孙中山在广西筹备北伐，派詹大悲等联络川军援助鄂西军总司令潘正道，令李书城、蒋作宾等人联络湘军出师北伐。董必武参加中共一大后回到武汉，故友潘怡如奉孙中山之命急赴川请兵，告知孙中山的部署，并邀董必武加入。董必武同陈潭秋磋商后一致认为，讨伐王占元一是为湖北人民除害，二不违背中共一大决议。董必武还认为，"革命是需要武力的，有文事必有武备"。如果自己参加这次北伐，就有可能把一部分旧军队转化成党影响下的新型军队[③]。基于上述考虑，武汉党组织决定派董必武以湖北省自治筹备处代表身份赴川请兵。董必武等在巫山加入潘正道的鄂西军，经巴东至秭归，直逼宜昌。但"倒王"成功后，湖北落入北洋军阀吴佩孚的爪牙萧耀南（湖北新洲人）统治之下。北洋军猖狂反扑，鄂西军转战建始、夔府、施南一带。董必武曾

① 涂绍钧著：《林伯渠》，中国文联出版公司 1991 年版，第 105—106 页。

② 毛磊：《辛亥革命对共产党成立和国共两党关系的影响》，王功安、林家有主编：《孙中山与祖国的和平统一：纪念辛亥革命九十周年学术研讨会论文集》，中山大学出版社 2001 年版，第 462 页。

③ 杨瑞广：《伟人之初：董必武》，浙江人民出版社 1996 年版，第 73 页。

代理川军鄂西司令部秘书长。因潘正道去重庆找刘湘，詹大悲去广东向孙中山汇报，该军工作曾由董必武、王守愚、潘怡如负责。直到1922年5月，董必武奉党的指示返回武汉。“董必武为党争取军队的尝试虽然失败了，但这却是国共两党党员合作领导的最早的一次军事行动，为早期国共两党党员合作开辟了新的领域。”①

此外，还有一些老同盟会员在加入中共后继续参与孙中山领导的革命活动，并保留国民党身份。例如邵力子，追随孙中山，成为同盟会、国民党、中华革命党的三朝元老。党的一大召开时，邵力子因工作繁忙没有出席会议，但参与起草了相关文件，并担任会议总务工作。在参加中国共产党后，邵力子继续担任国民党机关报——上海《民国日报》的主编。邵力子是老资格的国民党员，但他又信仰共产主义。上海的共产党早期组织经过研究决定，邵力子加入后公开身份还是国民党员，他的中共党员的身份保密。1925年担任黄埔军校政治部主任时，公开中共党员身份。1926年经中共中央同意退出中共。被孙中山指定为国民党一大代表的谢晋、沈定一等人在加入共产党后，仍与国民党保持着一定的组织联系。

2. “新鲜血液”与“招回旧部”

孙中山坚持党内合作。对当时的孙中山和国民党来说，让共产党员以个人身份加入国民党，一大批有“明确的思想和无畏的勇气”的共产党员的加入，也有助于重振国民党。

输入“新鲜血液”。孙中山退往上海后，李大钊与孙中山深入探讨振兴国民党与振兴中国的问题。李大钊学识丰富，为人谦和，深得孙中山赏识。李大钊后来回忆说，他们达到了“畅谈不厌，几乎忘食”的地步。共产党人的蓬勃朝气，深深打动了孙中山。40年后，宋庆龄仍深情地回忆起那段难忘的岁月：“孙中山特别钦佩李大钊，我们总是欢迎他到我们家来……孙中山在见到这样的客人后常常说，他认为这些人是他的真正革命同志，他

① 夏燕月：《董必武与中国共产党的创建》，中共一大会址纪念馆编：《中国共产党创建史研究》，上海人民出版社2012年版，第371页。

知道，在斗争中，他能够依靠他们明确的思想和无畏的勇气。”当孙中山邀请李大钊加入国民党，并表示接受共产党人的意见，取消打手模、宣誓服从他个人的入党方法，同时要按照民主化的原则改组国民党时，李大钊坦率地告诉孙中山：“我是第三国际党员，是不能脱去第三国际党籍的，不知总理能否许可接纳？”孙中山连忙道：“这不打紧，你尽管一面做第三国际党员，尽管一面加入本党帮助我！”[①] 而当宋庆龄问孙中山为什么需要共产党人加入国民党时，孙中山这样回答：“国民党正在堕落中死亡，因此要救活它，就需要新的血液。”[②]

这批“跨党党员”，对国民党来说是“新鲜血液”，对于孙中山来说是“招回旧部”。有学者认为：“国民党人与共产党人就个人而言，历史上早有交往与合作。只不过，最初两部分人主要是意气相投，不存在组织之间的问题。正是由于意气相投，当中共最初成立时，国民党中的个别骨干或国民党前身老同盟会的成员，还积极协助，甚至参与其间。”[③]

到大革命时期，这种情况更普遍。据考证，国民党一大代表有 25 名中共党员。其中 10 名中共党员当选为国民党中央执行委员会委员或候补委员。国民党二届中央执、监委中的共产党员名单：中央执行委员 7 名、候补委员 7 名；中央监察委员 2 名、候补监察委员 2 名。1928 年国民党二届四中全会通过的《各委员依次递补案》所开因隶籍共产党遭处分者：中央执行委员 7 人、候补委员 7 人；中央监察委员 1 人，候补委员 2 人。加上武汉国民政府劳工部长苏兆征。扣除重复者后共 36 人，名单如下（以出生年份为序）：

李永声　吴玉章　陈独秀　江　浩　邵力子　沈定一　谢　晋

苏兆征　董必武　谭平山　林伯渠　廖乾五　刘　芬　胡公冕

---

① 汪精卫：《对中国国民党第二次全国代表大会政治报告》（1926 年 1 月 6 日），中共中央党史研究室第一研究部译：《联共（布）、共产国际与中国国民革命运动（1926—1927）》第 3 卷，北京图书馆出版社 1998 年版，第 5 页。

② 宋庆龄：《儒教与现代中国》（1937 年 4 月），宋庆龄基金会编：《宋庆龄选集》上卷，人民出版社 1992 年版，第 178 页。

③ 杨奎松：《孙中山与共产党——基于俄国因素的历史考察》，《近代史研究》2001 年第 3 期。

高语罕　李大钊　毛泽东　于树德　恽代英　许甦魂　李维汉
杨匏安　张国焘　王尽美　宣中华　屈　武　瞿秋白　赵　干
李立三　于方舟　韩麟符　刘半农　袁达时　夏　曦　陈镜湖
邓颖超

若以 1894 年至 1895 年度出生为界[①]，这 36 人大致是一半对一半。较年轻者恽代英（生于 1895 年）、许甦魂、陈镜湖、邓颖超等 18 人，与孙中山及其领导下的国民党几乎没有组织联系。较年长的 18 人则多参加孙中山领导的旧民主主义革命；他们与国民党的组织联系和与国民党人的个人交谊，也不仅仅限于历史关系。他们以个人身份加入国民党而成为“跨党党员”，实际上就是“重新入党”；说他们是“新鲜血液”，其实原本就是从国民党（含其前身）之体流失出来的[②]。从这个意义上说，孙中山改组国民党，允许加入共产党的老国民党员重新加入或继续保持国民党籍，也是“招回旧部”的制度性安排。否则，他们将被迫在国、共之间选一党籍，多半选择共产党，对国民党意味着流失。

孙中山坚决不同意党外合作形式，唯一可接受的是党内合作形式。在孙中山看来，以党内合作形式实现国共合作，共产党员以个人身份加入国民党，作为国民党的分子，遵守国民党的纪律，服从国民党的领导无疑是由两党的力量对比所决定的。在当时，共产党领导人陈独秀、李大钊无论是斗争经验，还是领导水平，以及在国内外的威望和影响都远不如孙中山。当然，孙中山联共绝不是为了发展共产党的力量，也不会让共产党危及国民党的地位，他虽然“允许在其党内进行共产主义宣传”，也认为“共产主义是三民主义的好朋友”，但共产党员必须服从他的领导，否则，“我亦必弃之”。孙中山同意国共合作，也担心党外合作会使共产党“自树一帜，

---

①　在这一年里，孙中山组织了兴中会，这是中国现代政党的开端；且此后出生者，在年龄上不足以参加辛亥革命等运动。参见欧阳湘：《“跨党党员”并非都是国民党的“新鲜血液”——对大革命时期知名“跨党党员”早年政治倾向与党派属性的分析》，《中共党史研究》2008 年第 2 期。

②　谢晋的党籍当时未公开，故在国民党决议案中未因“隶籍共产党”而被开除，而是受“停止职权”处分。参见荣孟源主编：《中国国民党历次代表大会及中央全会资料》上册，光明日报出版社 1985 年版，第 518 页。

与吾党抗衡”。作为国民党领袖，孙中山希望自己的党能够引领时代潮头和发展壮大，“能吸收多一个同志，就可减少一个反对党”[①]。

3. 党内合作的思想与政治基础

共同的战斗情谊和同志情感，对于国共合作特别党内合作的组织形式的认同，是有积极作用的。从年龄和政治经历来看，反对加入国民党较为激烈的如张国焘、蔡和森、刘仁静、王振翼等人都相对年轻，与国民党在历史上也没有关联。较年长、历史上与国民党有关联的“跨党党员”，则较好地充当了国共合作的桥梁和纽带，受到国共两党的高度重视。在孙中山和国民党方面，利用他们来加强国共两党的联系，并借机发动更多的工农群众参加国民革命。在中国共产党方面，也利用这些老同志做国民党的工作。于树德后来回忆说，中央“叫我去参加‘三大’的原因，是因为我是老同盟会员，接触孙中山国民党方便一些（李锡九、江注源、吴玉章等也是这种情况），联系国共合作等具体问题，孙中山容易接受”[②]。

1922 年 9 月以后，孙中山完成他一生中最伟大的转折，国民党逐渐确立联俄联共路线。尽管孙中山仍认为“共产组织甚至苏维埃制度”不适合于当下中国，但对马克思主义却给予了高度评价。1924 年，孙中山在演讲中对他向往已久的民生主义作出这样的解释：“民生主义就是社会主义，又名共产主义。”他批驳那些攻击共产党人主张暴力革命是“过激党”的言论。他觉悟到过去只靠少数人搞革命和单纯搞军事斗争的方法不可能使革命成功。

新民主主义和新三民主义在政治纲领上有相同之处。我国无产阶级在俄国十月革命的影响下，开始运用马克思主义的宇宙观重新审视民族前途和国家命运的问题。1921 年成立的中国共产党根据国内外形势和中国社会性质，在党的二大上确定民主革命纲领，即推翻帝国主义和国内军阀的压

---

① 孙中山：《国民党过去之失败与今后之成功》（1923 年 11 月 25 日），彭明主编：《中国现代史资料选辑》第 1 册，中国人民大学出版社 1987 年版，第 495 页。

② 中国社会科学院近代史研究所现代史研究室编：《“二大”和“三大”：中国共产党第二、三次代表大会资料选编》，中国社会科学出版社 1985 年版，第 660 页。

迫，实现民族完全独立。在1924年广州召开的国民党一大上，孙中山不但对三民主义重新阐释，突出强调了反对帝国主义压迫和民族压迫，而且确立了联合俄国和共产党、扶助农工的政策，并确保民主权利归平民所共有。新三民主义同三大政策相结合，构成了资产阶级的革命纲领。在民主革命时期，新民主主义和新三民主义的政治纲领从内容上来分析和理解，两者的内容是大体上相同的，都要推翻帝国主义和反动势力的压迫，进而实现民族的完全独立。毛泽东在《新民主主义论》中指出："只有这种三民主义，才和中国共产党在民主革命阶段中的政纲，即其最低纲领，基本上相同。"正因如此，新三民主义成为国共合作的桥梁和纽带。在轰轰烈烈的大革命中，国共两党并肩作战，取得了一系列佳绩。

在20世纪20年代初的政党格局中，国共两党的基本政治主张具有一致性，在社会基础和党员来源上也有重叠面。在北洋政府看来，共产党与国民党都是"过激党"。因此两党在组织成分上互相穿插（即跨党），在政治活动中互相帮助、协同行动的坚实基础。

四、共产国际和苏联的指导和影响

国共两党合作是当时中国反帝反封建的历史必然。这是时任中共领导人陈独秀、国民党领导人孙中山共同协作完成的，也离不开苏联和共产国际特别是列宁的指导和帮助。

（一）苏联选择与孙中山合作

1917年3月，沙俄爆发"二月革命"，推翻沙皇制度，出现资产阶级临时政府和工人士兵代表苏维埃并存的局面。最后以列宁为首的俄国社会民主工党左翼（布尔什维克），于1917年11月7日从临时政府手中夺取政权，改国名为俄罗斯苏维埃联邦社会主义共和国，史称"十月革命"。帝国主义企图将苏维埃政权扼杀在摇篮中，支持俄国国内的复辟活动并实施武装干涉。到1922年，俄国国内革命战争取得胜利。1922年12月，苏维埃社会主义共和国联盟首次苏维埃代表大会在莫斯科召开，苏联正式成立。

1921年到1923年，苏俄派全权特使越飞3次到中国开展活动。由于中东铁路问题和苏军出兵外蒙古等问题，北京政府与越飞等苏联代表僵持不下，无果而终。除官方外交之外，苏联对华外交的目标，就是与孙中山、吴佩孚、陈炯明等各派势力广泛接触，物色合作对象。

1. 苏俄游离在孙中山、吴佩孚和陈炯明之间

在马林来华以前，苏俄政府和共产国际远东局人员几乎与吴佩孚、陈炯明、孙中山等人都保持接触，并且对吴佩孚、陈炯明更有好感，认为吴、陈都是很好的合作对象。

在苏俄方面看来，最初的理想合作对象是吴佩孚。1919年南北和会之后，吴佩孚的力量迅速崛起。1920年，吴佩孚在直皖战争中胜出，迅速奠定其主宰北方政局的地位。吴佩孚被国际社会公认为中国政治明星。例如，创立于1923年的美国《时代周刊》，吴佩孚作为“中国最强者”成为首位登上美国《时代周刊》杂志封面的中国人。直到1925年，苏联仍认为，“中国的事态发展进程，越来越把吴佩孚和他所领导的直隶集团推到首要地位。吴佩孚正在成为核心政治领导人物，同时好像也在成为民族运动重新爆发的中心”[①]。共产国际远东局和远东共和国都坚信，“为开展中国的民族主义运动而可以合作的人是吴佩孚，而不是孙中山，他们认为孙中山是个不切实际的梦想家，他们同意支持吴佩孚”[②]。1920年4月，维经斯基来华，访问吴佩孚的幕僚白坚武后，“决定联合吴佩孚发动民主运动”。此时，苏俄《消息报》也有文章称吴佩孚是“资产阶级民主主义者”，“已经在中国正在发展的局势中树起了新的旗帜”，“对吴佩孚寄予殷切的希望”[③]。苏联甚至建议中国共产党与吴佩孚合作。越飞在华活动期间，写信给吴佩孚，

① 《俄共（布）中央政治局会议第86号记录（摘录）》（1925年10月29日），中共中央党史研究室第一研究部译：《联共（布）、共产国际与中国国民革命运动（1920—1925）》第1卷，北京图书馆出版社1997年版，第729—730页。

② 伊罗生：《与斯内夫利特谈话记录》，中国科学院现代史研究室编：《马林在中国的有关资料》，人民出版社1980年版，第23页。

③ 《消息报》1920年10月9日。

希望与吴佩孚建立合作关系。但吴佩孚反对苏军出兵外蒙古，在政治立场上向英美靠拢，对与苏俄合作持消极或抗拒态度。

陈炯明也曾是苏俄中意的合作对象。十月革命后，陈炯明一度称颂社会主义，赞扬俄国十月革命，有“社会主义将军”之称。1920 年 4 月 29 日，苏俄派代表路博将军到福建漳州访问了陈炯明，并致上了列宁的亲笔信，表示苏俄愿意帮助中国完成国民革命，打算援助陈炯明的革命事业。当时漳州没有港口可以接受这批军械，于是陈炯明拟定回到广州之后再行计议①。当时苏俄人民外交委员会出版的刊物甚至称赞说：“陈炯明坚信共产主义，不仅是一位革命的将军，而且是具有优秀的组织能力，并受到群众的拥护。”②

当时的苏联政府，也把孙中山领导的南方革命力量，看作苏俄在华联合的重要对象。苏联人民的领袖列宁非常重视孙中山及南方政权。1921 年 8 月 28 日，孙中山给苏俄外交人民委员契切林回信，称列宁是自己的朋友。契切林收到信后于 11 月 6 日写信给列宁，询问他是否认识孙中山，并将孙的信件一起送上。第二天列宁回信说，“我不认识他，我们也互相从未通过信”。但列宁认为，与孙中山联系“应尽量热情些，要常写信并尽量秘密进行，要派我们的人去广州”③。1921 年 12 月，马林到南方访问孙中山时，也曾和陈炯明进行了三次长谈。马林对共产国际和苏联支持吴佩孚、陈炯明的建议表示反对。他说，苏俄“首要的是，赤塔政府倾向吴佩孚的方针是完全错误的”④；陈炯明的观点是把民族主义局限于广东，因此二者均不能作为领导整个中国革命的无产阶级政党的统战对象。

2. 苏联转向与孙中山领导的国民党合作

事与愿违，共产国际、苏俄欲与吴佩孚、陈炯明结盟的意图成为泡影。

---

① 陈其尤：《一九一九年苏联派第一个代表到漳州》，文史资料选辑编辑部：《文史资料精选》第 3 册，中国文史出版社 1990 年版，第 583—584 页。

② 《1917—1924 年苏联对中国的政策》，《历史研究》1981 年第 2 期。

③ 中共中央党史研究室第一研究部译：《联共（布）、共产国际与中国国民革命运动（1920—1925）》第 1 卷，北京图书馆出版社 1997 年版，第 66—67 页。

④ 伊罗生：《与斯内夫利特谈话记录》，中国科学院现代史研究室编：《马林在中国的有关资料》，人民出版社 1980 年版，第 26 页。

1922 年 6 月，陈炯明在帝国主义支持下，炮轰总统府、背叛孙中山，显露出反动军阀的本来面目。他的名字从共产国际可以结盟的候选人名单中被勾掉。而在北方实行联合吴佩孚的政策在 1921 年下半年也遇到困难：北京政府参加华盛顿会议，使双方关系不断恶化。1923 年吴佩孚镇压京汉铁路工人大罢工，制造二七惨案。中国工人阶级的鲜血使共产国际认识到，吴佩孚不是资产阶级民主派，而是极端反动的军阀刽子手。至此，经过曲折的过程和血的代价，共产国际联合吴佩孚、陈炯明的政策才得以改变，转而开始重视并最终采纳马林的建议，全力支持孙中山和国民党，促成国共合作。

陈炯明叛变事件，成为孙中山与苏俄合作的契机，绝境中的孙中山得到共产国际的帮助。陈炯明事变之后第七天，孙中山即指示陈友仁与达林联系，并转告达林："现在我深信，中国革命的唯一实际的真诚的朋友是苏俄。"① 孙中山的示好，使处在与北京政府建交谈判僵局中的越飞喜出望外。8 月 25 日，刚从广州脱险回到上海的孙中山，收到了越飞的信。越飞希望与孙中山建立密切联系。越飞此信与孙中山的想法不谋而合。8 月底，孙会见越飞的代表马林，表达与苏俄建立联盟的渴望，并承诺予苏俄以参与中东铁路管理的权力②。对于孙中山的转变，曾与孙中山多次接触的共产国际代表马林深有体会："由于孙中山在广州的失败，迫使他不得不按照发展现代群众运动的路线来考虑问题，其次，考虑从俄国取得援助。"③ 孙中山在给列宁的信中，还提出派全权代表团赴苏俄"会议符合俄中合法利益的共同行动"④。1923 年 1 月 17 日，越飞以养病为名赴上海。在沪十天之内，几乎每天都同孙中山或孙中山的代表张继接触。商讨改组国民党、建立革命军以及共产国际援助中国革命等问题。在此基础上，1 月 26 日，双方联

---

① ［苏］C. A. 达林：《中国回忆录（1921—1927）》，中国社会科学出版社 1981 年版，第 126、113 页。

② 陈锡祺主编：《孙中山年谱长编》（下册），中华书局 1991 年版，第 1496 页。

③ 伊罗生：《与斯内夫利特谈话记录——关于 1920—1922 年的中国问题》（1935 年 8 月 19 日），中共中央党史研究室第一研究部译：《联共（布）、共产国际与中国国民革命运动（1917—1925）》，中共党史出版社 2020 年版，第 256—257 页。

④ 孙中山：《孙中山致列宁信》（1922 年 12 月），薛衔天等编：《中苏国家关系史资料汇编》（1917—1924 年），中国社会科学出版社 1993 年版，第 676—677 页。

名发表《孙文越飞联合宣言》，表明孙中山开始抛弃对帝国主义的幻想和寻求国际进步势力援助的愿望，这标志着苏联与孙中山和国民党结成联盟，从此双方关系进入了一个崭新的阶段。3 月 8 日，俄共（布）中央政治局会议仔细研究了孙中山的请求，决定给孙中山约 200 万墨西哥银元的援助，并派出政治、军事顾问小组，准备在中国北部或西部建立一个庞大的军事单位，或利用苏联军援和教官为孙中山建立一个军事学校，为中国的革命军队培养干部。这个学校就是后来的黄埔军校[①]。

苏联选择以孙中山为合作对象，直接推动了中国共产党与国民党合作的政策。1922 年 7 月，共产国际作出指示："国民党是一个革命的党"，"共产党人为完成他们的任务，必须在国民党内和工会中组成从属于他们自己的团体"。同年 8 月，根据马林的建议，党中央在杭州西湖举行特别会议，接受共产国际关于共产党员加入国民党、实现国共合作的指示。

（二）共产国际的"东方战略"

共产国际对于国共建立合作关系，给予了直接的指导与帮助。列宁革命的理论和共产国际的"东方战略"，是中共三大决定以国共合作为基础建立国民革命统一战线的重要条件。

1. 共产国际的组织体系与活动

共产国际即第三国际，是各国共产党的国际联合组织，存在于 1919—1943 年。各国共产党都作为它的支部。共产国际向各国党派出常驻代表。其中联共（布）在国际中占有与众不同的地位，是"共产国际最强有力的领导支部"。苏联同志担任共产国际领导人。

除共产国际外，青年共产国际、赤色职工国际、农民国际在保持组织独立的同时，也与共产国际保持着密切的合作关系。几个国际组织也派驻华代表，参与对中国革命的指导。一是青年共产国际，又称"少共国际"，

---

① ［苏］A.И. 卡尔图诺娃著、中国社会科学院近代史研究所翻译室译：《加伦在中国（1924—1927）》，中国社会科学出版社 1983 年版，第 18 页。

第三国际领导的革命青年的联合组织，1919 年 11 月在柏林秘密成立。1943 年随着第三国际的解散而解散。中国从青年团成立到大革命，青年共产国际对中国共青团和中国青年运动都进行了正确的指导。二是赤色职工国际，又称“赤色工会国际”，由各国革命工会参加的工会国际联合组织。1921 年 7 月，赤色职工国际在莫斯科召开了革命工会第一次代表大会，正式宣告成立。中国共产党领导的中华全国总工会参加了该组织，1938 年 2 月，赤色职工国际宣布解散。三是赤色农民国际，建立于 1923 年 10 月，以东欧和亚洲为工作重心，新经济政策取消后逐渐停止活动，1939 年解散。

从 1919 年 3 月至 1924 年 1 月列宁逝世，是共产国际成就显著的时期。1919 年 3 月 2—6 日，在莫斯科召开第一次代表大会。1920 年 7 月 19 日至 8 月 7 日，第三国际举行第二次代表大会。列宁作《关于国际形势和共产国际基本任务的报告》和《民族和殖民地问题委员会的报告》。1921 年 6 月 22 日至 7 月 12 日，第三国际举行第三次代表大会。列宁作了《捍卫共产国际的策略的演说》和《关于俄共的策略报告》。瞿秋白在《赤都心史》中称这是“莫斯科的赤潮”：“1921 年的 6 月，在此城里又要开四个国际大会：共产国际第三次大会，共产国际妇女部第二次大会，少年共产国际第二次大会，赤色职工国际第一次成立大会。”张太雷是以中国共产党代表出席共产国际三大，又以中国社会主义青年团代表出席少共国际二大。俞秀松是少共国际二大的中国代表，列席共产国际三大。江亢虎作为中国社会党代表出席共产国际三大。张太雷是在远东书记处 1921 年 3 月 22 日的会议上，被任命为中国科中方书记。在共产国际三大闭幕式上，张太雷作为中国共产党代表作大会发言。1922 年 1 月 21 日至 2 月 2 日，共产国际在莫斯科、彼得格勒召开远东各国共产党及民族革命团体第一次代表大会。张国焘等 14 名中共党员出席，大会根据列宁关于民族和殖民地问题的理论，阐明被压迫民族所面临的反帝反封建的历史任务①。

① 中共中央党史研究室：《中国共产党历史大事记（1921 年 7 月—2011 年 6 月）之一》，《人民日报》2011 年 7 月 21 日。

2. 共产国际关于中国问题的讨论

中共关于党外合作的主张以及陈独秀的六条意见很快呈共产国际。讲究策略的马林，从孙中山的态度和共产党对国共合作态度的转变中看到了希望，于7月11日向共产国际执委会提出《给共产国际的报告》，在报告中，马林提出了共产党员以个人身份加入国民党以实现国共合作的建议。这个报告受到共产国际执委会的高度评价。8月，共产国际执委会作出了《给共产国际驻中国特派代表的指示》，指出“共产党人为完成他们的任务，必须在国民党内部和在工会中组成从属于他们自己的团体”。《指示》充分表达了共产国际希望以党内合作的形式实现国共两党合作的愿望，并规定共产党“应保持完全的独立性”[①]。

早在1922年8月，《共产国际执行委员会给其派驻中国南方代表的指令》中就明确指出，“共产国际执行委员会认为国民党是一个革命组织”。共产党人应该支持国民党，特别是国民党内代表无产阶级分子和手工业工人的那一翼；共产党人应该在国民党内和工会内把拥护共产党的人组织成一些小组。靠这些小组形成一支大军去宣传反对外国帝国主义斗争的思想，建立中华民国和组织反对中外剥削者的阶级斗争的思想[②]。这主要针对中共二大召开的形势。在中共三大召开之前，共产国际执委会先后通过了三份关于中国问题的决议。这三份文件关于中国共产党与国民党合作政策取向的变化，也是中共三大论争的源头之一。

1922年11月，陈独秀率中共代表团在莫斯科参加共产国际第四次代表大会。陈独秀发言指出，中国国民党虽号称有十万党员，但多数并不在国内；在国内者，除了基层的劳动群众以外，大都是些钻营政客和官僚。这个党没有纲领，也没有章程，甚至连有形的组织也找不到，一切全靠孙

① 中国社会科学院近代史研究所现代史研究室编：《“二大”和“三大”：中国共产党第二、三次代表大会资料选编》，中国社会科学出版社1985年版，第1页。

② 中共中央党史研究室第一研究部编：《共产国际、联共（布）与中国革命文献资料选辑（1917—1925）》第2卷，北京图书馆出版社1997年版，第324页。

中山个人的号召力和宣布的计划行事，其理论上更不相信群众，只迷信武力①。刘仁静也认为，“它不对群众开展宣传运动，不试图去组织群众，它唯一的企图就是通过军事力量来达到他的目标”，而且“多数党员的本质是反动的”②。

1922年11月5日至12月5日，第三国际举行第四次代表大会，着重讨论工人统一战线的方针，批评左、右两种倾向，通过关于策略问题的提纲，肯定“到群众中去”的口号；还讨论东方民族殖民地问题，要求东方各国共产党积极参加并领导民族民主革命。列宁作了对共产国际的最后一次演说《俄国革命五周年与世界革命前途》。中共代表陈独秀、刘仁静、王俊出席大会。刘仁静就中国形势和国共合作问题向大会作了报告，指出“要在中国消灭帝国主义，就必须建立反帝的统一战线”，中共已决定和国民党建立统一战线，“其形式是我们共产党员以个人名义加入国民党”。15日，共产国际负责人拉狄克在会上批评中共不懂得同工人群众相结合，要求中共走出“孔夫子式的共产主义研究室，到群众中去”。会议结束时，陈独秀当选为共产国际执行委员，并将此次会议的有关决议带回中国执行。

大会通过的《第四次代表大会关于东方问题的总提纲》强调在殖民地的东方提出反帝统一战线口号的必要性。关于中国问题的专门决议《中国共产党的任务》（对东方问题提纲的补充）指出：“中国目前还处在资产阶级革命发展的准备时期。这种发展的中心任务是联合中国人民和建立统一的资产阶级国家。”另一方面，在1922年底中国出现工人运动高涨的背景下，他们希望中共能够在统一战线中争取领导权。共产国际作出《中国共产党的任务》认为，“中国共产党不应该屈从于中国资产阶级所建立的这些中心中的任何一个，即使这些中心的领导者具有半民主的或者甚至民粹派的性质”。加入国民党不能以取消中国共产党的独特的政治面貌为代价，党

---

① 《陈独秀在共产国际四大上关于中国政治形势的报告》（1922年11月），转引自杨奎松：《中共与莫斯科的关系（1920—1960）》，台北东大图书股份有限公司1997年版，第22页。

② 《刘仁静在共产国际第四次代表大会上关于中国形势的报告》（1922年11月5日—12月5日），中国人民解放军政治学院党史教研室：《中共党史参考资料》第12册，第561页。

必须保持自己原有的组织和严格集中的领导机构[①]。"这些提纲和决议对于进一步转变中共领导人对于国民党的态度，推动国共合作，有着重要意义。"[②]中国共产党根据大会精神制定了《中国共产党对于目前实际问题之计划》，明确指出国民党是中国唯一革命的民主派，强调与国民党合作以便共同进行反帝反封建的民主革命。

（三）共产国际的指导性文件

1922年12月，陈独秀带着共产国际作出的《中国共产党的任务》回国，并着手筹备中共三大。1923年，共产国际又专门通过关于中共三大的指导性文件。

1. 共产国际执行委员会《关于中国共产党与国民党的关系问题的决议》（1923年1月12日）

1922年12月下旬，马林到达莫斯科以后，关于中国共产党加入国民党的问题又引发激烈辩论。在1923年1月6日的会议上，共产国际执委会重点讨论了国共关系问题，马林与维经斯基形成了相反的意见[③]。后由布哈林进行折中，最终形成《关于中国共产党与国民党的关系问题的决议》（又叫作"布哈林的决议"或"布哈林的提纲"）。1923年初，马林带着"布哈林的决议"回到中国，改造共产国际驻华代表的职责，主要就是督促中国共产党"第三次代表大会要讨论这个决议并据以安排党的工作"[④]。

共产国际执行委员会《关于中国共产党与国民党的关系问题的决议》，

① 《共产国际第四次代表大会决议〈中国共产党的任务〉》（不晚于1922年12月5日），中共中央党史研究室第一研究部译：《联共（布）、共产国际与中国国民革命运动（1920—1925）》第1卷，北京图书馆出版社1997年版，第162—163页。

② 李颖：《陈独秀与共产国际》，湖南人民出版社2005年版，第58页。

③ 参见《共产国际执委会会议速记记录（摘录）》（1923年1月6日），中共中央党史研究室第一研究部译：《联共（布）、共产国际与中国国民革命运动（1920—1925）》第1卷，北京图书馆出版社1997年版，第188—191页。

④ 马林：《致共产国际执行委员会的信》（1923年6月20日），李玉贞主编：《马林与第一次国共合作》，光明日报出版社1989年版，第246页。

共7条。要点为:(1)中国唯一重大的民族革命集团是国民党;(2)由于国内独立的工人运动尚不强大，由于中国的中心任务是反对帝国主义者及其在中国的封建代理人的民族革命，国民党与年青的中国共产党合作是必要的;(3)中共党员留在国民党内是适宜的;(4)不能以取消中国共产党独特的政治面貌为代价，党必须保持自己原有的组织和严格集中的领导机构，中国共产党具体的任务是组织教育工人群众，建立工会，以便为强大的群众性的共产党准备基础;(5)中国共产党应当反对国民党同资本主义列强及其代理人——军阀的任何勾搭行动;(6)中共应当对国民党施加影响，促成其与苏俄联合起来，共同反对欧美日本帝国主义;(7)只要国民党在客观上实行正确的政策，中共就应当支持它，但是绝不能与它合并，也绝对不能卷起自己原来的旗帜。该决议照顾了马林、维经斯基两方面的意见，本身充满矛盾与歧义：既确认“中国共产党党员留在国民党内是适宜的”，又强调，“中国共产党特殊而重要的任务，应当是组织和教育工人群众，建立工会，以便为强大的群众性组织准备基础”[①]。

这样的决议两方面都说得过去，从而为中共三大上马林与张国焘的争论埋下伏笔。马林认为，中共三大的争论就是由“布哈林的决议”引起的。“布哈林的决议自然地引起了争论，它可能是对这类问题的一次实际讨论，我们应该如何在国民党内工作？应该派多少人去工作？应该在哪里和派多少人到工人中去进行宣传？但是这种宣传很容易变成对下面这样一些问题的讨论：我们虽已加入国民党，但是否还要集中全力完成我们特殊的任务从而为国民革命运动服务？我们是否应当寄希望于建立一个群众性的工人政党上？中国资产阶级是否有革命性，或者说是否遇事都要以工农为出发点？——到头来就成了这样一场争论。”[②]

1923年1月12日，共产国际执委会根据马林的提议，正式作出《关

① 《共产国际执行委员会关于中国共产党与国民党的关系问题的决议》(1923年1月12日)，李忠杰、段东升主编:《中国共产党第三次全国代表大会档案文献选编》，中共党史出版社2014年版，第27页。

② 李玉贞主编:《马林与第一次国共合作》，光明日报出版社1989年版，第246页。

于中国共产党与国民党的关系问题的决议》，指出："由于国内独立的工人运动尚不强大，由于中国的中心任务是反对帝国主义者及其在中国的封建代理人的民族革命，而且由于这个民族革命总的是解决直接关系到工人阶级的利益，所以共产国际执委会认为，国民党与年青的中国共产党合作是必要的。"在共产国际同意国共两党首次合作方式后，中共三大予以了确定。中共三大通过的《关于国民运动及国民党问题的议决案》如是说："共产国际执行委员会议决中国共产党须与中国国民党合作，共产党员应加入国民党。中国共产党中央执行委员会曾感此必要，遵行此议决，此次全国大会亦通过此议决。"① 可见，共产国际对此起了决定性的作用。其后，1923 年 8 月在南京召开的中国社会主义青年团第二次全国代表大会也通过了青年团员以个人身份加入国民党的决议。然上述这些，都是在中国共产党内及相应组织内进行的，最终由 1924 年 1 月在广州召开的中国国民党第一次全国代表大会确定。

2.《共产国际执行委员会给中国共产党第三次代表大会的指示》（1923 年 5 月）

5 月下旬，共产国际执委会又发出给中共第三次全国代表大会的指示。该指示信由共产国际执委会东方部副主任维经斯基起草《共产国际执委会东方部给其出席中共第三次代表大会的代表的指示草案》（东方部主任拉狄克联合署名），"鉴于中国近半年来发生的一系列新的事件"，对 1 月 12 日《关于中国共产党与国民党的关系问题的决议》进行了补充。经布哈林、季诺维也夫修改并补充数条，成为《关于中国问题的决议草案》（"给中国共产党代表大会的指示"），最终形成《共产国际执行委员会给中国共产党第三次代表大会的指示》。

该《指示》共 13 条，其要点有三：一是提出无产阶级领导问题。"不言而喻，领导权应当归于工人阶级的政党。""加强共产党，使其成为群众性的无产阶级政党，在工会中聚集工人阶级的力量，这就是共产党人的首

---

① 《关于国民运动及国民党问题的议决案》，中央档案馆编：《中共中央文件选集（1921—1925）》第 1 册，中共中央党校出版社 1989 年版，第 147—148 页。

要任务。”二是强调农民问题的重要性。“只有把中国人民的基本群众，即占有小块土地的农民吸引到运动中来，中国革命才能取得胜利。”“全部政策的中心问题就是农民问题。”“共产党作为工人阶级的政党，应当力求实现工农联盟。只有通过坚持不懈的宣传工作和真正实现下述土地革命口号，才能达到此目的：没收地主土地，没收寺庙土地并将其无偿交给农民；歉收年不收地租；废除现行征税制度；取消各省间的包税和税卡；废除包税制度；铲除旧官僚统治；建立农民自治机构，并将没收的土地转交给它们。”三是调整对国民党的政策，要求国民党无条件地支持中国北方和南方的工人运动；吸引中国最广泛的民主力量参加反对北洋军阀和外国帝国主义的斗争；尽快召开国民党代表大会，并把建立广泛的民族民主运动问题作为这次代表大会的中心议题；把抵制日货的运动发展成为中国民主力量的普遍的反帝运动，并要求废除英、美以及其他帝国主义国家强加给中国的条约和债务。共产党“必须不断地推动国民党支持土地革命。在孙中山军队的占领地区，必须实行有利于贫苦农民的没收土地政策，并采取一系列其他革命措施”[①]。

共产国际的这一指示信，对于克服中共三大在无产阶级领导权问题上的认识不足和推动党的建设、发展党的组织有着积极的意义。当然，由于文书传递耽搁等方面的原因，这件指示信到达中国共产党手中时，中共三大已经闭幕了。值得注意的是，当年5月份曾赴莫斯科的张国焘，预先了解到共产国际内部关于中国问题的矛盾和分歧，特别是对中国共产党与国民党合作政策可能的变化。1923年5月，维经斯基回到莫斯科，酝酿修正“布哈林的决议”。正因为如此，张国焘在中共三大的会议上，才有底气挑战共产国际代表马林的权威，公然质疑《关于国民运动及国民党问题的议决案》关于与国民党合作的政策取向。

① 《共产国际执行委员会给中国共产党第三次代表大会的指示》（1923年5月），中央档案馆编：《中共中央文件选集（1921—1925）》第1册，中共中央党校出版社1989年版，第586页。

第二章　中共三大的召开

1923 年 3 月底至 4 月初，中共中央移驻广州。6 月 12 日至 20 日，中共三大在广州举行。大会经过充分讨论，决定共产党员以个人身份加入国民党，以实现国共合作；大会还规定共产党员加入国民党时，必须在政治上、思想上、组织上保持自己的独立性，并选举产生第三届中央执行委员会。大会确定革命统一战线的方针政策，促进了国共合作的形成。

一、中共中央从上海迁驻广州

中共中央迁驻广州，是与中共三大召开紧紧联系在一起的。陈独秀在中共三大报告中说“我国要准备召开党代表会议，所以我们把中央委员会迁到广州”。中央负责人之一蔡和森后来在党史著作中说：“当第三次大会时，我党中央移广东”。以上海区执行委员会书记当选代表的徐梅坤（在三大上当选中央候补委员）后来的回忆更明确：“三大”前夕，党中央机关从上海迁到广州[①]。最近有学者认为，“在召开中共三大的计划提上议事日程时，中共中央仍驻上海，直到会议召开前夕才迁往广州”[②]。中共中央文献研究室编著的《毛泽东年谱》，表述更为明确：（毛泽东）1923 年 4 月，离长沙去上海，到中共中央工作；“6 月上旬离上海到广州”[③]。但中共中央到中共三大召开前夕迁驻广州的说法，近年来遭到了广泛质疑。

① 徐梅坤：《参加中共三大》，广东革命历史博物馆编：《中共“三大”资料》，广东人民出版社 1985 年版，第 153—155 页。

② 尚连山、苏若群：《从解密档案看中共三大的三个问题》，《中共党史研究》2013 年第 9 期。

③ 《毛泽东年谱（1893—1949）》（上卷），中央文献出版社 2013 年版，第 111 页。

(一)中共中央于3月底4月初南迁广州

曾庆榴较早提出1923年5月中央局南迁广州的说法，认为1923年5月至9月，中共中央驻在广州[①]。也有学者认为，中共中央局4月底开始由上海迁往广州。其实，中央局成员是从各地分期抵达广州的，时至5月初，中央局由沪迁穗的工作才最终完成[②]。关于中共中央南迁广州的时间，笔者认为在3月底4月初，于4月中旬前完成迁移。

判断中央驻地及迁移情况的标准。关于中央驻地的变化，以前实际上没有一个明确的标准，主要根据共产国际的指示、中共中央的文件和当事人特别是苏俄、共产国际工作人员的信函、报告，但这些材料有时不能构成一个完整、连续的证据链。显然有必要讨论一个标准。这个标准首先是中央机关所在地，其次是中共中央主要领导人经常办公地。

从中共二大至三大之间中央机关的组成情况来看，中共中央机关的组织机构是很不健全的。按照陈独秀的说法，“实际上中央委员会里并没有组织，五个中央委员经常不能呆在一起”[③]。陈独秀在上海、广州、北京奔波，张国焘、高君宇主要是在北京，邓中夏主要是在上海。具指标意义的是中共中央机关报《向导》周报(主编蔡和森)发行处。在二大的中央委员中，负责宣传工作的蔡和森、负责妇女工作的向警予(候补委员)，是中共领导人中著名的夫妻档，居住地相对固定。他们的居住地即《向导》周报发行处。

经比对，《向导》周报社与中共中央驻地大体上一致。《向导》周报，1922年9月13日创刊于上海。1922年10月，中共中央机关从上海迁至北京后，《向导》周报社也迁至北京出刊。1923年二七惨案后，北京政府

---

① 曾庆榴:《1923年中共中央局迁粤始末》,《广东党史》2002年3月25日第1期。

② 王树林:《从一大到三大中共中央局驻地的迁移》,《中共党史资料》2006年12月30日第4期。

③《陈独秀在中国共产党第三次全国代表大会上的报告》(1923年6月)，中共中央党史研究室第一研究部编:《共产国际、联共(布)与中国革命文献资料选辑(1917—1925)》第2卷，北京图书馆出版社1997年版，第485—489页。

通缉陈独秀和马林[①]。中共中央对“党的工作”计划作了调整：“中央委员会迁至上海，而后至广州”[②]。2 月下旬，中共中央机关秘密撤离北京。《向导》周报发行处也因被查封而迁离北京。2 月底 3 月初，中共中央迁回上海。从这一时期《向导》周报的出版情况看，1 月 18 日出第 16 期、24 日出第 17 期、31 日出第 18 期，2 月 7 日出第 19 期，均属每周正常出版。但自 2 月 27 日在北京出版第 20 期后，第 21 期未能续出。由此可推测是因为编辑部在从北京到上海的迁移过程中，而且迁至上海后仍不稳定，恢复出刊的条件不成熟。这一时期，中共中央驻上海，陈独秀、蔡和森等负责人都在上海。李大钊也曾较长时间待在上海。例如，《时事新报》3 月 5 日刊登“北大旅沪同学会启事”，有陈独秀、徐新六、李大钊、顾颉刚、叶圣陶等在上海的地址，其中李大钊的地址是：法界环龙路 44 号张春木（太雷）转[③]。

从维经斯基 1923 年 3 月 9 日给马林的回信中可以看出，马林通过信函或电报将中共中央即将迁至广州的决定告知了维经斯基。维经斯基不赞同把“中国共产党全部积极分子”迁至南方。但又无奈地表态：“当然，你处于更合适的地位，知道在罢工之后最宜做什么事情。但是就我所知，现在十分需要有一些积极性很高的同志留在汉口、上海和北京。据最近的将来华中和华北也许会尤为发生新罢工的区域，很难设想你将如何从广州给与指导和安排联络。望下次信中将各该情况相告。”维经斯基要求马林“请多一些消息——来自广州”，并索要中共关于二七大罢工的宣言；还询问中国共产党对即将发生的孙中山、张作霖、段祺瑞和吴佩孚之间斗争持何种态度，是否无条件地支持孙中山？[④] 早先一日，维经斯基在给共产国际执委会东方部主任萨法罗夫的信中明确表达了对中共中央南迁广州的反对立场。他说：“我觉得，中共中央作出的关于迁往广州的决定现在恰恰是

---

① 朱洪：《从领袖到平民——陈独秀沉浮录》，档案出版社 1994 年版，第 193 页。

② 马林：《郑州铁路大罢工笔记（1923 年 2 月 4 日到 10 日）》，李玉贞主编：《马林与第一次国共合作》，光明日报出版社 1989 年版，第 124 页。

③ 《李大钊年谱》编写组：《李大钊年谱》，甘肃人民出版社 1984 年版，第 170 页。

④ 李玉贞主编：《马林与第一次国共合作》，光明日报出版社 1989 年版，第 130 页。

妥当的。在诸如汉口、上海、北京这样一些作为罢工运动主要据点的城市里，必须有最大数量的中央委员。”“我不能想象，中央将如何从广州领导运动，广州与上海、汉口和北京没有铁路交通，而通过海路到上海大约需要走5天时间。”更重要的是，离国民党的中心很近，也同样会对中央产生有害的影响；在广州，可能造成我们党对孙逸仙党的过多的信赖性。因此，“中央委员会不应在广州孙逸仙的鼻子底下，而至少应在上海的某个地方”①。

至于中共中央南迁广州的具体时间，应结合中央领导人居住地来分析。先看中共中央最高领导人陈独秀驻地的变化。1923年3月26日，应孙中山之邀从上海来到广州②。4月10日，孙中山发布大元帅令，委任陈独秀、谭平山为大本营宣传委员会委员③。显然，陈独秀来广州不是临时性的，而是有长远计划。陈独秀离沪前，必定考虑过中央驻地迁移的安排。或者可以说，陈独秀离开上海之时就是中共中央迁移之日，即1923年3月下旬。例如，关于陈独秀研究的论著说：3月26日，中央机关随陈独秀迁到广州④。

不过，此时蔡和森等中央委员还在上海。3月30日，他与马林、邓中夏、张太雷等在上海李大钊住所开会，讨论京汉铁路大罢工过程中湖北工会与张国焘之间的分歧部分。会议批评了张国焘的态度⑤。4月18日，《向导》周报在广州出版第21期，蔡和森将周报发行处改在了广州昌兴街28号1楼。估算从上海到广州的航程及《向导》周报迁址出版的诸多事务所

---

① 《维经斯基给共产国际执委会东方部主任萨法罗夫的信（摘录）》（1923年3月8日于海参崴），中共中央党史研究室第一研究部译：《联共（布）、共产国际与中国国民革命运动（1920—1925）》第1卷，北京图书馆出版社1997年版，第227—228页。

② 陈独秀于4月7日致函胡适：“弟已于前月廿六日到广州，一切平安”，并推荐瞿秋白的新书在商务印书馆出版；三是为孙中山及其裁兵政策辩护；四是索要《努力》杂志。该信只有月份，至于年份为1923年，参见欧阳湘：《陈独秀四月七日致胡适信系年考》，《中国国家博物馆馆刊》2019年第9期，第121—125页。按照当时上海至广州5天船期推算，陈独秀是在马林3月20日收到维经斯基3月9日的来信后，立即出发的。

③ 《大本营公报》，1923年4月20日第7号。

④ 朱洪：《从领袖到平民——陈独秀沉浮录》，档案出版社1994年版，第194页。

⑤ 李永春：《蔡和森年谱》，湘潭大学出版社2008年版，第136页。

需的时间，蔡和森可能是在4月初离开上海前往广州的。此后，《向导》周报均按期每周三出版一期：4月25日出第22期，5月2日出第23期，5月9日出第24期，5月16日出第25期，5月23日出第26期，5月30日出第27期，其间并无迁址出版的可能。

至于有学者说中共中央领导人“从各地分期抵达广州的，时至5月初，中央局由沪迁穗的工作才最终完成”，笔者认为是不成立的。因为李大钊、张国焘等中央其他领导人，本来就不经常在党中央驻地。实际上，他们到广州参加中共三大的时间是在5月底6月初，而不是5月初。此外，将马林到达广州的4月底，视为中共中央南迁的完成也是不妥当的。首先，马林只是共产国际代表，并不是中共中央领导人，喧宾无法夺主；更重要的是，马林说他来广州是因为中央已经南迁广州，这是倒因为果。对此，马林本人后来说：“4月底我到广州一行。一来同孙中山建立联系，他控制着广东省的一部分地区；二来党的中央委员会已到广州。”①

如下文所述，马林是4月21日起程的，显然，中共中央迁粤在4月中旬之前已完成。蔡和森、向警予已经在广州，张国焘4月去莫斯科前在北京。只有中央候补委员邓中夏是比较久地在上海。但他主要是参与举办上海大学，受校长于右任委托，任该校教务长。近年来，“4月说”已获官方认可：1923年6月12日至20日，中共三大在广州召开。此前，党中央已于同年4月迁驻广州，办公地点就位于三大会议召开地附近的春园②。

（二）马林、毛泽东、张太雷于4月底到广州

从毛泽东奉调中央工作，并随同马林经上海赴广州一事，也足以印证中共中央机关在4月初就迁往广州，并决定在广州召开中共三大。

---

① 马林：《致布哈林的信》（1923年5月31日），中共中央党史研究室第一研究部编：《共产国际、联共（布）与中国革命文献资料选辑（1917—1925）》第2卷，北京图书馆出版社1997年版，第458页。

② 《中共三大会址纪念馆正式对公众开放》，《人民日报》2006年7月2日。

陈独秀

1923年毛泽东离开长沙南下广州的历史背景，是他在湖南的工作受到中共中央的肯定，加上湖南政治形势发生变化，奉调到中共中央工作，协助陈独秀处理中央日常事务。

毛泽东奉调中央，主要是筹备中共三大。1922年11—12月，共产国际召开第四次代表大会，陈独秀出席会议并当选为共产国际执行委员。1922年12月陈独秀回国筹备召开中共三大，并通知了毛泽东。为此，毛泽东在给张秋人的信中说："甫先生在京大考在即"。其中"甫先生"即陈独秀。"大考"即筹备召开第三次全国代表大会。但二七惨案后，中共中央机关由北京迁回上海，奉调中央的毛泽东，也变成准备离开长沙赴上海。

由于毛泽东未立即起程，而在这段时间，中共中央又由上海迁到广州。所谓"离长沙去上海，到中共中央工作"，就变成经上海赴广州了。关于毛泽东此次行程，据社会主义青年团湘区委书记戴晓云4月14日给团中央书记施存统的信说："润之、少奇不日赴粤，开西全校会议"[①]。即参加党的全国代表大会（刘少奇后来留在安源煤矿领导工人运动，没有到广州参加中共三大）。由此可见，最迟到4月中旬，中共中央已将中央驻地迁移以及在广州召集中共三大通知了中共湘区委员会，湘区委再传达到青年团湘区委负责同志。考虑到函电往来需时，中共中央迁粤应不晚于4月初。

毛泽东赴广州须经上海中转。那么，毛泽东究竟何时到广州的呢？《毛泽东传》说毛泽东是随马林到广州的："离湘赴沪后不久，毛泽东又会同共产国际代表马林等先期到达广州，和陈独秀、李大钊、张国焘、谭平山、

① 《团湘区代理书记晓云给国昌的信——长沙、安源、衡阳、常德、水口山、耒阳、衡山地方团负责人及团员人数，请求第二次全国代表大会在长沙召开》（年份系编辑判定），中央档案馆、湖南省档案馆：《湖南革命历史文件汇集·群团文件（1919—1924）》，1983年编印，第84页。

蔡和森、陈潭秋、罗章龙等，为中共三大做准备工作。”有资料表明，马林是1923年4月21日从上海起程前往广州的。当轮船航经汕头时，粤军将领许崇智专门派了一艘运输艇护送这位远道而来的客人。在香港，马林也没有遇到什么麻烦。马林一行于4月28日顺利到达广州[①]。整个5月，马林每周都与孙中山会晤三次至四次，还与陈独秀一起为孙中山拟定了国民党改组计划，并被孙中山采纳。这段时间，马林确实一直在广州活动，这能得到相关资料的佐证。也就是说，毛泽东也是在4月下旬从上海到广州的。有资料表明，张太雷也与马林同行离沪赴粤。“此行有两个重大任务：一是代表苏联政府正式与孙中山联系。二是筹备召开中国共产党第三次全国代表大会。”[②]

（三）中共中央初到广州开展的工作

中共中央迁驻广州后，加紧与孙中山商谈改组国民党计划，同时开展各项活动。

1. 尝试开展兵运工作

1923年4月18日，《向导》周报在广州出版第21期。该期刊登中共中央4月11日发表的《中国共产党告滇军兵士》。该文告对滇军兵士表示敬意，肯定滇军在护国、护法和驱陈（炯明）诸战役的战功，勉励他们继续拥护孙中山、打倒北洋军阀吴佩孚、曹锟和不肯归还旅大的日本帝国主义；并教育他们认识“自己的穷苦地位”，为革命而战斗，希望他们不要吸食鸦片烟、不要包赌。中共中央还要求滇军兵士同情工人及一切劳动运动，将来跟苏联一样，“联合工人及一切劳苦群众建立工兵农的真正共和国”。

《中国共产党告滇军兵士》显然是中共中央开展兵运工作的早期尝试。但文件精神与马林的观点不符。马林稍后写的文稿说，孙中山到穗后，越

① 李玉贞：《马林传》，中央编译出版社2002年版，第389页。
② 伊里著：《张太雷》，中国青年出版社1998年版，第202页。

来越依赖滇军总头目杨希闵，“虽然广东省是在孙中山管辖之下，但事实上杨希闵是广东省的独裁者”。陈炯明及其粤军进行的是谋求广东“自治”和使广东从云南强盗的统治下解放出来的运动。马林认为，如果俄国对南方战争的援助仅仅意味着给滇军总头目提供款项，并在某些时候增强他们的地位。建立一支由孙中山领导的新的独立的军队，但这项政策能否成功，还无把握，杨希闵会从中作梗。“认为滇军能转变成一支为国民事业而战斗的可靠的军队，只是一种幻想”[①]。

显然，马林不认同滇军过去的贡献，也不认为滇军有改造好的未来。《中国共产党告滇军兵士》对滇军的看法与马林的观点截然相反，无疑是马林不在场的情况下发表的。该文告署名中国共产党中央执行委员会，自应由中共最高领导人陈独秀签发，他到广州已有半个月。因此不是由上海发出，也不是陈独秀离开上海前的旧稿，而是到广州后所拟。由此可以判定，中共中央迁址广州的时间应以陈独秀到广州的3月末为准，最晚不超过4月上旬。

陈独秀在同期《向导》发表的《怎样打倒军阀》主张“以平民的宣传力量使兵士倒戈而自散”；提倡“农民平民出资组织大规模的乡团，城市平民出资大规模的工团商团”，如此，不但可以吸收一部分被裁的兵士，“并且有了武装的平民才可能打倒武装的军阀”。陈独秀在中共三大的报告中检讨“没有在士兵中做工作”的缺点。但大会决议并没有相应安排，在后来相当一段时间也没有行动。直到1924年5月中央扩大会议通过《农民兵士间的工作问题议决案》，决定开展“中国北部及中部的兵士里的宣传”，向兵士发传单，反对帝国主义和军阀；广东政府的领域里，应当要做国民党军队里的有规划的宣传，使在“军人”手里的兵士变成真正拥护民族解放运动的战士[②]。

---

① 马林：《孙中山及其在广州的地位》，李玉贞主编：《马林与第一次国共合作》，光明日报出版社1989年版，第341—343页。

② 中共中央文献研究室、中央档案馆编：《建党以来重要文献选编（1921—1949）》第2册，中央文献出版社2011年版，第76页。

2. 组织“五一”纪念活动

1923年5月1日，中国共产党中央执行委员会发表《中国共产党五一节敬告工友》，并刊登于5月2日出版的《向导》第23期。首先，指出了“五一”纪念与庆祝的历史意义。“五一”节本非寻常庆贺之节，乃全世界工人追悼诸先烈在每次“五一”运动中断头流血惨痛之纪念，同时又属全世界工人对全世界军阀、资本家示威运动之节。今年，“五一”又当京汉数十工友及施洋同志被难之后，现在全世界工人阶级，除俄国工人外，无一不在资本—帝国主义及军阀严重压迫摧残之下。其次，中国共产党敬告亲爱之诸工友，郑重纪念此追悼工界先烈之“五一”节，尤其郑重纪念本国及全世界工人阶级同在患难之今年的“五一”节；号召“患难相依之全国工人阶级均应团结一致，不相分裂，方能合力向资本帝国主义及军阀反攻”。最后，提出今年“五一”向军阀反攻之口号：全国工人大团结！打倒军阀曹锟吴佩孚为京汉工友复仇！恢复全国工会！

中共中央直接领导了广州的“五一”纪念游行。广东党组织发动大批革命群众参加集会游行，共产国际代表马林还在集会上发表讲话。在党中央的组织发动下，全国各地都举行了庆祝“五一”的活动。上海各工团在四川路青年会操场召开纪念“五一”节大会，由陈炳生主席报告“五一”节历史及纪念意义；陈国栋报告上海工团现状；杨德甫报告吴佩孚、萧耀南残杀京汉铁路工人情形；朱耀臣报告上年上海地区罢工情形。同一天，北京各团体联合会在天安门召开国际“五一”劳动节纪念大会，议决：农工集会结社自由，打倒军阀吴、曹、萧，释放京汉路被捕人员，恢复铁路及各业工会，废止治安警察条例及罢工刑律，实行八小时工作制。同一天，湖南安源工人2万多人集会纪念“五一”劳动节及安源工人俱乐部成立一周年，在安源的湖北、株洲、醴陵等地工团代表及部分学生也参加了会议，会后举行大游行。值得注意的是，山东济南也首次举办了庆祝“五一”的活动。山东济南党、团组织根据中央指示，组织工人们积极筹备“五一”纪念活动，约500人参加。对此，《民国日报》曾予以报道。

中共中央和马林通过信函和开会等多种形式，加强对各地工人运动的调研和指导，解决具体问题。例如5月20日，马林邀请湖北全省工团联合会、湖南工团联合会、广东工会联合会、京汉铁路总工会、铁路总工会筹备委员会、中华海员工业联合总会等几个较大的联合会和劳动组合书记部的7名代表开了一个“预备会议”，就工人运动情况进行调研。马林将调研所得向共产国际汇报，并附送有关调研材料，同时将共产国际和苏联慰问中国工人特别是在二七罢工中受难工人的信函和捐款转给中国有关党组织和工会落实。中共三大筹备期间，马林通过信函和开会等方式了解各地工人运动的情况。他们认为有可能从国民党那里得到一大笔钱来资助会议，那就可以邀请许多代表，但此事尚无把握。在湖北，我们的同志又开始积极工作了，“上次罢工以后，一些骨干遇到了困难，当然最严重的时刻已经过去了”。信中还说：“上星期在广州举行了一次集会纪念铁路工人罢工中的死难者。在这次集会上，几个中国同志和我都讲了话。在香港，目前正对冶金工人和海员进行宣传。下星期，来自全国的代表将抵达这里举行党的会议。我将利用这一时机，给你搜集详细的情况。随信寄上两份湖北同志出版的关于罢工的小册子，里面有许多参加这次罢工遇难者的照片。”[①] 马林5月30日在给共产国际的报告中说：“鉴于代表大会即将召开，我便有可能搜集到有关各大城市形势的材料，那就一定会比现有材料详细得多。”[②]

3. 代拟“国民党改组计划草案”

马林积极推动孙中山改组国民党。4月10日，孙中山任命陈独秀、谭平山为大本营宣传委员会委员。5月1日，马林转发越飞给孙中山的电报说：苏联政府认为，孙中山的革命军事行动和领导机构的建立都应以广泛的思想政治准备工作为基础；苏联政府在一年内提供200万金卢布的援助，帮助孙中山建立一个作战单位和军事学校。经双方会商后，孙中山于5月

---

① 李玉贞主编:《马林与第一次国共合作》，光明日报出版社1989年版，第182页。
② 李玉贞主编:《马林与第一次国共合作》，光明日报出版社1989年版，第192页。

12日正式答复苏联："同意贵国的一切建议"，将用大部分精力去实施这些建议。这时孙中山"极力坚持改组党和政治宣传"[①]。

于是，陈独秀和马林应孙中山之请拟订"国民党改组计划草案"。包括预算表、机构设置与拟议人选，"把主要注意力放在宣传问题上"。其要点为：第一，国民党中央执行委员会。中央执行委员会由21人组成，党的总理、组织部长、宣传部长和各下辖部部长、各分党部负责人参加，每3个月举行一次常会，得召集特别会议；党代表大会每年举行一次常会，可根据执行委员会决定或分党部五个要求举行特别会议。代表大会的决议应由正常多数通过为有效。第二，中央党部办事机构。党中央驻地为广州，下设组织部、宣传部。其中组织部负责组织和财政事务并管理地方分部和地方支部，下辖四个部：总书记部、情报部、财政部和联络部，除联络部设于上海外，其他三部均设于广州。情报部管理党的图书馆和党的印刷所。党员人数20名以上的地方可设支部。各支部分别受广州、上海、湖南、湖北、四川、北京、奉天、哈尔滨、海外地方党部的管理。宣传部指导党的宣传工作，下辖六个部：出版部、工人部、农民部、军事部、对知识分子宣传部和海外宣传部。出版部管理广州、上海、哈尔滨三市各一份日报的出版；广州、上海的印刷厂；上海、北京周报各一份；《广州评论》月刊一份以及不定期的出版物。第三，各部部长人选。组织部：张继或廖仲恺；联络部：瞿秋白、陈独秀、邓中夏；情报部：S.T.刘；出版部：蔡和森；工人部：张国焘；农民部：于树德；知识分子部：陈独秀；军事部：林伯渠；宣传部：陈独秀；通讯部：张太雷；上海支部：瞿秋白；广州支部：谭平山。除张继、廖仲恺外，都是中共党员。

关于"改组计划草案"的拟订时间，李玉贞主编的《马林与第一次国共合作》为1923年1月1日。其他著述和有关人物研究资料沿用[②]。或模糊

① 李玉贞主编：《马林与第一次国共合作》，光明日报出版社1989年版，第174页。

② 张树军主编：《图文中国共产党纪事（1919—1931）》第1册，河北人民出版社2011年版，第106页。张文琳、杨尚鸿、张珂主编：《国际友人与中国文化教育编年史略》（1919.5.4—1949.10.1），中国文史出版社2016年版，第67页。

为 1923 年 1 月[①]。经比对，“斯内夫利特与陈独秀为孙中山拟定的中国国民党改组计划草案二件”，署名“孙中山、陈独秀、廖仲恺、张继”，资料来源为“译自斯内夫利特档案”的英文打字件或英文手稿，无落款时间。笔者认为，不可能是 1923 年 1 月特别是 1 月 1 日。理由是，1923 年 1 月 1 日，马林还在莫斯科，陈独秀已离开苏联回国。双方未曾碰面。陈独秀和马林 4 月底和 5 月在广州。国民党方面，孙中山、廖仲恺、张继等基本上都在广州。双方曾多次就国民党改组问题举行会谈。孙中山 5 月 23 日致达夫谦和越飞电称：“我将立即开始改组党，在广州、上海、哈尔滨办日报。在北京、上海办周报；在上海设立通讯社；在广州办月刊。”[②] 这与草案内容相符。显然，方案是在 5 月中旬完成起草。马林后来给共产国际的报告说：“陈独秀和我向孙中山提出了改组国民党的计划，在一次讨论中，孙中山采纳了这个计划。”[③]

二、中共三大会址与开会时间

1923 年 4 月，中共将中央机关从上海迁至广州东山新河浦的春园 24 号。中共中央领导人先后来粤。广州春园成为中共中央的主要办公场所，中共三大召开时就近租了会场。

（一）中央在广州驻地

广州东山的春园，是指广州东山新河浦 22 号、24 号、26 号三幢洋楼，是一名黎姓美国华侨商人与其他两位华侨 1922 年新建的一式三幢并列的三层砖木混凝土结构的公寓式楼房。春园借鉴欧美建筑风格，又糅合广东传统民居的特点，以红砖为墙体，是一所很有特点的民国初年建筑。中共三大和第三届中央执行委员会的许多重要活动都曾在这里进行。

---

① 罗正楷主编：《中国共产党大典》，红旗出版社 1996 年版，第 53 页。

② 李玉贞主编：《马林与第一次国共合作》，光明日报出版社 1989 年版，第 178 页。

③ 中共中央党史研究室第一研究部编：《共产国际、联共（布）与中国革命文献资料选辑（1917—1925）》第 2 卷，北京图书馆出版社 1997 年版，第 455 页。

中国共产党第三次全国代表大会会址

首先是代表居住地和会议举行地。1923年6月上旬，中共三大预备会议在春园召开，会议由陈独秀和马林主持。马林传达共产国际关于国共合作问题的意见，报告国际形势。会议讨论了中央委员人选和起草三大的各个决议案问题。马林和中共中央领导人经常在春园24号楼二楼客厅、三楼客厅研究国共合作的方针策略，讨论修改中国共产党党纲、党章问题，起草中共三大的宣言和各项决议草案。据中央执行委员、中央局委员罗章龙回忆："中共三大期间，马林、张太雷、毛泽东住在东山春园。这春园是三栋房子组成，毛泽东等人住在中间的一栋二楼。春园是公寓式的房子，其二楼室内有三房一厅。客厅的陈设，有写字台、转椅、书架，客厅没有挂什么东西。我们曾在客厅举行了中共三届中央委员会的会议，对客厅的情况有印象。但睡房情况，因我没有进去，不了解内部陈设。"① 三大代表徐梅坤回忆："三大期间，代表分别住在春园及会址楼上。住在春园第二栋三

① 广东革命历史博物馆编：《中共"三大"资料》，广东人民出版社1985年版，第182页。

楼的有毛泽东、张国焘、瞿秋白、陈独秀和国际代表马林。毛泽东、李大钊、蔡和森、向警予、陈独秀、瞿秋白和马林都在春园吃饭。”① 6月23日，第三届中央执行委员会在春园24号楼三楼客厅开会，研究中央局成员组成及分工。中央全会决定由陈独秀、蔡和森、谭平山、毛泽东、罗章龙组成中共中央局，陈独秀为委员长，毛泽东为秘书，罗章龙为会计，负责中央日常工作。

其次，是中共中央机关的办公地点。中共中央于1923年4月迁至广州后，直到8月迁回上海为止的约4个月时间里，中共中央机关就在春园的24号办公。中共中央领导人入住春园后，积极开展各项工作。据当时的广东区委工作人员李甫回忆：“1922年至1923年初由于广东支部扩大，原支部活动地点不够，逐渐转至鲍罗廷公馆活动，地点在春园一号二楼，经常开会至深夜，1924年我在黄埔军校曾与周总理坐电船来找鲍罗廷等顾问开会，船泊在河涌头（则桥的附近）。”② 另有广州老人讲，当年春园前的小河是通珠江的，孙中山经常直接从珠江乘了船，来到中共中央办公的春园，与陈独秀等人商谈两党合作事宜。

最后，是共产国际代表和苏联顾问活动的地方。1923年10月，苏俄顾问鲍罗廷来到中国，入住春园26号东房。据春园屋主黎福俊、黎母说：“1923年至1927年期间春园（现在的26号）二楼曾住外省人，我迁来不久租给法国人住，后来又租给法国人住。这四栋房子的二、三楼都住过外国人，但多数是俄国人。1923年苏联顾问加伦、鲍罗廷曾在二、三楼居住。”包惠僧回忆：“春园住过鲍罗廷、加伦、施舍淯诺夫，还有黄埔军校顾问。”③ 张国焘在回忆中说：“马林住在附近一幢较为华丽的房子里，瞿秋白、张太雷和马林同住，任他的工作助手。看来，马林准备在广州作久居

① 广东革命历史博物馆编：《中共“三大”资料》，广东人民出版社1985年版，第189页。

② 中共广州市委党史资料征集研究委员会办公室编：《广州大革命时期回忆录选编》，广东人民出版社1987年版，第201页。

③ 中共三大材料《居民回忆录》之二，有关春园综合材料，原件藏广州农讲所纪念馆《中共“三大”档案》。转引自中共广州市委宣传部、中共广东省委宣传部、中共广州市委党史研究室等编：《中共三大学术研讨会论文集》，广州出版社2006年版，第529页。

之计，他的房子里布置美仑美奂，有点像共产国际大使的气概。”① 据罗章龙回忆，当时他到广州参加中共三大，没有固定住处，有时在谭平山家中，有时住广东区党委机关，有时还住在马林的住所。因为 1922 年开滦五矿工人大罢工期间，马林曾亲来北方，深入基层，视察工人情况，与罗章龙过从较多。春园 26 号楼三楼客厅成为中国共产党和苏俄同志们的一个活动点，他们经常开会到深夜。有时候中国同志与苏俄顾问（包括一些苏俄水兵）还举行舞会。孙中山曾坐电船到春园 26 号找中共中央领导人和鲍罗廷开会，研究国共合作问题。鲍罗廷在春园 26 号居住到 1924 年初，才迁至广州东较场鲍罗廷公馆居住②。

（二）中共三大会场

当时的广州东山还属于郊区，较为荒僻。据徐梅坤回忆，会址四周比较空旷，北边有逵园，是华侨女青年读书的地方，南边走一段路就是春园，西边有一片荒草地和一个鱼塘，东边是简园，北面就是中共三大会址，是一幢两间两层的砖木结构的普通居民住宅，东临恤孤院路，北隔瓦窑街与逵园相对。建筑平面近于正方形，长宽各约 20 米，高 6 米。房子很旧，因为没有人住，屋内很脏。房子及室内家具都是中共广东区委临时租借来的，十分简陋。室内没有电灯、自来水、厨房、浴室和厕所。每天洗脸，是从屋内一个大水缸里取水，水是从外边挑来的。晚上用的是煤油灯、洋蜡，有的代表则自备手电筒。

罗章龙印象最深的是，一条不太宽的马路，普通的房子，一座不高的楼房，附近有芭蕉树。开会的房子是间不很宽的旧式房子，三十几人可以在那里开会、吃饭、睡觉。会址是一幢两间两层砖木结构的普通楼房。会议是在楼下召开的。楼下南边一间是会议室，北边一间是饭厅。楼上两间

① 张国焘：《我的回忆》，东方出版社 1998 年版，第 285—286 页。

② 卜穗文：《试述中共三大代表及中共中央机关在广州春园的重要活动》，中共广州市委宣传部、中共广东省委宣传部、中共广州市委党史研究室等编：《中共三大学术研讨会论文集》，广州出版社 2006 年版，第 529 页。

是宿舍，一部分代表就住在这里。屋内灰白色的墙壁，由于失修显得很脏很旧，看上去这房子很长时间没住人了。会议室当中摆放着一张西餐式的长方台子，西边是一列简陋的长条凳，前后两端都是小方凳。会议期间，沈茂坤、于树德、王振一、徐梅坤、金佛庄、王俊、孙云鹏、陈潭秋等住在会址的楼上，广东代表都住在家里。马林、毛泽东、张太雷、瞿秋白、蔡和森、向警予等住在春园。徐梅坤说："三大期间，代表分别住在春园及会址楼上。住在春园第二栋三楼的有毛泽东、张国焘、瞿秋白、陈独秀，国际代表马林。毛泽东、李大钊、蔡和森、向警予、陈独秀、瞿秋白和马林都在春园吃饭。"[①]

一楼的两间房，南间比北间稍大，做了会议室，北间做了饭厅。会议室中央，摆放了一张已褪色似带红的西餐式的长餐台。墙壁没有挂马克思、恩格斯像，没有挂党旗，楼底的中部吊了一盏煤油灯。台子的南北两端，各放置一张小方凳，分别为党的总书记陈独秀和共产国际代表马林的席位。陈独秀的身旁是李大钊。马林的身旁，有张太雷做翻译。长桌的东西两侧，则放着一列长条凳，供代表们就座。会议桌上没有放什么东西。靠着间墙有木楼梯上楼。楼梯较宽，上下能对走一个人。楼梯有扶手，但做工比较简单。

厨房就在一层的饭厅，临时在墙角造的炉灶，做煮饭用。没有烟囱，有时开会时室内有炊烟的感觉，但不影响开会。对边后墙的屋角放着大水缸。楼梯底下有个小木架，上放茶缸，有几个是搪瓷的，其他是陶瓷的。靠北边墙处放着两张长凳架着两三张长板的台子作为堆放蔬菜、饭箩和厨具等物品之用。饭厅，就是在近屋前一端放三张小方桌做饭桌，摆成品字形，三者保持一定的距离。住春园的代表回春园吃饭，住会址的代表和其他代表在饭厅吃饭，有十多人。所用的碗、碟很粗糙，口大而浅，筷子似是竹造的，新的。会议期间，代表们的生活是很朴素的。当时请了一男一女两个广东人煮饭，代表们也经常帮助洗菜、切菜。

① 广东革命历史博物馆编：《中共"三大"资料》，广东人民出版社 1985 年版，第 155 页。

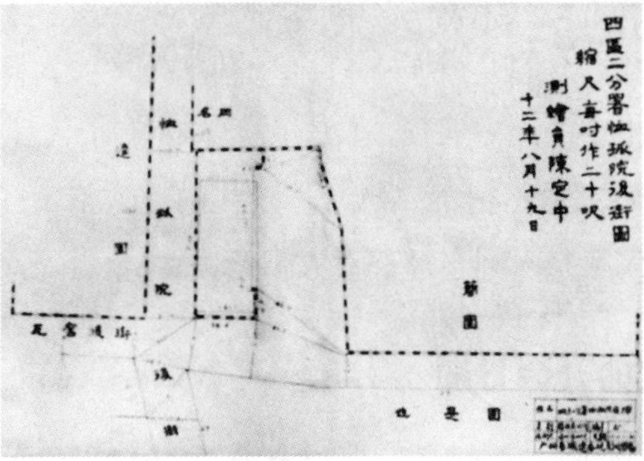

1923 年 8 月绘制的会场附近平面测量图

考古发掘出的中共三大会址墙基

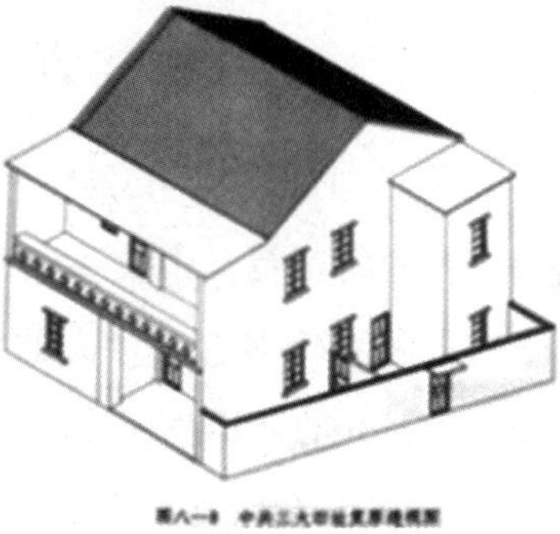

中共三大会场建筑复原图

二楼两间是宿舍，二楼楼梯口放一便桶。间墙只有半截，上有金字形架承顶横梁和桁桷。屋顶上没有天花板，仰视就能看见瓦底。一部分代表就住在这里。北边一间住二三人，屋后一边堆放杂物。南边一间住人较多，约住五六人。代表们睡的是木板床，两张长凳架两块床板，挂黄麻布蚊帐。南边一间床位是横排的，也有直排的，也有床位是斜摆的。徐梅坤睡的床是斜摆的。靠近墙的一边床位较多。刘仁静说，开会期间，他是住在会址的楼上的。

广州的 6 月，天气灼热。中共三大开会时，30 多名代表以及列席会议者、相关工作人员等几十人，就挤在这座狭窄而没有电风扇的房子里。好在开会时把门窗打开通风，还不觉得十分闷热。开会的第一天，代表们没有本子做笔记。第二天才到长堤先施公司去买铅笔、白纸簿，本子没有封面，第一页就能写字。当年用的64开本的本子，只有巴掌大小。

徐梅坤回忆说：他到广州后，住在中共广东区委，其他代表由广东区委派交通员带到指定的地方居住。广东区委对外有个代号叫“管东渠”。罗章龙第一次到广州，道路很不熟悉，每天住的地方都不同。中央负责同志也不住在会址。大家每次到会址都有人带路去。

（三）中共三大的开会日期

党史学界一般认为，中共三大的召开时间是1923年6月12日至20日。

1. 中共三大召开时间的推迟

最初计划是1923年3月。1923年1月，陈独秀写信给毛泽东，告知中共三大即将举行，中央决定调毛泽东到中央工作。对此，毛泽东在写给与陈独秀联系较多的张秋人的信中说“甫先生在京大考”。共产国际也就召开中共三大的问题作了安排。1月10日，共产国际执行委员会主席团认为，“马林和魏金斯基（现常译为维经斯基——引者注）参加下一次中国共产党代表大会是适宜的”。当时在符拉迪沃斯托克（即海参崴）的维经斯基，一直希望按计划到中国来参加中国共产党第三次全国代表大会。1923年2月下旬给共产国际的报告说：“3月底，中国要召开党代会，我打算去那里。”① 导致中共三大延期的原因，主要是二七大罢工的失败。马林1923年5月写给共产国际执委会、红色工会国际的报告说：“代表们已陆续前来广州参加代表大会。这次大会是绝对必要的，因京汉铁路发生罢工，形势不利，代表大会未能更早召开。”“罢工也给党本身带来困难。”②

接下来延期至5月。京汉铁路工人大罢工后，中共中央对“党的工

① 《维经斯基就共产国际执委会东方部远东局的工作给共产国际书记处的报告》，中共中央党史研究室第一研究部译：《联共（布）、共产国际与中国国民革命运动（1920—1925）》第1卷，北京图书馆出版社1997年版，第223页。

② 中共中央党史研究室第一研究部编：《共产国际、联共（布）与中国革命文献资料选辑（1917—1925）》第2卷，北京图书馆出版社1997年版，第452页。

作”作了调整：“中央委员会迁至上海，而后至广州。”陈、蔡、邓和《向导》周报都将迁上海。“会议延期至 5 月在广州召开，团的会议在北京，至下次会议，尚未决定在北京哪个地方。”① 大约在二月底三月初，马林告知维经斯基，中共中央已经迁沪并即将迁往广州，5 月份在广州召开中共三大。1923 年 3 月 27 日，维经斯基在给马林的信中表示同意马林的看法，并建议，“可以考虑 5 月份党的会议结束之后召开华南的劳动大会”，同时，“参加党代表大会的华中和华北代表回去之后，可再在长沙召开华中和华北的劳动大会，这样会更好些”。当时，共产国际远东局（符拉迪沃斯托克）只有三名负责人，即维经斯基、片山潜和马林。由于马林已经在中国，维经斯基必须等片山潜到达后才能离开。维经斯基说：“片山潜至今未到，但我仍想出席党的代表大会。如果 4 月中旬前去比较合适，请来电。”② 1923 年 3 月初，毛泽东以团地委负责人身份致信团中央负责人施复亮，同意团二大在长沙举行，“惟日期主张宜在六月初（或五月底），即在西校大会之后”③。似此，中共三大应是 5 月中旬。

由于广州局势不稳定等原因，中共三大再次被推迟。到 1923 年 5 月底，中央决定中共三大将于 6 月 10 日开幕。1923 年 5 月 30 日，马林在《致共产国际执行委员会东方部拉狄克和萨法罗夫的信》中说：“我希望，6 月 10 日党的代表大会开幕之后，我不会留在这里太久。”同一天，马林在《致共产国际执行委员会秘书皮亚特尼茨基同志》的信中说：“在这里，我们正利用孙中山在广州的时期举行党的代表大会，该会约于 6 月 10 日开幕。”1923 年 5 月 31 日，马林在《致布哈林的信》中说：“党的中央委员会已到广州。那是中央委员会可以合法存在的唯一城市，可以在那里举行

---

① 马林：《郑州铁路大罢工笔记（1923 年 2 月 4 日到 10 日）》，李玉贞主编：《马林与第一次国共合作》，光明日报出版社 1989 年版，第 125 页。

② 《魏金斯基致斯内夫利特的信》（1923 年 3 月 27 日符拉迪沃斯托克），中共中央党史研究室第一研究部编：《共产国际、联共（布）与中国革命文献资料选辑（1917—1925）》第 2 卷，北京图书馆出版社 1997 年版，第 441 页。

③ 《致社会主义青年团中央信》（1923 年 3 月 7 日），中共一大会址纪念馆编：《中共一大代表早期文稿选编（1917.11—1923.7）》上册，上海人民出版社 2011 年版，第 974 页。

会议。会议将于6月10日开幕。”

另需指出的是，马林5月31日在《关于中国形势和1923年5月15日至31日期间的工作报告》中，曾担心三大不能如期召开：“今晨，我从广东省长处得悉，这两天形势严峻起来，因为陈炯明从东面来的军队已经到达离省城只有一小时路程的一个火车站。我们至今没有把握，能否如期于6月10日在广州召开党的代表大会。”[①] 但马林担心陈炯明围攻广州城的事没有发生。当年5月8日，陈炯明旧部杨坤如、翁式亮等在东江地区叛变，推叶举为总指挥，准备分三路进攻广州。28日至29日，叛军攻克博罗。30日晚，孙中山召开军事会议，决定亲自率兵反攻博罗。6月4日，夺回博罗，解广州被陷之危局。

2. 中共三大开幕与闭幕时间

中共三大6月12日开幕、20日闭幕的说法，主要源于译自俄文的《中国共产党第三次代表大会》：“中国共产党第三次代表大会于一九二三年六月十二日开幕，历时八日，至六月二十日闭幕。”这份材料未署作者、写作日期。有学者指出，这份材料错讹处较多，不足采信；而根据马林撰写的信函和报告，中共三大是6月10日开幕、19日闭幕。

马林6月20日在《致越飞和达夫谦的信》中说：“为期10天的党代表大会，现在闭幕了。”又如，6月22日《关于中共第三次代表大会情况向共产国际执行委员会的报告》说：“这次大会于7月10—19日在广州举行。”由于此报告是由德文译成俄文的，有可能是马林原来写的是6月，而由德文译成俄文者写成了7月。此外，中共三大通过的《中国共产党第一次修正章程》第6章附则第30条说：“本章程由本党第三次全国代表大会（一九二三年七月十日——二十日）议决。”瞿秋白在上文所提《概论》中

---

① 《致共产国际执行委员会、红色工会国际、共产国际执行委员会东方部和东方部远东局——关于中国形势和1923年5月15日至31日期间的工作报告》（1923年5月31日），李忠杰、段东升主编：《中国共产党第三次全国代表大会档案文献选编》，中共党史出版社2014年版，第42页。

说："三次大会六月十日至二十九日"召开。这里又明确记载三大于6月10日开幕。这里的"二十九日"亦为"十九日"之误（容后叙述）。可以证明三大是1923年6月10日开幕的。

同理，中共三大闭幕是6月19日。除上引资料外，还基于这样的事实：马林在6月20日写了《致季诺维也夫、布哈林、拉狄克》（约7000字）、《中国共产党第三次全国代表大会通过的中国共产党党纲草案》（约4500字）、《关于国民运动及国民党问题的议决案》（约1300字）、《致越飞和达夫谦的信》（约5100字）4份信函、文件，约1.79万字。马林作为共产国际代表，大会期间非常忙碌。按他的说法，"会议占去了我的全部时间"[①]。如果说三大是在6月20日才闭幕的，他在会务繁忙的情况下，于同一天写出约1.79万字的文字材料，是难以想象的。可他在20日这天却写出了这么多的文字材料，合理的解释是三大已于6月19日闭幕，他才能在6月20日抽出时间来撰写这些材料[②]。

此说有一定道理，但不足以推翻原开、闭幕时间表。综合这两组时间表，中共三大很有可能是在6月10日和11日举行了两天预备会议，正式会议从6月12日，在6月19日完成了全部议程，通过所有决议案。6月20日只有一项闭幕式，即到黄花岗烈士墓举行悼念活动，并以传唱《国际歌》的形式结束大会。马林因为欧洲人黄头发、蓝眼睛的醒目外表，为避免引起关注没有参加这个活动，故有时间写下一两万字的信函和报告。

三、中共三大代表的选举与来源

按照1922年中共二大通过的《中国共产党章程》第3章"会议"第11条的规定，"全国代表大会每年由中央执行委员会定期召集一次"。中共三大的召开，距中共二大11个月，将近一年。1923年5月底，陈独秀、毛泽东以中共中央的名义，向各地党组织发出通知，要求选派代表到广州

① 马林：《致共产国际执行委员会的信》（1923年6月20日），李玉贞主编：《马林与第一次国共合作》，光明日报出版社1989年版，第243页。

② 冯铁金：《也谈中共三大的召开时间》，《党的文献》2014年第2期。

参加全国代表大会。中共三大充分发扬党内民主，为实行民主集中制作出重大决策作了典范。三大代表选举具有广泛的代表性，体现了民主集中制原则。

（一）中共三大的选举

关于代表选举办法。1922 年 7 月中共二大通过的《中国共产党章程》第 3 章“会议”的第 13 条规定很简单，“全国代表大会或临时会议之人数，由中央执行委员会临时定之”。1923 年 6 月中共三大通过的《中国共产党第一次修正章程》第 3 章的第 14 条（因第 1 章“党员”增加了第 4 条“自请出党”），对于代表选派、名额分配和表决权行使等问题，有了较为详细且具可操作性的规定，“全国代表大会或临时会议之代表人数，每地方必须派代表一人，但人数在四十人以上者得派二人，六十人以上者得派三人，以上每加四十人得加派代表一人。每地方十人有一票表决权。未成地方之处，中央执行委员会认为必要时，得令其派出代表一人，但有无表决权由大会决定。”《中国共产党第一次修正章程》由中共三大通过，从理论上应是自中共四大起才实行，但考虑到党章修正并没有引起争议，估计中共三大筹备召开时，在条件许可的情况下，代表选举和名额分配已执行修正党章的规定。

各地按中央的通知和民主集中制的原则进行推选，到大会召开之前，推选代表 40 名。刘仁静作为出席共产国际第四次代表大会的代表，马林作为共产国际代表出席会议，有 10 多人列席会议。代表由各地党组织按名额推派，在分布上具有广泛的代表性。由于史料缺乏，下面再结合相关代表的回忆，对于中共三大代表选举办法和实际操作进行说明。

徐梅坤的回忆说，关于成为中共三大代表的条件，“中央规定参加‘三大’的条件：第一条主要是产业工人；第二条是各区委书记可以来，但不是都来；第三条是工运负责人。北方区决定派十二人，其中绝大多数是工人，北京、唐山、长辛店派产业工人党员代表，共青团组织亦派出负责同志参加”[①]。中共三大代表、北方区委负责人罗章龙的回忆也差不多：“一九二三年五月间，中共中央从上海来信，内容是关于召开中共‘三大’会议问题，会议时间初定一个月，要求北方区应按中央的规定，选派代表参加。根据中央通知，北方区委作过讨论，并下达一个通知到铁路、矿山和北方区各大城市的党支部，说明中央召开‘三大’的意义，要求各支部重视这一工作，重要的地方如长辛店、天津、唐山、保定等产业工人要派代表参加。”[②] 罗章龙后来也回忆说，这次大会代表的组成，具有相当的广泛性，其中以铁路和矿山工人运动中涌现的新人物占相当大的比重。这是前两次大会所未有的。

据徐梅坤回忆，他记得是在 1923 年 5 月底接到党中央的通知，让他去广州出席三大。江浙区共有四位代表：徐梅坤、王振一（山西人）和杭州支部的于树德、金佛庄。后两人是应徐梅坤要求，党中央同意增加的，算是列席代表。徐梅坤、王振一是“公费代表”，于树德、金佛庄是“私费代表”。党代会为什么还有“私费代表”呢？徐梅坤说：那时，党的经费很困难，无法负担与会代表的路费、食宿费。因此，有些同志去开会，只好自己掏腰包。徐梅坤回忆：“大约在‘三大’前半个月左右，中央有人口头通知我去广州参加党的第三次代表大会。因为我是区委书记，所以被指定为当然代表。当时规定江浙区委可派两名正式代表参加，我便指定负责区委工运的王振一为出席‘三大’的另一名代表。”[③]

徐梅坤在回忆中还谈及大会代表赴广州的行程。1923 年 6 月初，徐梅坤等人乘坐英国的“怡和”号轮船，从上海到广州。同坐这条船到广州去参加党的三大的共有 9 位代表，除来自浙江的 4 人外，还有李大钊、邓培、王俊、孙云鹏、陈潭秋等 5 人。其中，李大钊坐的是“官舱”，其余 8 人

---

① 徐梅坤：《参加中共三大》，广东革命历史博物馆编：《中共“三大”资料》，广东人民出版社 1985 年版，第 153—154 页。

② 《罗章龙谈中共三大的前后情况》，广东革命历史博物馆编：《中共“三大”资料》，广东人民出版社 1985 年版，第 171 页。

③ 徐梅坤：《参加中共三大》，广东革命历史博物馆编：《中共“三大”资料》，广东人民出版社 1985 年版，第 153—154 页。

坐“统舱”。一路上，徐梅坤经常到李大钊乘坐的船舱里交谈。李大钊告诉徐梅坤，按照共产国际的意见，中国共产党要同孙中山领导的国民党搞联合，打倒帝国主义和军阀。他还说，这次到广州开会，主要是讨论国共合作的问题[①]。

中共三大代表的组成，有正式代表、列席代表之区别，其中又有表决权有无之差异。据当事人回忆，还有公费、私费代表的区分。当年，党的经费奇缺，三大的召开费用很大部分用于差旅费。由于代表众多，杯水车薪，无法面面俱到，于是有些重要代表，中央发给路费，这便是用“公费”的正式代表，其他代表“私费”赴会者为列席代表。“私费代表”于树德，当时在杭州教书，1923年春担任杭州支部书记。于树德回忆，收到李大钊从北京写来的信，通知他到广州参加中共三大。到广州开会是件好事，但当时于树德生活困难，没有钱买船票。于是，徐梅坤给他出主意，于树德就把邻居一位朋友妻子的金手镯借来卖掉，买了船票。也不知后来怎么还的这笔钱。但从中可见，当年革命者在经济上的窘迫[②]。

至于代表的表决权问题，中共三大通过的《中国共产党第一次修正章程》规定，“每地方十人有一票表决权”；未成地方之处“有必要时”派代表一人，“有无表决权由大会决定”。可见，表决权由大会决定。在三大召开时，特别是在讨论《关于国民运动及国民党问题的议决案》草纲时，由于争论激烈，分歧较大，大会可能作出这样决定：由全体参会代表投票表决，而不再区分代表有无表决权了。从后来表决票40票的情况看，显然是所有代表都有了表决权。

（二）代表来源与区域

参加中共三大的代表来自全国各地，分布很广。中央档案馆收藏的无

① 李成华：《九旬老人的心愿——访出席中共三大代表徐梅坤同志》，《人民日报》1983年7月12日。

② 于树德：《关于中共“三大”的回忆》，广东革命历史博物馆编：《中共“三大”资料》，广东人民出版社1985年版，第210页。

署名、落款俄文档案，提及中共三大代表来源或代表区域："除了北京，上海，湖北，湖南和广州各地的代表以外，还有浙江，山东，满洲和莫斯科的代表"，列举了9个地方[①]。共产国际代表马林6月25日给共产国际执行委员会、工会国际和共产国际执行委员会东方部远东局的报告说，代表"来自北京、唐山、长辛店、哈尔滨、山东（济南府）、浦口、上海、杭州、汉口、长沙和平江（湖南）、广州和莫斯科（旅莫学生支部）。"列举了13个地方，其中的平江可能是"萍乡"之误[②]。瞿秋白在一个党史方面的报告中提到，中共三大召开时党员分布在广东、上海、北京、长沙、安源、长辛店、唐山、济南、浦口、杭州、汉口、莫斯科12个地区。根据《中国共产党组织史资料》第一卷的叙述，出席三大的代表"分别来自北京、上海、汉口、萍乡、广州、杭州、济南、哈尔滨、浦口、长辛店、铜山以及苏联莫斯科等地"，列举了12个地方[③]。结合《中国共产党章程》的规定看，中共三大代表不完全按照来自的省份划分。但在论及这个问题时，学术界对当时中共地方组织的设置存在不恰当的说法。

1. 所谓四大区委之说

有的认为，当时全国设江浙区、两湖区、北方区和粤区4个区委组织；其中两湖区包括湖北、湖南两省。这种说法非常普遍。

（1）由党史部门编辑的革命旧遗址介绍方面的书籍，多有采用该种说法的。当时中共中央下设四个区，即北方区、两湖区、江浙区、广东区。北方区共选出12名代表，是全国各区代表中人数最多的。他们是李大钊（北方区委书记）、罗章龙、王荷波、王仲一、王俊、张德惠、何孟雄、孙

---

① 瞿秋白:《中国共产党第三次代表大会》,《中共"三大"资料》，广东人民出版社1985年版，第96页。

② 中共中央党史研究室第一研究部编:《共产国际、联共（布）与中国革命文献资料选辑（1917—1925）》第2卷，北京图书馆出版社1997年版，第492页。

③ 中共中央组织部、中共中央党史研究室、中央档案馆编:《中国共产党组织史资料》第1卷，中共党史出版社2000年版，第21页。

云鹏、陈涛、刘天章等。两湖区有毛泽东、陈潭秋、项英等[①]。

（2）通史性中共党代会著作。权威专家领衔编写的《中国共产党全国代表大会史丛书（从一大到十七大）》认为：北方区委选出李大钊、罗章龙、王荷波、王仲一、王俊等12人为代表，其中绝大多数是工人，共青团组织也派出负责人参加，这是全国各区派出代表人数最多的。其他区也或指定或通过选举，派出了代表。两湖区有毛泽东、陈潭秋、项英等，江浙区有徐梅坤、王振一、于树德等，广东区有谭平山、冯菊坡、阮啸仙等[②]。

（3）中共创建史研究著作。中共三大召开之前，中共中央下设四个区：北方区、两湖区、江浙区、广东区。区党组织的名称叫区委员会。经过选举，北方区共选出12名代表，这是全国各区代表中人数最多的。他们是李大钊（时任北方区委书记）、罗章龙、王荷波、王仲一、王俊、张德惠、何孟雄、孙云鹏、陈涛、刘天章等。其他三个区也经过选举，派出了代表。两湖区有毛泽东、陈潭秋、项英等；江浙区有徐梅坤、王振一、于树德、金佛庄等；广东区有谭平山、冯菊坡、阮啸仙、刘尔崧等[③]。当时中共中央下设北方、两湖、江浙和广东4个区。各区党的委员会都接到中央通知，要求选派代表参加三大。各地共推选代表40人，其中，北方区代表有李大

① 中共广东省委党史研究室编：《广东革命史迹通览》，广东人民出版社2008年版，第29页。吴石坚：《广州历史文化旅游》，黑龙江人民出版社2010年版，第161页。以及中共广州市委党史研究室编，贺红卫主编，欧阳湘副主编：《广州红色史迹寻踪》，广州出版社2005年版。黄勇：《大美广州》上册，中国旅游出版社2010年版，第180页。陈善光：《珠海历史名人——杨匏安传》，珠海出版社2006年版，第182页。陈登贵：《中共“三大”代表向警予》，杨汉卿、李淼祥主编，中共广东省委党史研究室等编：《中共“三大”研究》，中共党史出版社2004年版，第219页。

② 张静如主编，赵勇民、李颖副主编：《中国共产党全国代表大会史丛书（从一大到十七大）》第1册（图文版），万卷出版公司2007年版，第236页；2012年版，第216页。李颖：《党代会历史细节：从一大到十八大》，党建读物出版社2017年版，第62页。张士义、王祖强、沈传宝主编：《从一大到十九大：中国共产党全国代表大会史》（1921—2017），东方出版社2018年版，第46页。

③ 黄修荣、黄黎：《中国共产党创建史》，中国青年出版社2015年版，第768页。齐卫平等：《中国共产党创建与上海》，上海人民出版社2011年版，第159页。

钊、罗章龙、王荷波、王仲一、王俊等12人[①]。

（4）关于中共三大的研究论著有的说：中共中央决定召开中共三大后，各地按中央的通知精神，按民主程序进行大会代表的推选工作。当时中共中央下设北方、两湖、江浙和广东4个区。区党组织的名称叫区委员会。各区委员会都接到中央通知，要求选派代表参加中共三大。其中北方区派出12名代表，其他区也或指定或选举，派出了代表。两湖区有毛泽东、陈潭秋、项英等，江浙区有徐梅坤、王振一、于树德等，广东区有谭平山、冯菊坡、阮啸仙等[②]。另一本的表述也差不多：中共中央决定召开中共三大后，各地按中央的通知精神，按民主程序进行大会的代表的推选工作。当时中共中央下设北方、两湖、江浙和广东4个区。区党组织的名称叫区委员会。各区委员会都接到中央通知，要求选派代表参加中共三大[③]。

（5）毛泽东研究方面的论著。有摘录徐梅坤的说法，认定全国下调4个区委，毛泽东是两湖区代表[④]。有的不明确说中共中央下设4个区委，但认定毛泽东是两湖区代表。中共三大于1923年6月12日至20日在广州召开，毛泽东作为两湖区代表出席[⑤]。

归根结底，这种说法来源于时任国务院参事徐梅坤1980年3月的回忆：

当时中共中央下设4个区委员会，除江浙区外，还有北方区、两湖区和广东区。根据党的决定，我担任了第一任江浙区委书记。江浙区委除直接管辖上海工作外，还负责江苏（长江以南地区）、浙江两省的工作。中共“三

---

① 钱震华、程维荣：《新民主主义革命时期中国共产党党内法规》，生活·读书·新知三联书店2018年版，第74页。

② 李晔晔主编：《国共携手 中国共产党第三次全国代表大会》，河北人民出版社2012年版，第5页。

③ 李颖编著：《国共合作：中国共产党第三次全国代表大会》，万卷出版公司2008年版，第22页。

④ 李新芝、郑明俊主编：《毛泽东纪事（1893—1976）》上册，中央文献出版社2013年版，第95页。

⑤ 宋紫峰：《毛泽东人生片断 栖心斋随笔》，中央文献出版社2010年版，第347页。

大”以前，江浙区党员已发展到四十多人，大都集中在上海。一九二三年六月，我作为江浙区委的代表，出席了在广州召开的中国共产党第三次全国代表大会。……我记得出席“三大”的代表有二十多人，他们是，北方区：李大钊、邓培；两湖区：毛泽东（湖南）、陈潭秋（湖北）；江浙区：徐梅坤、王振一；广东区：谭平山、冯菊坡、阮啸仙、刘尔崧；……[①]

2. 中共三大前后的五大区委

徐梅坤曾任上海（江浙）区委书记，是中共三大正式代表，并在大会上当选中央候补委员。20世纪70年代初，有关部门确认三大会址时，曾邀请他来广州实地调查，最终确认了中共三大会址。不过，他关于中共三大之前全国设四大区委的回忆却是不准确的。

五区委的由来。众所周知，在中国共产党成立前有多个共产党早期组织。其中成立最早的是上海共产党早期组织，以陈独秀为书记，号称“发起组”，起到临时中央的作用。1921年中共一大召开时，有国内6个城市和旅日的共产党早期组织派出代表参加：上海，李达、李汉俊；北京，张国焘、刘仁静；长沙，毛泽东、何叔衡；武汉，董必武、陈潭秋；济南，王尽美、邓恩铭；广州，陈公博；日本东京，周佛海；包惠僧（系陈独秀个人代表）。中共一大后，各地组建党支部或地方委员会。其中，广东于8月中下旬成立支部，谭平山任书记；北京于9月至10月成立地方委员会，李大钊任书记；湖南于10月10日成立支部，毛泽东任书记；湖北于10月成立支部，包惠僧任书记；上海于11月中上旬成立地方委员会，陈望道任书记[②]。在6大城市中，中共济南地方党组织成立比较晚。1921年11月中

---

① 徐梅坤：《参加中共“三大”》（肖甡、姜华宣整理），中国人民政治协商会议全国委员会文史资料研究委员会编：《革命史资料》（8），文史资料出版社1982年版，第40、42页。广东革命历史博物馆编：《中共“三大”资料》，广东人民出版社1985年版，第153页。徐梅坤：《回忆中共三大》，汪文庆著：《使命 · 旗帜 · 人物 中共一大至十八大纪事》，四川人民出版社2013年版，第50页（附录）。周继强、王太岳主编：《从胜利走向新的胜利：中国共产党重大会议纪实》第3卷，光明日报出版社2002年版，第987页。李忠杰、段东升主编：《中国共产党第三次全国代表大会档案文献选编》，中共党史出版社2014年版，第126页。

② 王健英：《中国共产党组织史大事纪实》，广东人民出版社2003年版，第47—52页。

旬，中央局书记陈独秀签发“中央局议决通知各区之事”包括：“(A)上海、北京、广州、武汉、长沙五区早在半年内至迟亦须于明年七月开大会前，都能得到同志三十人成立区执行委员会，以便开大会时能够依党纲成立正式中央执行委员会。”①

1922年4月6日，陈独秀在写给共产国际远东局负责人维经斯基的信中说：“马林君提议中国共产党和社会主义青年团均加入国民党，余等均反对”；而且“广东、北京、上海、长沙、武昌各区同志对于加入国民党一事，均已开会议决，绝对不赞成”。五区委在1922年上半年相继成立。1月，武汉区执行委员会成立，负责人包惠僧；5月中旬，上海区执行委员会成立，书记徐梅坤；5月底，湘区执行委员会成立，书记毛泽东；同月，北方区执行委员会成立，书记李大钊；5月底至6月，广东区执行委员会成立，书记谭平山②。

由权威机构编写的《中国共产党组织史资料》第一卷（党的创建和大革命时期）的“第三编，各区（地）执委及其政权组织、军事组织、群众团体组织”，“以历史上形成的党组织发展区域划为北方、沪江浙皖、湘赣、鄂川、粤桂闽滇5个地区及旅外组织”。五区的组织系统沿革有清晰的脉络。这五区分别是：1. 北方区（北京区），兼管北方包括东北、西北各省。中共三大前后设置的地方党组织有：(1)北京地方执行委员会（1922.7—1923.7），委员长范鸿劼；北京区执行委员会兼北京地方执行委员会（1923.7—1924.5），委员长先后为何孟雄（1923.7）、范鸿劼（1923.10）、李大钊（1924.3—1924.5）。(2)济南支部（1922.7—1923.10），书记王尽美、马克先、吴容沧③。2. 沪江浙皖区（江浙地区、上海区），包括上海、江苏、浙江、安徽等地。中共三大前成立的有：上海地方执行委员会兼上海区执行委员会（1922.7—1924.4），委员长：徐梅坤（1922.7）、

① 王健英：《中国共产党组织史大事纪实》，广东人民出版社2003年版，第52页。

② 王健英：《中国共产党组织史大事纪实》，广东人民出版社2003年版，第57—66页。

③ 中共中央组织部、中共中央党史研究室、中央档案馆编：《中国共产党组织史资料》第1卷，中共党史出版社2000年版，第91、97、170页。

邓中夏（1923.7）、王荷波（1923.9）、徐梅坤（1924.1—1924.4）。3. 湘赣区，包括湖南、江西两省。中共三大前成立的有：中共湘区委员会（1922.5—1925.11），书记：毛泽东（1922.5—1923.4）、李维汉（1923.4—1925.11）。4. 鄂川区（湖北区），包括湖北、四川两省。中共三大前成立的有：武汉区执行委员会（1922 初夏—1924.2），负责人为：书记包惠僧（任至 1922.7），委员长陈潭秋（1922.7—1923.2）、李立三（1923.2—1923.10）。5. 粤桂闽滇区（广东区、粤区），包括广东、广西、福建、云南。中共三大前成立的有：广东区执行委员会（1922.6—1924 初），负责人谭平山、冯菊坡[①]。

这里的五区委说与上述徐梅坤的四区委说，区别在于湖北、湖南两省是否合设一个区委。在中共党史和湖南、湖北两省的党史著作中，并无两湖区委的设置。中央组织部等单位编纂的《中国共产党组织史资料》显示，湖北、湖南两省党组织从无隶属关系。1923 年二七大罢工后，中央调整鄂区委领导机构，湘区委委员兼安源路矿支部书记李立三调任鄂区委书记。此外，湖南、湖北两省党组织没有更多的组织联系。所谓“两湖区代表”说既不符合历史事实，也对评价毛泽东在中共三大前的工作成效造成混乱。陈独秀在中共三大的工作报告中批评“湖北的同志没有及时防止冲突，因而工人的力量未能增加”；表扬“只有湖南的同志可以说工作得很好”。假如有所谓“两湖区委”，毛泽东属“两湖区”选出的党代表，他就必须为这种错误负责。事实上，在中共三大前，湖北、湖南两个地方党组织（区委）之间没有隶属关系。1923 年二七大罢工期间，湖北的工作除受鄂区委领导外，还与北方区委领导的河南联系紧密，中国劳动组合书记部北方分部也参与罢工的领导。

至于中共三大之后，有所谓“两湖区委”的说法。据湖北省原政协常委李实回忆，他 1926 年 7 月到年底，先后入中共武汉地委主办的迎接北伐军训练班和两湖区委训练班。后由两湖区委派他到黄石港地委担任

---

① 中共中央组织部、中共中央党史研究室、中央档案馆编：《中国共产党组织史资料》第 1 卷，中共党史出版社 2000 年版，第 261、268、372、377、492、496、580、584 页。

宣传部长。他1926年底去大冶，介绍信是由两湖区委组织部开的。组织部都是新来的同志，组织部长汪泽楷。他还说，“1927年元月以前，湖北省委未成立，由两湖区委代行省委职责。1927年元月湖北省委成立后，党的领导系统才归省委领导。”[①] 据李实回忆，陈潭秋曾预言，北伐成功以后国民党右派可能会镇压革命群众，而且其手段可能比封建军阀还凶残；1926年12月在两湖区委举办的培训班上又再次发出警告[②]。另有资料说，南阳籍烈士杨士颖，1927年2月在武汉由中共两湖区委安排到北伐军第四军政治部做宣传工作，随军参加二期北伐[③]。但《中国共产党组织史资料》并不支持前述“两湖区委”的说法。中共三大后至大革命失败湖北党组织沿革为：武汉地方执行委员会（1924秋—1926.5），书记（委员长）彭泽湘（1924.9—1925.10）、陈潭秋（1925.10—1926.5）；湖北地方执行委员会（1926.5—1926.8），书记陈潭秋；湖北区执行委员会（1926.9—1927.5），书记彭泽湘（1926.9—1926.10）、李立三（1926.10—1926.12）、张国焘（1926.12—1927.4）、张太雷（1927.4—1927.5）[④]。这就是说，中共三大前后都不存在一个管辖湖南、湖北两省的“两湖区委”。

很明显，这五大区委在全国党组织中有重要地位。事实上，中共三大选举由9名委员组织的中央执行委员会，除5名中央局委员常驻中央（广州）外，其他4名委员派驻各大区委就近指导该区的工作，其中：李大钊被派驻北方区，王荷波驻上海区，朱少连到湘赣区，项英到鄂川区。中央局由粤迁沪后，中共中央于9月份发出通告：原中央局委员谭平山改任驻

① 《李实》，刘光明等主编：《湖北抗战人物志》，华中师范大学出版社1995年版，第90页。李实：《怀念李兆龙同志》，中共黄石市委宣传部、中共黄石市委老干部工作局编：《老同志回忆录》第1集，1985年版，第3页。

② 李实：《回忆与潭秋同志的几次见面》，中共黄岗县委会编：《回忆陈潭秋》，湖北人民出版社1981年版，第54页。高万娥主编：《一位中共一大代表的红色人生：陈潭秋生平和思想研究》，武汉大学出版社2017年版，第100页。中共一大会址纪念馆编：《鞠躬尽瘁 战斗终生 陈潭秋画传》，上海书店出版社2014年版，第79页。

③ 南阳地区地方史志编纂委员会编：《南阳地区志》下册，河南人民出版社1994年版。

④ 中共中央组织部、中共中央党史研究室、中央档案馆编：《中国共产党组织史资料》第1卷，中共党史出版社2000年版，第505—506页。

粤区中央委员，原驻上海区中央委员王荷波改任中央局委员[①]。这样，中共中央执行委员会的9名执行委员仍维持原有5名进入中央局、其他4名派驻其他4大区委的格局。

（三）代表人数与名单

中共三大代表人数众多，但代表人数和名单都有待进一步落实。

1. 中共三大代表总数

关于出席中共三大的代表人数一直以来没有统一的说法，大致上有30人、30多人和近40人的说法。这些不同说法，来自不同的资料来源和统计口径，莫衷一是。

（1）30人。1928年中共六大时绘制的中共历次大会党员成分比例表认定：出席三大代表30人，有代表权的代表27人，都是知识分子。而列出的代表名单实际为22人，名单如下：张太雷，李大钊，刘天国，陈○涛，林育南，张德惠，独秀，和森，秋白，国焘，泽东，王俊，章龙，孟雄，仁静，仲一，王用章，徐梅坤，平山，冯菊坡，刘尔崧，陈天。名单中的陈○涛，应为陈洪涛，即陈为人的曾用名。而刘天国，则没有任何回忆和史料提及，有学者怀疑，“刘天国”可能是“刘天章”之误。可能是笔误或记忆有误造成的。

（2）30多人。直接写明代表人数的，是保留在俄罗斯档案中一份名为《中国共产党第三次全国代表大会》的俄文资料记载：“出席这次代表大会的共有三十多位代表，其中有表决权的十九人，有发言权的十余人。来宾和非正式代表十余人。参加大会的除了北京，上海，湖北，湖南和广州各地的代表以外，还有浙江，山东，满洲和莫斯科的代表。”

（3）40人。虽然没有直接写明代表40人的资料，但多种档案材料间接佐证。一是中共三大有表决权的代表有40人。例如，陈独秀起草的《关

① 中共中央组织部、中共中央党史研究室、中央档案馆编：《中国共产党组织史资料》第1卷，中共党史出版社2000年版，第94页。

于国民运动及国民党问题的议决案》的讨论有记录在案，上面清楚地记载：以21票赞成、16票反对、3票弃权而通过，合计40票。这说明到会投票人数刚好40人。二是中共三大选举结果。1923年6月20日是中共三大的闭幕日，马林于当天写信向共产国际执行委员会汇报工作，也说陈独秀以40票当选，马林说“在第三次代表大会上选举中央委员会时，张国焘只获得40票中的6票”[①]。瞿秋白1930年2月的党史报告中列出大会选举的得票数，其中陈独秀得票数也是40张。

根据有关资料和张国焘、徐梅坤、罗章龙、于树德、杨章甫等人的回忆，参加中共三大的代表，拥有表决权的代表就有40人以上，还有来宾和非正式代表，以及担任会议记录等人员，甚至旁听代表。这样算来，参加中共三大的人员，总数接近或超过50人。

2. 关于代表名单及疑义

有疑义的代表。史文彬。根据罗章龙的回忆，中共三大代表中有一位叫史文彬，他是京汉铁路总工会党委代表。1922年至1923年2月，史文彬任长辛店铁路机厂中共支部书记。1928年当选为中国共产党第六届中央委员会候补委员。但有资料说明，史文彬1923年2月当选为京汉铁路总工会副委员长后，同月被北洋军阀逮捕，关押于保定监狱。直到1924年11月才被营救出狱。因此，中共三大召开时，史文彬不可能到广州出席中共三大。

李立三。2006年5月21日，新华社播发有关中共三大的专稿说：“陈独秀、李大钊、毛泽东、蔡和森、陈潭秋、恽代英、瞿秋白、张国焘、李立三、项英等来自全国各地及莫斯科的代表近40人出席大会，他们代表了全国420名党员。”[②] 1923年4月，在取得安源路矿工人罢工斗争胜利之后，中央调李立三到受损严重的湖北区委主持工作。这年的4月至6月，

① 马林：《致共产国际执行委员会的信》，中共中央党史研究室第一研究部编：《共产国际、联共（布）与中国革命文献资料选辑（1917—1925）》第2卷，北京图书馆出版社1997年版，第477页。瞿秋白1929年《中国共产党历史概论》中记载“第三届大会选举”结果，也是如此。

② 《中国共产党第三次全国代表大会（永远的丰碑·红色记忆）》，《人民日报》2006年5月22日。

李立三活动情况不详。李立三曾写过《自述》，但没有说自己是中共三大代表。

江浩。原中共广东省委党史研究室主任曾庆榴说：河北江浩的儿子说他父亲是中共三大代表。江浩（1880—1931），河北玉田人，辛亥革命后当选为国会议员，1921 年加入中国共产党，1923 年 6 月同李锡九等国会议员南下，反对曹锟贿选总统[①]。中共三大召开时在广州。有人说他参加了中共三大，但江浩家乡的河北玉田地方党史部门否认其是三大代表。

于树德、金佛庄的列席代表身份。于树德 1922 年加入中国共产党，曾担任青年团天津地方执行委员会书记部主任，1923 年春到杭州任教，又担任中共杭州支部书记。所以，他作为正式代表也是没有问题的。1924 年 1 月国民党一大召开，他和李大钊、谭平山等当选为国民党中央执行委员。可见其地位非同一般。金佛庄则是代表中唯一的军人，有其特殊重要性。即使最初如徐梅坤所说是作为列席代表到广州，也不排除以后身份有变化的可能。

湖北代表陈天。据湖北党史记载，中共湖北区委派陈潭秋、林育南、项英、陈天四人出席大会[②]。但据罗章龙回忆：二七罢工时，陈天表现很不好，擅自离开岗位。陈天坚持二七罢工是错误的，诬蔑共产党勾结吴佩孚屠杀工人……他不可能当三大代表。蔡和森在《中国共产党的发展史》中说，陈天等人“发生自由行动，不服从党的命令，自动到奉天国民党处求援，他们渐渐不信党，而变为反动派了。”三大后不久，陈天登报脱离共产党，并于 1923 年 11 月被开除出党。但从马林的调查记录中可以看到陈天的名字，并有发言，所以可以证明他确实到了广州。但是否临时退出中共三大，需更多资料确证。

袁达时。李维汉后来说：“毛泽东和袁达时作为湘区党员代表，参加三大。三大以后，袁达时大约在 8 月回湘，向区党委和党员传达了大会决议

---

① 廖盖隆主编：《中国共产党历史大辞典——总论 · 人物》“江浩”条，中共中央党校出版社 2001 年版，第 206 页。

② 中共湖北省委党史研究室：《中国共产党湖北历史》，湖北人民出版社 1999 年版，第 85 页。

和大会在讨论国共合作问题时的争论情况。袁对我说，毛泽东让他带话给我，他认为安源工人应集体加入国民党，张国焘在会上反对工人参加国民党，估计张有可能来湖南活动，要我注意。后来张国焘并没有来湘，湖南的产业工人也没有全体加入国民党。”[①] 这表明袁达时是中共三大代表。

高君宇系第二届中央委员，有参加中共三大的资格。董玉锁撰写的《高君宇与山西党组织的创建》说：“1923 年高君宇参加了党召开的‘三大’。”但是，高君宇 6 月 23 日在北京撰写了“北京通信”，刊登在《向导》周报第 31 期和 32 期合刊。从当时交通条件（广州到上海单程船期为 5 天）推算，高君宇可能没有参加中共三大，或没有参加三大的全部会议。

广东代表人数有多种说法。一般认为，谭平山、阮啸仙、刘尔崧、冯菊坡是三大代表。另有资料说：罗绮园、杨章甫、梁复燃 3 人出席过大会。梁复燃回忆说，广东选出代表 6 名，除谭平山、阮啸仙、刘尔崧、冯菊坡外，还有杨章甫和谭植棠。徐梅坤说罗绮园不是三大代表。广东党史资料说，广东区委派了党员到会旁听，并派罗绮园担任大会记录。

李蓉考证研究后认为，出席中国共产党第三次全国代表大会的总人数 45 人，其中正式代表为 40 人，列席代表、尚未完全确定代表资格人员 3 人，还有 2 名共产国际代表马林、沃林。出席中共三大的 43 位代表名单如下：陈独秀、李大钊、蔡和森、张国焘、毛泽东、瞿秋白、张太雷、何孟雄、邓培、王荷波、谭平山、阮啸仙、冯菊坡、刘尔崧、项英、林育南、陈洪涛（陈为人）、刘天章、孙云鹏、张德惠、王用章、王俊、徐梅坤、于树德、金佛庄、朱少连、张连光、邓中夏、罗章龙、高君宇、刘仁静、陈潭秋、向警予、王仲一、陈天、沈茂坤、恽代英、袁达时、江浩、罗琦园、杨章甫、梁复燃、谭植棠。

因为年代久远，资料欠缺，要完全弄清出席中共三大的代表名单十分困难。有的出席者有回忆，如刘仁静说自己是列席代表。有些细节还需有

---

① 李维汉：《回忆与研究》，转引自中共广州市委宣传部、中共广东省委宣传部、中共广州市委党史研究室等编：《中共三大学术研讨会论文集》，广州出版社 2006 年版，第 539 页。

更多的资料来说明和证实。

目前，中共三大会址纪念馆初步认定的中共三大代表名单共38名，身份或代表地区见下表。但其中有的可能有误。例如，高君宇可能没有参加中共三大，或没有参加完全部会议。因此他6月23日，在北京撰写“北京通信”，刊登在《向导》第31期和32期合刊（《北京政变专号》）。

中共三大代表简况表（按姓名笔画排序）

序号	姓名	代表区域或单位	资料来源	备注
1	蔡和森	中央委员		当选中央执行委员
2	陈　天	武汉区		
3	陈独秀	中央委员		当选中央执行委员
4	陈潭秋			
5	陈为人	东北		即陈洪涛
6	邓　培	河北唐山		
7	邓中夏	中央委员		当选中央候补执行委员
8	冯菊坡	广东		
9	高君宇	中央委员		
10	何孟雄	京绥铁路		
11	金佛庄	杭州	列席代表（徐梅坤回忆）	
12	李大钊	北方区		当选中央执行委员
13	林育南	武汉		
14	刘尔崧	广东区		
15	刘仁静	北方区	列席	曾出席共产国际四大
16	刘天章	北方区，陕西		
17	罗章龙	北方区		兼全国铁路总工会

续表

序号	姓名	代表区域或单位	资料来源	备注
18	毛泽东	长沙		当选中央执行委员
19	瞿秋白	旅莫		
20	阮啸仙	广东区		
21	沈茂坤	津浦铁路		
22	孙云鹏	正太铁路		
23	谭平山	广东区		当选中央执行委员
24	王　俊	北京长辛店		曾出席共产国际四大
25	王荷波	浦口		当选中央执行委员
26	王用章			
27	王仲一			
28	向警予	留法		
29	项　英	武汉区		当选中央执行委员
30	徐梅坤			当选中央候补执行委员
31	杨德甫	北方区		
32	于树德	杭州支部	列席代表（徐梅坤回忆）	
33	袁达时	安源路矿	李维汉回忆录	
34	张德惠			
35	张国焘	中央委员		
36	张连光			京汉路上海办事处
37	张太雷	团中央		
38	朱少连	长沙 / 安源路矿		当选中央执行委员

陈独秀

蔡和森

李大钊

谭平山

王荷波

毛泽东

朱少连

项　英

罗章龙

邓　培

张连光（画像）

徐梅坤

张国焘

张德惠（画像）

王仲一

陈为人

刘天章

何孟雄

孙云鹏

王　俊

高君宇

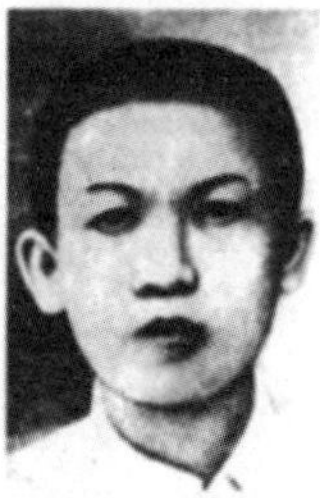
沈茂坤（画像）

金佛庄

于树德

王用章（画像）

林育南

陈潭秋

陈　天（画像）

邓中夏

杨德甫（画像）

向警予

袁达时

冯菊坡

刘尔崧

阮啸仙

张太雷

瞿秋白

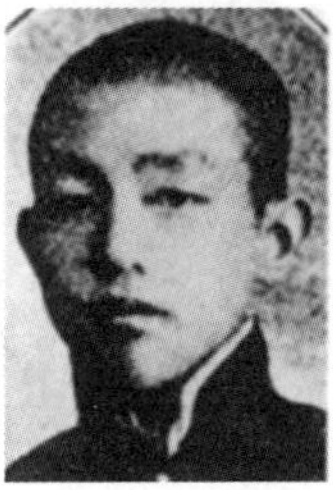
刘仁静

中共三大代表像集

四、会务筹办与预备会议

中共三大的“筹备工作主要由第三国际代表和二届中央委员会主持”。会前，国际代表马林事先找各地代表谈话，特别是工人代表，“内容主要是交待和解释国共合作的必要性”。除此之外，“马林还向代表谈到了下届中央的组织安排，党章和决议的准备情况，并不厌其详地反复说明为什么要这样做的理由”[①]。罗章龙参加了在广州召开的中共三大的预备会。他回忆说，会议开了两天，先后在陈独秀住的太平沙看云楼、马林住的春园召开。

（一）中共三大的会务筹备

关于中共三大的会务筹备，除广东区委承担事务性工作外，有学者排出一长串名单：1923 年 5 月，中共中央接受了马林的建议，从上海迁到广州办公，陈独秀、李大钊、张国焘、邓中夏、毛泽东、蔡和森、向警予、瞿秋白、张太雷等以及马林陆续到广州，进行三大的筹备工作。经比对上述代表的行程与工作任务，中共三大主要是由毛泽东筹备的。

从到粤时间来看，李大钊、张国焘是在 5 月底 6 月初才来广州。陈独秀作为最高领导人，担任大元帅大本营宣传委员会委员长，负责与国民党沟通对接；马林作为共产国际代表，代表共产国际和苏联，与孙中山、国民党联系。在中共三大的筹备方面，陈独秀、马林只能是掌握大方向。至于蔡和森、向警予夫妇，蔡和森主编《向导》周报的工作量很大，向警予负责妇女工作，也少有闲暇。最有可能参与中共三大筹备的是毛泽东、瞿秋白和张太雷。

这三人之中，张太雷作为马林的翻译，必须经常性跟随马林参加各种活动，瞿秋白作为马林的助手，也不能全力投入中共三大的筹备。毛泽东 1923 年从湖南被上调中央工作，除协助陈独秀负责中央日常工作外，并

---

① 罗章龙：《椿园载记》，生活 · 读书 · 新知三联书店 1984 年版，第 270—271 页。

没有其他具体任务。筹备党的重要会议是毛泽东作为中央局秘书最主要任务。在中共三大之前，毛泽东虽然没有正式担任中央局秘书，但显然是提前“到岗”了。毛泽东与陈独秀、马林之间，也都有比较融洽的个人关系。中共三大的筹备工作，是在陈独秀和马林领导下，主要由毛泽东、瞿秋白、张太雷、谭平山完成。大致分工是：毛泽东负主责并联系各地，瞿秋白、张太雷偏重文件准备，谭平山负责会务接待。

中共三大的事务性工作由广东区委负责执行，区委书记谭平山因担负工作较多，主要是牵头负责，具体可能由刘尔崧、阮啸仙、冯菊坡等人参与，广东区委的杨匏安、谭植棠、杨章甫、谭天度、罗绮园等也分工承担某些工作，但并不了解中共三大筹备的全部工作。否则，他们后来不可能对中共三大知之甚少，语焉不详，甚至弄错一些基本的史实。

广东区委的会务工作。“管东渠”，是 1922 年中共广东区委成立时使用的代号。当时党的组织没有公开，于是由共产党人黄居仁以富商公子身份租下这一骑楼二、三层，并以“广东区”的粤语谐音“管东渠”向警察局登记。那时，“管东渠”楼下，是熙熙攘攘、热闹非凡的凉茶铺、修鞋铺和杂货铺，居于此间的“管东渠”，十分隐蔽。

阮啸仙是广东较早的党员，也是广东社会主义青年团的主要创建者，为广东工人运动的兴起和发展作出了巨大的历史贡献。他熟悉广州市的情况，群众基础好，非常适合做中共三大的会务工作。结合徐梅坤、罗章龙等人的回忆，阮啸仙应是谭平山指定的三大代表。因为会议在广州开，“广东区委还派出一些党员到会旁听，并派罗绮园担任大会记录”[①]。

在具体工作筹备和事务工作方面，广东区委做了大量具体工作：负责会场选址、租赁和布置、接引代表、安排住宿等。由于党的经费有限和出于安全、安静等方面的考虑，决定将广州东山（现属越秀区）华侨聚居而又较为僻静的恤孤院后街 31 号（现恤孤院路 3 号）的一栋两层砖木结构的普通楼房选为会址。在广东区委的精心组织和安排下，各项工作有序推进，

① 中共广东省委党史研究室编：《中国共产党广东地方史》第 1 卷，广东人民出版社 1999 年版，第 80 页。

在住宿交通会议场所等方面都进行了妥当安排，为大会顺利进行提供了扎实保障。

中央决定由广东区代表谭平山、阮啸仙、刘尔崧等负责会务工作，安排代表的食宿和交通、保卫等。据中共三大代表罗章龙回忆："事务性的工作如印刷文件、生活管理等，则由广东区委谭平山、刘尔崧、阮啸仙等人负责。"[①] 中央指示全国各地代表要不同车、不同船、不同一天到达，广东党组织会议筹备人员就一连数天在码头、车站迎接。据出席三大的代表徐梅坤回忆："广东党组织派人在长堤码头接我们。"[②] 为使外地代表不引起注意，他们一到广州，在被换上广州人当时流行穿着的唐装后，有的直接随会议筹备人员回家居住，有的被安排到东山居住。6月初，各地代表分途来到广州，直接到中共广东区委报到，由区委派交通员带代表到指定地点居住。有的住在三大会址楼上和春园。

（二）中共三大的预备会议

中共三大筹备期间，中共中央在广州召开了为期两天的预备会议，由陈独秀主持，有第二届中央委员和一些省的党组织负责人如毛泽东、李大钊、谭平山、陈潭秋、罗章龙等参加。马林传达了共产国际的指示。就关于国共合作等大会议题征求了各地党组织和党员的意见。尤其是对国共合作的问题，专门召开了起草委员会会议讨论。预备会议主要交换召开中共三大问题的意见，讨论了中央委员人选和分工起草中共三大各个决议案等问题。这些都对即将召开的中共三大起了指导的作用。预备会为代表大会起草了党纲、党章和各项决议的草案[③]，陈独秀、蔡和森、瞿秋白、毛泽东、张太雷、向警予以及马林等参加了会议文件的起草和会议的组织工作。对

① 《罗章龙回忆中共三大》，《"二大"和"三大"：中国共产党第二、三次代表大会资料选编》，中国社会科学出版社 1985 年版，第 681 页。

② 徐梅坤：《参加中共三大》，广东革命历史博物馆编：《中共"三大"资料》，广东人民出版社 1985 年版，第 154 页。

③ 禹伟良、卞民德、贺林平、姜晓丹：《汇聚起大革命的滚滚洪流（峥嵘岁月）——聆听三大的历史回响》，《人民日报》2021 年 1 月 20 日。

1923 年 6 月上旬，中共三大预备会议在春园召开

大会的内容和议题进行了研究、讨论，为实行民主集中制作出重大决策作了典范。

罗章龙回忆说：中共三大前夕，在广州开了两天预备会议，他参加了，先后在陈独秀的住所（太平沙看云楼），马林住的春园召开，预备会由二届中央委员和一些省的负责人参加，内容主要是对有关大会问题交换意见[①]。谭天度曾回忆说中共三大的开会地点是在太平沙通津。这条街当时有一间著名的西餐馆太平馆及著名牛肉馆太白楼。在会议期间他去过一次，看见二三十人在那儿挤得满满的，多数是来自外省。他说的会可能就是中

① 中共广东省委党史资料征集委员会、中国国民党革命委员会广东省委：《谭平山研究史料》，广东人民出版社 1989 年版，第 435 页。

共三大的预备会。

据当时在广州青年团工作的杨章甫回忆，在中共三大开幕前曾举行过一次预备会。因为中共三大最主要议题是“国共联合问题”，早知党中有人赞成，有人反对，所以在大会前假借了“宣讲员养成所”开了两天谈话会，作为心理的准备。他所说的会议地点和罗章龙的回忆不一样。杨章甫，是杨匏安的族叔。在五四运动影响与杨匏安的启迪下接受了马克思主义。1920 年陈独秀来粤，他担任粤语翻译。1922 年春加入中国共产党。据他妹妹的回忆，他出面为大会租房子，安排住处、日期，等等，做了不少工作①。在杨章甫的印象里：“一切主张总是国际方面拿出大权决策。”杨章甫主要负责参加筹备召开中共三大的事务工作，同时也是大会的列席代表。杨章甫和梁复燃在回忆中提到的预备会，有可能是把中共广东区委为中共三大召开的一次重要会议和中共三大预备会混为一谈了。因为他们回忆中提到：会议主持者为中共广东区执委书记谭平山；会议的重要内容是选举广东出席中共三大代表。

据梁复燃回忆，1922 年 6 月陈炯明叛变后，陈独秀下令停办“养成所”。当时担任南武学校教员的谭天度，仍留住在“养成所”。广东党组织经常在这里开会。中共三大召开的前一个星期左右，在已停办的“养成所”里，召开了中共三大的预备会议。凡是共产党员、青年团员都可参加，梁复燃亦参加了。据他回忆：广东参加开会的约三四十人，外省参加的约九人或十人，全场大概有五十人左右参加。这是一个不小的规模。谭平山主持会议。

预备会内容如下：一是选举参加中共三大的代表。梁复燃回忆：大会代表名单，上级早就列好了，他们只是举手通过。广东选出的代表有谭平山、杨章甫、阮啸仙、刘尔崧、谭植棠、冯菊波（曾担任廖仲恺的秘书），其他不是代表的人，都可以作列席代表参加中共三大会议。二是略略谈到国共合作问题。在梁复燃回忆中，张国焘是最反对国共合作的。当

---

① 《杨淑珍回忆录》，李坚编：《杨匏安史料与研究》，中共党史出版社 1999 年版，第 383 页。

时开会都是讲普通话的，梁复燃听不懂，其他就不清楚了。预备会开了一天时间[①]。

杨章甫和梁复燃回忆的预备会议，按理来说应是广东区执委为中共三大做准备工作的会议。因为中共三大的预备会议，不应该是谭平山主持和讨论通过广东代表问题。所用的时间，杨章甫回忆说是两天，梁复燃说是一天。到底是一天还是两天呢？时隔那么多年，要准确回忆实在有难度。但从他们回忆中提到的会议内容来看，一天两天都有可能。

这样看来，围绕中共三大的召开，曾有两个预备会，一次是中央层面的，研究大会筹备的会务与联络工作；一次是广东区委的，除地方工作外，安排中共三大的事务性工作。

（三）对各地代表的调查会

为了给中共三大做准备，马林于1923年6月初在广州召集前来参加大会的各地工人代表，特别是京汉铁路有关的工人代表座谈，详细了解铁路工人的情况，并写成《关于京汉铁路工人运动的调查记录》。参加调查的有项英、张连光、林育南、陈天、毛泽东、王荷波、王用章、邓培、刘仁静等人，涉及的地区有京汉铁路沿线、北京、天津、陇海路、正太路、京张路、津浦路、京奉路、汉口、奉天、湖北、湖南、浦口、上海、安徽、山东、唐山、山海关等地。实际内容不限于工人运动的情况，也包括农业情况、青年工作，等等。其中，“6月9日陈天谈了湖北问题”。可见调查会在8日或稍前开始，结束于9日或稍后。

1. 京汉铁路情况

出现在马林调查记录中的第一个名字是项德龙，即工人出身的中共领导人项英，中共三大当选中央委员，后任新四军副军长兼政委。原名项德隆，与项德龙只是翻译的区别。

① 广东革命历史博物馆编：《中共“三大”资料》，广东人民出版社1985年版，第214页。

在马林的调查记录中，项英介绍京汉铁路的情况很具体，也很了解沿线情况。

“信阳（河南）：当地分会的主席和副主席被开除，起码还有两个人也被开除，工人中充满了反对吴佩孚的情绪，将参加汉口发起的新行动。讨论组织秘密小团体，每月至少交纳会费一分钱（！）指定一人负责领导。确山：没有人被开除，他们解散了工会，当地铁路上的工头势力很大。驻马店：罢工时被迫复工，副主席曾影响了地方军队，主席和另外一名副主席被开除，反革命的势力占上风。郾城：小站。无人被开除，但工会已不存在。许昌：地方工头去联合军队强迫工人复工。郑州：罢工时10人被捕，3人被送到保定，其他人获释。站长利用地方主义（反对南方工人），破坏工会，北方人强烈反对南方人，28个南方人被解雇。路段暗探满布，南方工人到车站要受到搜查，曾设法营救关在保定的3人，未果。28个受害者处境艰难。前副主席还在郑州，仍在继续工作，正领导当地工作。工会情况不明。新乡：工会被解散了，没有任何行动，没有人被解雇。

“邢台：已有7个积极分子被开除，罢工期间其中2人被捕，罢工后获释。正定府：当地工会主席是一名优秀分子，被捕后关在保定监狱，遭严刑拷打，被开除人数不详。保定府：书记入狱。三或四个重要成员被开除。琉璃河：小站，工会已不存在。

“长辛店：5人受伤，其中两人死亡。铁路当局给死者200元，伤者100元。尚不知被开除人数。11人在保定监狱关押。其他人没有危险，他们从北京得到粮食和衣物，罢工后铁路当局从唐山招来300名工人，因遭其他工人抵制，遂离去。”①

项英等谈道：“工人总的情况，还信仰工会，但都非常害怕。”一个月后，项英和另一位同志恢复了地区党委。项英巡行铁路线，建立了由11人组织的铁路工会的总机构。这11人中，有在职的和被解雇的铁路工人。

---

① 马林：《关于京汉铁路工人运动的调查记录》（1923年6月初），李玉贞主编：《马林与第一次国共合作》，光明日报出版社1989年版，第206—207页。

张连光，又名张濂光、张廉光、张联光。福建人。早年为京汉铁路江岸机车厂工人。1922年参加京汉铁路江岸工人俱乐部的筹建，并加入该俱乐部。1922年底加入中国共产党。1923年参与京汉铁路二七大罢工。其间曾作为江岸分工会的代表之一到郑州出席京汉铁路总工会成立大会，并在武汉参加同反动军警的谈判。大罢工失败后参加京汉路驻上海联合办事处的工作。在京汉铁路失业工人中组织救济委员会，负责救济委员会京汉铁路南段事宜。项英等人还谈道：张连光赴沪，“与地方党组织有些不睦，接收了上海济难会。郭平伯、郭寄生二人和朋友们成立了一个济难会，上海党组织和他们一起工作。湖南萍乡矿工支援540墨西哥元，北京支援600—700元”。“关于困难，最主要的是援助问题。”据马林的调查记录，张连光在汉口铁路车辆厂工作，是总工会主席，有半年党龄。张连光报告形势说：“有25人离开汉口”，“在江岸车站，有33人被杀，后又有4人死去。12名受伤者已痊愈，但被开除。各自离去，有怨气，受害者家属处境极为悲惨”。张连光还谈道：那时张国焘介绍两个姓郭的人即郭平伯、郭寄生为会员。其中一个给受害者以很大帮助。他们从国民党那里取得1000元。一次分给每家10—15元。受伤者也分得一些钱。张连光在中共三大上当选为中央执行委员会候补委员。但后来却携带党组织给京汉铁路工人的救济款潜逃，被开除出党。1925年2月在郑州召开的全国铁路总工会第二次代表大会，组织审查委员会考核救济款项的收支，证明其骗款的事实确凿。而当初为救济工人的郭平伯、郭寄生二人，也于1923年11月，经中共三届一中全会议决开除了他们的党籍①。

林育南介绍了二七大罢工后的工人安抚和救济情况。在罢工善后和责任承担方面，他们与张国焘发生了矛盾。当时发生了侵吞捐款的郭寄生、郭平伯事件，这对郭氏兄弟是张国焘介绍加入工会和党组织的。马林觉得，有关当事人都在推卸自己的责任。6月9日，陈天谈湖北问题。陈天曾任湖北全省工团联合会委员长，也宣称两个姓郭的态度不好，使人无法同他

① 中国社会科学院近代史研究所现代史研究室编：《“二大”和“三大”：中国共产党第二、三次代表大会资料选编》，中国社会科学出版社1985年版，第233页。

们达成谅解。关于支部中的麻烦，则赞成采取谨慎的措施，以防止局势变化。

2. 湖南社会状况

湖南的情况不限于工人运动，马林笔记中发言者只列了毛泽东，也可能还有其他人。

在湖南，新宪法自1923年1月付诸实施。1923年4月毛泽东离开长沙前，向继任中共湘区区委书记的李维汉移交工作，在介绍工作经验时强调两点：一、利用赵恒惕政府省宪法中的民主条文，进行斗争；二、用接近群众的方法，如在工人中办夜校、读书班，在学生中办刊物或组织社团，从中发现和培养积极分子，并逐步扩大成为建立工会、学生会的核心。而利用赵恒惕政府省宪法中的民主条文，进行斗争，也是二七大罢工后，湖南安源的工人运动在全国工运低潮时没有受到损失，反而有所发展的重要原因之一。二七惨案后，毛泽东对安源工人运动的指导意见是，要以“弯弓待发”的姿势等待，看形势发展再决定是否罢工。因此，安源只举行了游行示威，在斗争条件方面也只提出不高的经济要求，很快被矿局所接受。所以，安源工人运动避免了遭受反动派更大的打击①。

马林的调查记录表明，湖南的劳工组织是健全的，湖南省工会（湖南全省工团联合会）约领导23个工会组织将近3万名工会会员。最重要的是萍乡矿的矿工工会（江西省）有11000名会员（10人一组，1100个工会小组）。其中，青年团员120人、共产党员24人。该矿和汉冶萍矿相联系，部分矿主是日本人；组织系统：十人和百人制。40人的执行委员会，代表各工种。1922年9月罢工后组织起来，那次罢工的结果是增加了工资，减少了工时，改善了待遇和获得成立工会的权利。下一个是长沙附近的锑矿工人工会，有2000名会员，其中青年团员20人、共产党员10人。11月22日开始罢工，要求增加工资改善待遇。以下依次为：粤汉铁路工会，会

① 《毛泽东年谱（1893—1949）》（上卷），中央文献出版社2013年版，第108页。

员 1000 人，9 月的罢工取得胜利，但 1923 年 2 月为声援京汉路举行的罢工失败了。这个工会有 30 名青年团员。造币工人工会，2 月 23 日有 1500 人入会，其中青年团员 30 人、共产党员 2 人。尚未举行过罢工。纺织工会，1500 名会员，团员 30 人、党员 2 人，1923 年 3 月成立。未成立工会以前举行过罢工，被镇压。（黄爱和庞人铨两学生被杀）。泥木工会，1922 年 10 月成立，当时举行一次罢工取得胜利。保持旧的行会系统。有 3000 名会员，青年团员 2 人、共产党员 1 人。此外，还介绍了电气工人（俱乐部）、化学工厂工会、印刷活版工会、碾谷工会、长沙人力车工会、茶居工会和瓷器工会等工会组织，包括成立时间、会员人数和组织罢工等情况。总的情况，尚未完善组织的有泥木工人、印刷工人、海员、运输工人、制笔工人、制鞋工人和仆役、茶居业店员。组织较好的是矿业工会、铁路组织、滥币、纺织、人力车夫、化工厂、部分印刷工人、瓷器工人。湖南联合会支持学生，反对统治者、反对日本帝国主义反对查封报刊。

学生运动，我们的同志领导当地学生运动，但除反日示威游行外，未能推动他们参与其他活动，学生运动中没有国民党的势力，二次革命失败后，国民党在湖南没有多大影响。

综上所述，在学生中，只有爱国主义，国民运动和新式教育；在工人中，感兴趣的主要是改善生活条件，对政治不太关心；在农民中，对社会生活和政治问题不感兴趣。

马林的调查日记中，还着重谈了毛泽东关于中国国情的独特见解。毛泽东说："中国的国情，是旧的宗法社会传统仍然非常顽固，因此，我们不能发展为一个现代化的群众政党，无论是共产党还是国民党。若国民党放弃其军事活动，我们除名义之外，就无可保留了。""如果联合起来的力量将帮助一个军阀去统一中国，他就能成功。如不联合政治力量，军阀就只能在当地维持自己的势力。事情的结局仍将以权力大小为转移，而不是依靠国民群众运动或阶级组织。""要帮助中国开展运动，唯有靠俄国的积极支持（外交和军事上的支持）。""在西北应建立一支军队。"毛泽东认为："湖南的情况，在中国是正常情况，人们一直想要一个好人政府。""人们对于新近介绍的民主政府体制不感兴趣，新的教育体制不适合湖南的社会生活。贸易、工业、农业学校的毕业生不能学以致用。”“工人建立现代工会组织，3000万人口中不超过3万会员。”“现有商会只吸收大商人参加。商会通常资助地方政府。”“抵制日货运动受到支持，因为日本商品和中国商品相竞争。现有的教育联合会只能争取把相应的经费用于教育。这就是为独立而斗争的全部措施。”

毛泽东还分析了现在失业的原因有三：1. 每逢王朝更迭，那些在前朝统治下和平生活的农民总会由于土地兼并而失去土地。2. 进口商品冲垮了手工业。3. 内战。总之，“湖南农村已有纺织品、火柴、香烟、陶瓷产品，但仍有许多旧的社会领域未被触动”①。从毛泽东的介绍，可以看出他对中国国情特别是对农村的重视和关注，对农民群众的深厚情怀。

3. 其他地方情况

来自浦口的王荷波（工人出身，中共三大当选中央委员），重点介绍津浦铁路工人运动。京汉铁路罢工被镇压以后，浦口工人进行了两天半罢工。技师们答应罢工，但食言了。在军队的压力下，工人们停止反抗。王荷波立即被浦口解雇和驱逐。工会转入地下，损失了三分之一会员。工人中只有不到40%的人识字，他们对政治问题没有兴趣，有可能争取他们入会，而不是加入党。工人们有反对外国人的情绪，因为后者在车间里的作为有如太上皇，这里的工人比香港的工人落后，他们赞成君主政体。王荷波曾在香港短期工作，他认为香港工人是中国工人中最先进的。至于上海，组织工作非常困难。首先是因有外国使团支持的基督教青年会从中作梗。铁路工人中没有职业工会。国民党在海员和机器工人中有影响，现有工会一般说没有力量。现在同电气工人和水工有了某些联系。机器工人最近组织了一个200人的俱乐部。政治宣传的条件很差。地方主义使工人分裂。建筑工会仍保留行会系统，雇主也是会员。关于农业情况。王荷波介绍了

① 马林：《关于京汉铁路工人运动的调查记录》（1923年6月初），李玉贞主编：《马林与第一次国共合作》，光明日报出版社1989年版，第214页。

安徽省：许多土地被官僚购买，贫农和许多农民无地。平均地租为谷物收成的二分之一。农民还屡遭来自河南山东土匪的抢劫。

来自山东的王用章，介绍山东煤矿、铁矿和胶济铁路工人与工人运动情况，“工人组织尚未发展起来”。至于山东的社会状况，东部和西部有大地主，中部没有。过去的豪绅在城乡掌权，官吏也均是地主。农民生活条件十分恶劣，收获的二分之一需交租税。许多无地农民闯关东，赚钱后回归故里。有亲美（传教士）和反日情绪。在美国人影响下有两万商人和学生举行大示威。济南有美国人办的大学。40多个地区反日情绪非常强烈。工人阶级情绪低落，迄今宣传工作很差。胶济铁路工人有民族主义意识。济南的国民党组织很糟糕。

来自唐山的邓培，工人出身，在京奉路工作16年。他介绍京奉铁路工运情况。铁路车间的冶金工人，早年就参加工人运动。民国初年建立了一个千人的工会，不到两年即被袁世凯解散。1919年五四运动后，工会又开始活动。工会是市民联合会的一部分，支持国民运动。1922年10月车间工人罢工，后来建立京奉路工会。中心城市唐山实际上领导着运动，唐山煤矿罢工后离开组织的人不多，20人的小组还有100多个，害怕政府。有10个铁路工人和1个煤矿工人加入共产党。反对英帝国主义的情绪非常强烈。综合各地代表发言，广州工人倾向孙中山，北方人从前倾向吴佩孚，而罢工后则不然，现在更倾向孙。

刘仁静就关于青年团的会议发言。他说，青年害怕共产主义，宣传太教条化了。我们必须从事国民运动，重视基督教青年会，他们更加能干，提出的口号是德、智、体的发展，我们必须同基督教青年会竞争。用社会主义倾向，用这种方法同学生结成群众性联盟。

五、中共三大的大会报告

1923年6月，中国共产党第三次全国代表大会在广州东山恤孤院31号（现恤孤院路3号）召开。来自全国各地及莫斯科的代表40人出席大会，代表全国420名党员。共产国际代表马林参加了会议。会议的中心议题是讨论与国民党合作、建立革命统一战线的问题[①]。

（一）陈独秀在中共三大上的报告

大会开幕后，陈独秀代表第二届中央委员会向大会作了工作报告。总结了中共二大以来的工作情况和经验教训，着重说明了关于中国共产党同国民党建立革命统一战线的依据和过程。陈独秀说，他所作工作报告，因中央委员会的人员太少，搜集不了很多材料；由于遭受迫害，“许多材料也遗失了，所以概述得不可能全面”。报告内容大致包括三部分。

组织发展情况

关于中央组织机构建设，陈独秀在报告中表示不满意。他说，中央委员会的成员只有5人，组织机构简单。中共二大后召开西湖会议，杭州委员会建议扩大中央委员会，增加两名委员，但因上海和北京党组织的反对未能实行。后来，上海的迫害更加厉害时，而北京的政治局势还可以使我们在那里进行工作，因而中央委员会迁到北京。迁到北京后，中共中央开始改善机构。但中央还没有来得及着手执行改善计划。1923年2月，京汉大罢工以后，猖獗的反动派镇压工人运动，迫使中共中央离开北京返回上海。改善机构的计划仍未能实现，因为上海的迫害也非常厉害，又加上我们要准备召开党的代表大会，所以我们把中央委员会迁到了广州。但是广州的局势也不稳定。因此，改善中央机构还是没有完成。

地方党组织方面，上海和广州小组由这两个市的一些地方小组组成。北京、汉口和长沙（湖南）的许多地方小组已联合成地区小组。郑州小组在京汉铁路罢工时被破坏了。

至于党的经费，几乎完全是从共产国际得到的，党员缴纳的党费很少。1923年从共产国际得到的约有15000元，其中1600元用在这次代表大会上。经费是分发给各个小组的，同时还用在中央委员会的工作上，用在联

① 《中国共产党第三次全国代表大会（永远的丰碑·红色记忆）》，《人民日报》2006年5月22日。

络上和在出版《向导》周刊上。

关于党员发展的情况。现在共有党员 420 人，其中在国外的有 44 人，工人 164 人，妇女 37 人，另外还有十个同志被关在狱中。“去年我们只有二百名党员，今年入党的大约有二百人，其中有一百三十个工人。”过去主要是知识分子，现在工人比例有所提升。

各方面工作总结

由于中央机关多次迁移，资料保存不完整。中共中央只能提出最近几个月的详细报告，因为其余的材料落到了上海法国巡捕的手里，由于一个同志被捕，这些材料全部遗失了。

首先是关于宣传工作的情况与计划。杭州西湖会议以后，中共中央不定期出版“日报”（《向导》周报）。该报出版一度“间断的情况是罢工造成的”。该报纸已出二十八期，每期平均印五千至六千份。然而在初期我们的“日报”遭到了批评，现在它才得到同情。北京、湖北、广州和上海等地也出版了周刊。关于京汉铁路罢工事件，我们出版了小册子。在很多场合，我们发表了宣言。《新青年》杂志以前每月出版一次，现在改为三个月出版一次。出版《前锋》月刊，刊登有关中国政治经济情况的一般性的文章和国际政治形势问题的文章。

其次是国共合作问题。在上届代表会议上，我们同意东方民族大会通过的关于共产党与民主革命派合作问题的决议。情况的发展表明，只有联合战线还不够，我们又接到了共产国际关于加入国民党的指示。在上届党代表会议以后，我们不能很快地再召开代表会议来讨论这个问题，所以中央就和共产国际执行委员会的代表一起讨论了这个问题。起初，大多数人都反对加入国民党，可是共产国际执行委员会的代表说服了与会者，我们决定劝说全体党员加入国民党。从这时起，我们党的政治主张有了重大的改变。以前，我们党的政策是唯心主义的，不切合实际的，后来我们开始更多地注意中国社会的现状，并参加现实的运动。

再次是“打倒帝国主义和军阀”问题，在总结二七罢工经验的基础上表明反对吴佩孚的态度。中共二大决定开展“民权”运动，北京、广州、上海、山东和江西等地都成立了“争取民权同盟”。在北京，参加这些新团体的大部分是学生；在山东和广州，大部分是工人。我们始终是反对军阀的。有个时期，我们忙于组织京汉铁路员工，要与“交通系”作斗争，而吴佩孚也反对“交通系”，那时我们没有反对吴佩孚。但是从罢工时起，我们就猛烈地反对了吴佩孚。然而，中央委员会与吴佩孚有过来往，这是不恰当的。我们是在“打倒帝国主义和军阀”的口号下工作的。打倒军阀的口号已得到中国社会上大多数人的响应，而打倒帝国主义的口号还没有产生很大的影响。党员应该更加注意反对帝国主义的口号。

接下来，陈独秀重点谈了“工会的宣传工作”。这方面工作大致分为三大区域，评价褒贬也各不相同。第一块，“先从上海谈起，上海的工业最发达和最先进。可是那里的工人组织却很落后，开展运动很费力。有很多工人组织，可它们只是空有其名。我们与一个不大的五金工人小组有联系。国民党与海员和制烟工人有联系”。显然，对上海的工运工作，中央是不满意的。“我们对于上海应该更加注意。”第二块，在北方的铁路员工中，我们在京汉线上有较好的组织，可是在罢工期间被破坏了。津浦路的组织只是一个空架子，实际上并不存在。京奉路的组织是秘密的。津浦路上的工人还严重地分成各个同乡会。京奉路上至今还很难把不同部门的工人联合起来。中央对北方工人运动也不满意。第三块，“湖南、湖北和广东的联合会与我们有联系”。中央对这些地方的工人运动工作比较满意。例如，湖北的炼铁、制烟和纺织等产业部门的工会，以及人力车夫组织，也与我们有联系。汉阳工会很有希望，是中国最大的工会，可以作为榜样。萍乡矿工工会在二月罢工中受到了损失，但组织仍然保存下来了。湖南几乎所有拥有三万人以上的工会，都在我们的影响之下。加入这个联合会的还有萍乡的矿工。粤汉路的组织也参加了这个联合会。其余的组织是由手工业工人组成的。广东的大部分工人工会是手工业工人工会。建筑工人的组织也在我们的影响之下。

报告最后谈到妇女工作。他说，“我们党的女党员只有十三人。中国的妇女运动还很不发展。我们对广州和湖北的‘女权联合会’有一些影响。北京和上海也有这种联合会”①。

批评和努力方向

陈独秀在大会报告的最后，就中国共产党最近一年的工作提出批评意见，并提出改进意见。从工作方面看，我们忽略了党员的教育工作。我们遇到的许多困难，都可以归咎于这一点。许多知识分子抱着革命感情加入了我们党，但是对我们的原则没有认识。工人表现出脱离知识分子的倾向，常常缺乏求知的愿望。宣传工作进行得不够紧张，我们很少注意农民运动和青年运动，也没有在士兵中做工作。要在妇女中进行工作，女党员的人数也还太少。在工会的宣传工作中，我们没有提出任何口号。现在我们在工人中只能提出成立中国总工会的口号，而不能提出无产阶级专政的口号。还应当在工人中进行拥护国民革命的宣传。

在总结各方面工作存在的错误和缺点的基础上，陈独秀还深挖思想根源。他说："我们党内存在着严重的个人主义倾向。党员往往不完全信赖党。即使党有些地方不对，也不应当退党。我们应该纠正我们的错误。此外，党内的同志关系很不密切，彼此很爱怀疑。"

陈独秀在报告中还专门总结了"中央委员会的错误"，就中央的工作开展尖锐的批评。作为党中央主要负责人，他说，实际上中央委员会里并没有组织，五个中央委员经常不能待在一起，这就使工作受到了损失。中央委员会也缺乏知识，这是罢工失败的原因。我们的政治主张不明确。大家都确信中国有实行国民革命运动的必要，但是在究竟应当怎样为国民革命运动工作的问题上，我们的观点各不相同。有的同志还反对加入国民党，其原因就是政治认识不够明确。我们不得不经常改换中央所在地，这使我们的工作受到了严重损失。

陈独秀在报告中深入开展批评和自我批评。除在总体上检讨中央委员

---

① 中共中央文献研究室、中央档案馆编：《建党以来重要文献选编（1921—1949）》第1册，中央文献出版社2011年版，第245页。

会的缺点和错误外，陈独秀还“对个别中央委员提出批评意见”。他自我批评说：“陈独秀由于对时局的看法不清楚，再加上他很容易激动，犯了很多错误。”他也尖锐地指出了其他中央领导的错误。其中，张国焘同志无疑对党是忠诚的，但是他的思想非常狭隘，所以犯了很多错误。他在党内组织小集团，是个重大的错误。邓同志（应指邓中夏）在唐山和科乌矿工罢工时犯了严重错误，并且在广州造成了很多困难。陈独秀在报告几乎批评了所有地方党组织。他说，就地区来说，我们可以说，上海的同志为党做的工作太少；北京的同志由于不了解建党工作，造成了很多困难；湖北的同志没能及时防止冲突，因而工人的力量未能增加；广州的同志在对待陈炯明的问题上犯了严重错误，最近他们正在纠正错误。值得注意的是，陈独秀在报告中唯独表扬毛泽东领导的湖南党组织：“只有湖南的同志可以说工作得很好。”

（二）马林在大会上的报告

共产国际代表马林所作的报告，是中共三大非常重要的一项议程。其内容据他自称是“我回顾了第一、二、三国际的历史”。可是现在可以看到的文字材料，他并没有回顾三个国际历史，主要根据共产国际的政策与要求，并掺杂自己的个人观点，特别针对中国同志的不同观点展开说服工作，甚至进行严肃批评，以确保其对相关问题讨论方向的把握。

马林在中共三大上的报告或发言，是经过精心准备的，显示良好的口才和严密的逻辑思维。马林为了在大会上了解中国同志的想法，曾对瞿秋白提出这样一个问题：“请告诉我，我应该怎样阐述共产国际提纲中的观点和我在会上对提纲的解释？我是否需要对中国形势做一番分析并将其与其他东方国家加以对比？”瞿秋白回答：不用这个办法。必须很具体。一些同志倾向于尽可能疏远国民党，必须看到支配他们思想的细微论据。马林和瞿秋白的个人关系很好，但对瞿秋白的建议只是部分接受。他在笔记中写道：“尽管我不拟做什么深入的理论分析，而且也会尽可能注意那些较细微的论据，但我不能完全依从这个建议。”

首先，马林表示强烈反对说什么陈独秀或马林“想解散我们的党”这样一种观点。会上没有明说，但不管怎样，这样的观点已经显现出来了。马林强调，他在这里充当的是共产国际执行委员会的代表，他懂得对共产国际执行委员会应守的纪律。他从未想要搞垮中国共产党。他以质问的口气表示他不可能要搞垮中国共产党："我为什么要在中国工作？我以为若相信我打算搞垮党，那简直是愚蠢的。"马林特别指出，"崇拜国民党是绝对错误的"。

接下来，马林"严肃警告那种把同志们划分为左派和右派的做法"。他直接点名说，"这是张国焘在讲话的最后做出的，而且尽管很容易划定张三左李四右，我还要说明一个实情，即在一个年青的组织里很少有同志，能解释清楚为什么他认为张三左李四右"。

对共产国际指示的解读

马林指出，陈独秀发言之后，在整个这次讨论过程中有些东西不对头。"共产国际执行委员会的提纲本应是讨论的基础。"共产国际执行委员会是国际运动的总参谋部。"共产国际执行委员会发出的指示应是党必须遵循的命令。"而张国焘和蔡和森在讨论时的发言证明"他们把这些指示忘得一干二净，反倒设法去寻找开展党的工作的可能性"。

马林严正指出："张国焘对于共产国际执行委员会让那些已参加国民党的人留在国民党内的命令所做的解释是绝对错误的。"马林逐一引据共产国际文件进行阐述：1922 年 8 月，"共产国际执行委员会就已经命令共产党员（不仅是南方的党员）加入国民党"。1923 年 1 月指示"中国共产党党员留在国民党内是适宜的"，这句话又肯定了 8 月指示。共产国际执行委员会认为，"中国共产党人遵循了它的指示"。共产国际执行委员会认为不可能发生下述情况：中央委员会的委员们既然已决定接受 8 月指示，现在又竭尽全力去让全党都认为共产国际执行委员会的总指示均属无效。而共产国际执行委员会也不可能同意这些同志的意见，不可能认为：他们一面在北京帮助建立一个新的国民党组织，同时又建议，既然北方没有国民党支部，我们的党员同志就不必去努力发展支部。共产国际执行委员会料想，甚至在中国共产党内也有某种纪律，它不会模棱两可地为中国制定决议，而使这样或那样足智多谋的发明者得以炮制论据，让消极抵制及破坏共产国际执行委员会决议的行为得逞。

马林强调，共产国际执行委员会“提纲”中的第二条说，“中国的中心任务是国民革命”，所以国民党和年青的中国共产党的活动应当协调起来。“蔡和森与张国焘的发言中小心翼翼地回避这一点。”共产国际执行委员会的“提纲”指出：“工人阶级尚未分化为一支完全独立的社会力量”，可是蔡和森却反其道而行之，设想建立一个独立的工人党。马林表态：“我同意共产国际执行委员会的马克思主义的结论，不同意和森的幻想主义。”

马林指出，这次党代表大会的任务是“以共产国际执行委员会的提纲为基础勾勒党明年的策略”。我们应努力予以回答的问题，并不是应否加入国民党；我们的党员是应通过加入这个国民党去完成共产党的任务抑或是应将我党人力集中起来去，为尚未分化成完全独立的力量的工人阶级建立一个工人党。共产国际执行委员会的两个决议解决的并不是加入国民党的问题，“所以我建议像张国焘在共产国际执行委员会内以及他与国际运动最重要的领导人多次讨论之后所说的那样——执行既定指示”。

我们面临的一些很具体而实际的问题是：“我们应该怎样在国民党内工作。”这些问题包括：我们应该给予他们什么样的帮助？我们应当用什么办法来说服同志们接受同样的做法？我们应当怎样把本来就不大的力量分开去做工会工作和政治工作？我们怎样才能使大家相信，我党领导人的教育工作也是不容忽视的？

对张国焘、蔡和森观点的驳斥

在对这些实际问题谈出自己的想法之前，马林对张国焘与蔡和森的讲话“另做几点说明”。他说，“我依据的是我得到的译文，所以要有言在先，我的回答中可能会有错误”。蔡和森“极力坚持关于工人党的思想，他力图证明中国的大资产阶级对国民革命没有价值”。蔡和森“只见到昨天，甚至只看到今天，但看不到明天”。他的思维方法是静止的而不是能动的。虽然中国的资产阶级部分地是从封建分子、官僚和军阀发展而来，虽然他们在发展过程中与外国资本家经常有密切联系，但中国资产阶级自身的民族利益与外国资本家是对立的。在国内政治中，商会的要求是完全革命的要求。他们希望消灭辛亥革命未予摧毁的封建政权，废除督军制和建立立宪制的愿望都已经表现出来了。他们企图用妥协的办法达到实施这些要求的目的。但是不管怎样，他们的要求是革命的，而且马克思很早以前就指出“民主、共和国对于无产阶级来说，是把劳工运动的革命力量集聚起来的最好的政权形式”。这是千真万确的，我们不能断言中国资产阶级对国民革命没有价值。和森同志不能辩证地分析形势，他错误的思维方式的特点在于他打算建立一个独立工人党，以为在中国只有无产阶级革命，因此他应该懂得，工人作为一支政治力量的发展与资产阶级的发展是有依附关系的。

张国焘认为，我们现在只能做反日运动而不能做反英运动，“这种说法是令人惊奇的”。我们不难理解，国民运动本身表明它就是一场反日运动。中国的资产阶级与日本产品的竞争要比与其他国家工业的竞争激烈得多。日本帝国主义的方法更加露骨而且更加严重地伤害中国的民族感情。但是在英国人败北之前，“中国的国民运动只能是反日运动这一点对我是很新鲜的”。显然不认同。马林认为，“一旦中国的工业进入产品竞争领域，中国人就会发现英国人是对手，便要像现在反日一样采取反英立场”。马林强调，我们应该指出下述事实：提高税率的要求是针对各外国资本家的。法国要求用金法郎支付“庚款”与上海英国巡捕虐待童仆唤起了与现在的反日情绪相同的反对英法的反帝感情。事实上，国民党的宣传工作太肤浅太片面，它把英帝国主义的罪恶忘得一干二净，这并不意味着不管宣传多么得力，都不能传播对帝国主义的清醒认识，也不能导致全面的反帝运动。

在批驳蔡、张的观点后，马林得出结论：“两人将把我党的策略建立在幻梦的基础上。”列宁的重大作用乃在于他密切结合俄国实际，在于他善于运用革命策略。拉狄克论述过这一点。

对今后工作任务的强调

支持陈独秀的提纲。现在既然已有了提纲，我们就应该加入国民党，我们要把国民运动作为中心任务，另一方面我们必须发展工会和发扬革命精神，这对于完成我们的中心任务是有好处的——这些都没有疑问。问题是怎样在国民党内工作？陈独秀的提纲中作出了回答。反对国民党的纯军事活动，反对它与帝国主义列强及其封建代理人的勾结。持这样的立场我们就能推进革命宣传和革命活动，我们促使国民党把国民运动领导起来。一些同志想稳操胜券，某些十分谨慎的人则要等待国民党变好了我们才给予帮助。这些同志，从而放弃了完成我们首要任务的可能性。革命者既不能采取这样的做法，也决不能据推测作出决定。

打消丧失独立性的担心。“听说有人担心我们让工人加入国民党就扼杀了他们的革命精神。”共产党人加入国民党时是因为考虑到可用这种策略最有效地增加工人阶级的利益才去加入的。马林引据张国焘说“我们的精神力量很强大”，因此不怕跨党的中国共产党员接触其他的倾向。既然共产党人可以跨党，为什么工人、商人就该在国民党之外呢。马林相信我们的精神力量，相信凭这个策略我们能取胜。当我们培养强有力的国民党左翼时，我们应该考虑后果，但是我们不必如此缩手缩脚。担心这会妨碍国民党成为国民革命的政党。

特别注意动员农民。马林认为，各次讨论证明我们自己的组织里对马克思主义知之甚少，我们出版自己的宣传材料以扩大对马克思主义的了解，在这方面我们有三重任务：靠教育工作加强我党党员的精神力量；靠我们在中国最重要的工业中心进行强有力的工作去发展工会；最后但并非最次要的一点，就是靠我们坚决支持国民革命运动的发展使国民党这个国民革命的政党得以发展——这样我们就把全中国的力量动员起来，它们将在反对世界帝国主义的国际斗争中作出重要贡献。在这项工作中我们要特别注意动员农民，做这项工作时，我们保持我们共产党人的名义。即使考虑变换名义那也并不是机会主义性质的。以我们的名义可以去完成我们应完成的任务。一些同志急于取消共产党以建立一个“群众性的工人党”或如他们梦幻中的工农党，这些同志说，能集中全力做国民运动的并非只有一个政党。我们也这样想，而且正是因为这个理由，国民革命的推动力中国共产党才将存在并发展下去。

最后，马林强调“必须使陈的提纲获多数票”通过。因为提纲的特点与共产国际执行委员会的提纲是绝对一致的。作为一个有严明纪律的集中组织，共产党有责任向共产国际表示，党凭其精神力量能够发展起一场有强大的国民党参加的气势磅礴的国民运动①。

关于马林在中共三大上发表上述观点的时间，据张国焘的回忆，是在大会辩论了近一个星期后，“马林终于亲自出马参加辩论了。他向大会发言，表示支持陈独秀先生的报告，强调他关于全体党员加入国民党，在国民党内积极工作，一切工作归国民党的原有主张。他指责一切低估国民党和夸大工人阶级力量的说法，都是‘左’倾的空谈。他最后用威吓式的口吻说：陈先生的报告是否获得通过，就是大会是否接受共产国际的训令，抑或准备违反的证明”②。中共三大的主题“国共合作”，与共产国际的指导和推动有密切关系，马林作为共产国际代表，不太可能在大会过半才作报告。据徐梅坤回忆，陈独秀发言后，马林报告了国际形势与国际工人运动问题。但马林是当天下午还是第三天作报告，徐梅坤的两次回忆不同，一次说是当天下午，一次说是第三天③。在徐梅坤的印象里，马林的英语讲得很好，张太雷做翻译。据罗章龙回忆，中共三大开会时，首先是马林代表共产国际报告国际形势，其次是陈独秀作第二届中央委员会工作报告④。如此，马林在中共三大曾多次作报告或发言。

（三）其他专题报告

大会的第三天或第四天是各地代表汇报工作。据徐梅坤回忆，如果马

① 《斯内夫利特笔记：中国共产党第三次代表大会关于国共两党关系的讨论》，中共中央党史研究室第一研究部编：《共产国际、联共（布）与中国革命文献资料选辑（1917—1925）》第2卷，北京图书馆出版社1997年版，第465页。

② 广东革命历史博物馆编：《中共“三大”资料》，广东人民出版社1985年版，第188页。

③ 广东革命历史博物馆编：《中共“三大”资料》，广东人民出版社1985年版，第156、166页。

④ 广东革命历史博物馆编：《中共“三大”资料》，广东人民出版社1985年版，第174页。

林的报告是大会开幕日即当天下午，则大会第三天就是各地工作汇报。马林是第三天作报告，则各地工作汇报就顺延一天，变成了第四天。由于缺乏直接记载，大会日程难以确定。

中共三大会议日程表（中共三大会址纪念馆考证整理）

日期	内容
6月12日	大会开幕，陈独秀主持；陈独秀代表中共中央向大会作报告 马林作《国际工人运动与国际形势报告》
6月13日	讨论陈独秀的工作报告 瞿秋白传达《共产国际第四次会议精神》 通过《关于第三国际第四次大会决议案》 王俊传达青年国际第三次大会精神
6月14日	各区工作报告：谭平山作粤区工作报告；毛泽东作湘区工作报告； 李大钊作北京区工作报告；徐梅坤作上海区工作报告； 林育南作武汉区工作报告
6月15日	大会自由发言，通过《农民问题决议案》《青年运动决议案》和 《妇女运动决议案》
6月16日	张国焘作铁路工会工作报告； 陈潭秋作二七罢工报告；孙云鹏作二七罢工善后工作报告 通过《劳动运动议决案》
6月17日	讨论《关于国民运动及国民党问题的议决案》 表决通过选举中央执行委员和候补执行委员；公布选举结果
6月18日	通过《中国共产党第三次全国代表大会宣言》 通过《中国共产党给日本共产党中央执行委员会的信》 通过《中国共产党给印度尼西亚共产党中央执行委员会的信》 通过《关于党员入政界的决议案》
6月19日	通过《中国共产党党纲草案》 通过《中国共产党第一次修正章程》 通过《中国共产党中央执行委员会组织法》
6月20日	代表到黄花岗唱《国际歌》；大会闭幕

瞿秋白简短地介绍了共产国际第四次代表大会的情况。

接下来是各地的报告。李大钊代表北京作北京和北方工作的报告，内容包括北方各省的建党经过，劳动组合书记部北方分部的工作，北京附近五条铁路的罢工情况，北方的学生运动等问题。毛泽东在报告中，介绍了湖南农民和工人运动的情况，主张党的工作重点应放在城市工人运动上，同时也应特别注意农民运动。徐梅坤代表上海作上海和江浙工作的报告，陈潭秋代表武汉作湖北工作的报告，谭平山代表粤区作广东和港澳工作的报告，王寿俊（即王尽美）代表山东支部作山东的报告，他们的报告都偏重于本区的工作情况。

工会和工人运动是中共三大专题报告的重点内容。其中，张国焘报告铁路工会的情况，中国劳动组合书记部武汉分部主任林育南作报告。陈潭秋作了京汉铁路二七惨案的报告，总结斗争的经验和教训。他还谈到烈士施洋，讲了他的家庭情况，孩子小、生活苦，等等。孙云鹏讲京汉铁路大罢工被捕工人的救济工作。他带来的《京汉工人流血记》在会上发给每人一册，这本小册子刚刚出版不久，是 32 开本，封面是印红色字的。

六、围绕国共合作的争论

中共三大代表们在讨论全体共产党员加入国民党的问题过程中发生了争论。一种意见是赞成全体党员加入国民党，认为：目前应加入国民党从事国民革命，将来国民革命成功，党的独立是不成问题的。另一种意见强调党的组织独立和政治批评自由，认为：全体共产党员加入国民党，都在国民党内担任实际工作，就会丧失共产党的独立性。这个问题争论的集中点，是关于产业工人要不要加入国民党的问题。张国焘主张产业工人不加入国民党，认为产业工人是共产党的基础，担心加入国民党会削弱自己的势力，把工人运动送给国民党。陈独秀认为：中国无产阶级在数量上、质量上都非常幼稚，党又不能公开，所以“我们做工人运动，只有加入国民党，集中于国民党”。经过热烈讨论，大会代表对共产党员加入国民党的目的，有了统一的认识：第一，改组国民党为左翼政党；第二，在中国共产党不能公开活动的地方，扩大国民党；第三，把优秀的国民党员吸收到我们党里来。大会决定同国民党合作，共产党员以个人身份加入国民党，同时保持共产党在政治上、思想上和组织上的独立性[①]。

（一）中共三大争论的史料与倾向

中共三大的中心议题是讨论国共合作及共产党员是否加入国民党。关于国共合作问题，开会以前就在党内有过酝酿，共产国际也作过指示。根据共产国际的指示，召开中共三大专门进行讨论。这个问题争论得很激烈，一个多星期的会议，大部分时间是辩论这个问题。对此，共产国际代表马林和中央负责宣传工作的蔡和森都留下了史料，可供研究参考。

1. 马林的笔记、报告和信函

马林笔记有两篇涉及国共合作问题。一篇是《斯内夫利特笔记：中国共产党第三次代表大会关于国共两党关系的讨论》，是他本人在中共三大上的长篇报告的文字稿。另一篇是《斯内夫利特笔记：中国共产党第三次代表大会关于国共合作问题的讨论》，则是中共代表发言要点的记录。据徐梅坤回忆，马林带了一部英文打字机，他把会议讨论的意见集中整理好，打成英文，再由张太雷、瞿秋白翻译成中文发下来讨论。马林笔记显然有可信度。

马林 6 月 20 日在给共产国际执行委员会的信中，汇报了中共三大的争论情况。

"布哈林的决议"[②]自然地引起了争论，它可能是对这类问题的一次实际讨论：我们应该如何在国民党内工作？应该派多少人去工作？应该在哪里和派多少人到工人中去进行宣传？但是这种宣传很容易变成对下面这样一些问题的讨论：我们虽已加入国民党，但是否还要集中全力完成我们特殊的任务从而为国民革命运动服务？我们是否应当寄希望于建立一个群众性

① 姜华宣：《中国共产党第三次全国代表大会　中国共产党民主革命时期七次全国代表大会介绍（三）》，《人民日报》1981 年 6 月 4 日。

② 这个决议和本书中下面说的"布哈林的提纲"指的都是 1923 年 1 月 12 日的决议。因系布哈林主持制定，故有此简称。

的工人政党上？中国资产阶级是否有革命性，或者说是否遇事都要以工农为出发点？——到头来就成了这样一场争论。占主导地位的看法是愿大力支持国民党，党的领导人陈独秀就持有这个看法。李大钊教授和他们最好的助手年青的瞿秋白同志与他看法相同。另一方面是张国焘，两个月前他到过俄国（为抚恤罢工受难者的事），同他一起的有《向导》周报编辑蔡和森和刘仁静（他从共产国际第四次代表大会后至4月份曾在俄国逗留）。

陈独秀根据“布哈林的提纲”拟出了一份详细的提纲，其中强调，我们的任务是把国民党发展到全国去。陈独秀说，我们应当迫使国民党走上革命宣传的道路，为此必须建立由工农组成的国民党左派。建立群众性的工人政党是一种乌托邦。目前只能争取农民（他就农民运动发表了一席有趣的讲话）参加国民运动。我们党将作为一个强有力的集中的组织继续存在，它同样主张在全中国各地做国民运动。与此相反，张国焘说，我们应朝着群众性工人政党的方向努力。因此只要国民党与群众有联系，同志们就支持它，北方没有国民党组织，也就谈不上支持它。我们不能期望中国资产阶级会起革命作用，会去反对帝国主义者。蔡和森同志也强调说资产阶级没有革命性。

马林在给共产国际执行委员会的信中还说，“近日内你们将收到关于讨论情况的报告”。已出版的档案中未见该报告，但可以推论的是，该报告可能以马林笔记为基础。提纲中有一项在决议起草委员会中受到攻击，对这一项作出决议时，陈独秀的意见以21票赞成16票反对获得通过。“辩论情况表明这个小组织至今仍多么不成熟。”[①] 马林显然深感失望。

2. 蔡和森的中共党史报告

蔡和森是中共二届中央委员、《向导》周报主编，参加中共三大的筹办，是中共三大相关争论的主角之一，并继续当选为中央执行委员会委员、中央局委员。蔡和森也是中共党史研究的早期开拓者之一。他1926年在莫

① 马林：《致共产国际执行委员会的信》（1923年6月20日），李玉贞主编：《马林与第一次国共合作》，光明日报出版社1989年版，第248页。

斯科中山大学所作的讲演《中国共产党史的发展（提纲）——中国共产党的发展及其使命》中，详细谈到中共三大的争论问题：（1）联合战线问题：马林、仲甫、秋白、太雷认为中国目前的革命是资产阶级的革命，故应与资产阶级联合，国焘、和森、仁静以为中国的资产阶级是不革命的，因阶级性使然，所以我们只应与小资产阶级联合，既是与国民党联合，因为他是代表小资产阶级的；（2）党的地位与独立工作（亦分为两级）：第一，马林、仲甫、秋白、太雷以为目前应加入国民党作国民革命，故当完全作国民党的工作，将来国民革命成功，这时党的独立是不成问题的了，因为那时共产党自然会出现了。第二，国焘、和森、仁静以为加入国民党后应保存党的独立性[①]。

1928年6月22日，蔡和森在《在党的第六次代表大会上讨论政治报告时的发言》中谈到机会主义是不是从中共三大开始的？“秋白以为机会主义是从第三次大会发生的，因为第三次大会为了加入国民党的问题有两个不同的倾向，就是一主张加入国民党，一反对加入国民党。”[②]从蔡和森的文章可知，中共三大在一些主要问题的争论中出现了两派，一派由共产国际代表马林、陈仲甫（陈独秀）、瞿秋白、张太雷四人组成，另外一派由张国焘、蔡和森、刘仁静三人组成，而且瞿秋白与蔡和森之间还出现了关于机会主义产生时间的争论。

蔡和森指出，中共三大“争论的问题，如加入国民党问题，此问题在西湖会议上已决定全体党员以个人名义加入国民党”，但“在理论上还未确定，所以在这次大会上争论的还是这个问题”。陈独秀赞成马林的右倾主张。陈独秀在大会报告中提出，“观点亦非常之右，说：中国无产阶级在数量上质量上都非常少，至于党的发展只有五百人，工作只能作经济争斗，而不能做政治争斗，并且共产党目前不能在工人中公开宣传共产主义，而在小资产阶级中更甚，至于党更不能公开，故我们要做工人运动只有加入

① 蔡和森：《中共“三大”的争论问题》，广东革命历史博物馆编：《中共“三大”资料》，广东人民出版社1985年版，第148页。

② 广东革命历史博物馆编：《中共“三大”资料》，广东人民出版社1985年版，第151页。

国民党，集中势力于国民党”。

蔡和森等人不同意上述观点，形成观点对立的两方面意见。双方就以下问题展开争论。（1）在联合战线问题上，有两种不同意见：第一种意见，马林、陈独秀、瞿秋白、张太雷代表。他们认为，中国目前的革命是资产阶级性质的革命，故应与资产阶级联合。第二种意见，张国焘、蔡和森、刘仁静为代表。他们认为，中国的资产阶级是不革命的，因阶级性使然，所以我们只应与小资产阶级联合，即与国民党联合，因为他是代表小资产阶级的。（2）在党的地位与独立工作的问题上，也分为两种意见：第一种意见以为，当时应加入国民党做国民革命，故当完全做国民党的工作，将来国民革命成功，这里党的独立是不成问题的了，因为那时共产党自然会出现了。第二种意见以为，加入国民党后应保存党的独立性。（3）是否保持产业工人不加入国民党的问题，也有两种意见：第一种意见是主张不保留产业工人，因为保留就是减少国民革命势力。第二种意见以为产业工人是共产党的基础，应保留，而不应加入国民党内去。蔡和森认为，上述根本意见的不同，具体的方法也不同，一派右倾，一派“左”倾。而最终是右倾占上风，通过了不保留产业工人而加入国民党的决定[①]。

3. 其他相关人物回忆录的记述

瞿秋白的中共党史报告。与蔡和森一样，瞿秋白也是中共三大论争的主角和中共党史研究的开拓者之一。所不同的是，瞿秋白是中共三大论争另一阵营的主角（与陈独秀、马林观点一致，与张国焘、蔡和森、刘仁静对立），后来还担任中共中央主要负责人。瞿秋白1930年2月撰写的《中国共产党历史概念》第五章《国民革命联合战线》，对中共三大关于国共合作问题的争论，作了概括性记载。其中“国民革命问题（三次大会六月十日至二十九日）”，张国焘主张造成“工人的群众政党”；至于加入国民党，“只在南方有（国）民党之处赞助之，在北方则否（学生加入，工人是

① 广东革命历史博物馆编：《中共“三大”资料》，广东人民出版社1985年版，第145页。

否）；已加入者则留，未加入者赠不入”。因为“资产阶级不能有革命作用，不会反对帝国主义”。蔡和森则谓资产阶级无革命作用，故应组织独立工党（刘仁静亦然）。对此，陈独秀主张“发展国民党，批评国民党之军事行动与勾结把戏。发动其民主宣传，组织其中之工农之为左翼。李大钊、毛泽东亦然”①。

徐梅坤后来回忆说：“开会后，很快就国共两党合作问题展开了争论。张国焘、蔡和森不同意全体共产党员和产业工人参加国民党；陈独秀等人主张‘一切工作归国民党’，要取消共产党的独立性；毛泽东等多数同志认为，为了实现国共合作，共产党员可以个人资格加入国民党。我记得，会开了两三天后，张国焘因许多人反对他的意见，就拂袖而去。张国焘走后，蔡和森同志还继续跟别人争论。他的妻子向警予同志反对他的意见，两人在会上争论得很厉害。他俩当时在会上争论的情形，给我留下了深刻的印象，至今我还没有忘记。”在三大讨论国共合作的问题时，徐梅坤说：“在多数人的说服下，蔡和森同志没有坚持自己的意见，也同意了多数人的主张。大会最后一致通过决议，正式决定以共产党员加入国民党的方式，同国民党合作，但应保持共产党在政治上和组织上的独立性。”②

（二）陈独秀、瞿秋白和张太雷等的观点

工作汇报后的第二天是大会发言。相继发言的有陈独秀、邓培、张国焘、王仲一、徐梅坤、蔡和森、李大钊、毛泽东、邓中夏、张太雷、林育南以及北京和广东的同志等。其中，蔡和森、张国焘与陈独秀、马林的观点对立，往往是一方提出问题，另一方予以回应。大体上，中共三大代表关于国共合作争论的主要观点和代表人物，有三种倾向。第一种观点偏向于国民党，以陈独秀、马林为代表，瞿秋白、张太雷支持。有的论著说强

① 瞿秋白：《中国共产党第三次全国代表大会》，广东革命历史博物馆编：《中共“三大”资料》，广东人民出版社 1985 年版，第 128—129 页。

② 李成华：《九旬老人的心愿——访出席中共三大代表徐梅坤同志》，《人民日报》1983 年 7 月 12 日。

调马林的作用，但在大会上，马林除作上述传达报告和长篇发言外，亲自辩论的场合并不多。以至刘仁静认为，中共三大期间，马林是在广州的，但没有出席中共三大①。

1. 陈独秀

在国共合作的争论中，最值得注意的是陈独秀个人态度的转变。陈独秀与马林站在一起，旨在推动全党加入国民党中去。这一转变或可能是在莫斯科受到狄拉克等人的影响，根本原因当是二七惨案以后他对工人的失望。陈独秀的观点，受到部分代表的质疑。

在讨论国共合作问题时，陈独秀认为，共产党人应该加入国民党；认为国民运动非常高涨时，“才能加入国民党，这是机会主义思想”；中国共产党的责任“是为开展国民运动而工作”；“只有国民党才能容纳那些半革命的资产阶级，小资产阶级，农民和无产阶级，没有其他途径”。陈独秀根据“布哈林的提纲”，即1923年1月共产国际通过的关于中国共产党和国民党关系的决议，“拟出了一份详细的提纲，在其中强调，我们的任务是把国民党发展到全国去，要批评国民党内的封建主义策略，因国民党领袖只管军事并为军务同北方的封建军阀建立联系，似乎他需要联络与革命的国民党水火不容的帝国主义者”。

陈独秀认为，我们应当迫使国民党走上革命宣传的道路，为此必须建立由工农组成的国民党左派。“建立群众性的工人政党是一种乌托邦。”目前只能争取农民参加国民运动。陈独秀还在大会上“就农民运动发表了一席有趣的讲话”。陈独秀提出：“我们继续做组织工人加入工会的工作，但是我们应当看到，工人的政治利益首先就是国民运动的利益。为了自身的政治利益，工人应在国民党左派问题上支持我们。我们党将作为一个强有力的集中的组织继续存在。它同样主张在全中国各地做国民运动。我们要开展对同志们的教育工作。”

---

① 刘仁静：《关于中共“三大”的回忆》，广东革命历史博物馆编：《中共“三大”资料》，广东人民出版社1985年版，第208页。

对于中共党员“怎样在国民党内工作”这样一个实际问题，“陈独秀的提纲中做出了回答。反对国民党的纯军事活动，反对它与帝国主义列强及其封建代理人的勾结。持这样的立场我们就能推进革命宣传和革命活动，我们促使国民党把国民运动领导下来。一些想稳操胜券，某些十分谨慎的人则要等待国民党变好了我们才给予帮助。这些同志从而放弃了完成我们首要任务的可能性。革命者既不能采取这样的做法，也绝不能据推测做出决定”。

蔡和森对陈独秀的“提纲”作了严厉批评，甚至指控其违反共产国际指示。蔡和森发言结束后，陈独秀又作了发言，讲了七个问题：第一，关于反革命军阀和大资产阶级的一切情况都是确实的。但结论是错误的。蔡和森的结论应该是，我们要为民族革命而工作。第二，小资产阶级和无产阶级这两个阶级，正如蔡和森所说，是革命的。但是他却不想建一个能容纳广大农民……和实业家等人的政党。第三，国民运动非常高涨时，我们才能加入国民党。这是机会主义思想，我们的责任是为开展国民运动而工作。第四，只有国民党才能容纳那些半革命的资产阶级，小资产阶级，农民和无产阶级，没有其他途径。第五，当谈到国民党的缺点时，他犯了和过去广州同志犯的一样的错误。重建国民党是我们的职责。第六，共产国际执行委员会的决定不是联合战线问题，而是在国民党内工作。第七，我们应在国民党内工作，因为国民党软弱涣散，而不是如蔡和森所说等国民党情况好转时，我们再加入①。

2. 瞿秋白

瞿秋白的发言内容较多，是支持国共合作的。他在发言中指出：虽然资本家来自封建阶级，但他们在这个社会里已成为一个独立的因素。没有无产阶级参加，任何资产阶级革命都不会成功。中国资产阶级的利益不尽相同，可分两种。尽管现在小资产阶级和大资产阶级是不革命的，但为了自身利益，他们将会革命。他提出：不要害怕资产阶级的壮大，因为与此

---

① 马林：《致共产国际执行委员会的信》（1923 年 6 月 20 日），李玉贞主编：《马林与第一次国共合作》，光明日报出版社 1989 年版，第 240—241 页。

同时无产阶级也在壮大，我们不能采取与他们分离的办法阻止他们的发展。

瞿秋白认为："只有国民党能指导不同的利益统一起来。""任何事情都在发展：我们不能证明国民党不再发展。国民党从一个没有纲领的政党成长为一个有纲领的政党，现在已接近于一支真正的社会力量。虽然危险，却是正确的通路。它已觉察到工人的力量。"

我们的职责是什么呢？瞿秋白提出："我们的职责是领导无产阶级推动国民党，使其摆脱资产阶级的妥协政策。""我们已经阐明只有无产阶级才是革命的，如果我们不引导无产阶级参加国民党，那怎么能希图国民党发展呢。"

瞿秋白还提出"两个如果"的看法：一个是，如果我们等国民党发展以后再参加进去，这是不合理的。假如我们希望壮大力量，假如我们有明确的目标，我们会有充分的机会在国民运动中壮大自己，走俄国十月革命的路。另一个是，如果我们作为唯一革命的无产阶级，不去参加国民党，后者就势必寻求军阀、资产阶级和帝国主义的帮助。

在会议讨论中，瞿秋白明确提出这样的观点：国民党的发展，并不意味着牺牲共产党。相反，共产党也得到了自身发展的机会。

如何帮助国民党发展呢？瞿秋白主张：在建立国民党支部时，我们不要去抓取组织权和指导权，这是在助长老国民党的办法得以发展。我们要发展的是一个将改变其策略的组织。瞿秋白认为，工会运动不同于国民党开展的运动，工会从事的国民运动是有利而无害的，他们可以宣传反对军阀、反对帝国主义的纲领，这和我们的纲领是一致的。共产党方面不会放弃对工人进行的宣传，共产党方面的宣传同国民党的工作没有矛盾，可以继续下去。

针对会上的争议，瞿秋白提出这样的两种选择：要么我们不许工人参加国民党，让国民党得到资产阶级、军阀等给予的帮助从而日趋反动；要么我们领导无产阶级加入国民党，使后者具有革命性。哪种办法更好？虽然提供的是两种选择，瞿秋白对国共是否合作的态度是明确的，这就是第二种选择，领导无产阶级加入国民党，使国民党具有革命性。

张国焘在回忆录中提及：支持陈独秀发言的主要是瞿秋白。张国焘认为，瞿秋白不承认中国有明显的阶级分化，认为反帝反封建都是全民性质的，无产阶级只是其中的一小部分。而陈独秀和瞿秋白这种轻视无产阶级力量的观点，引起了不少代表的不满。张国焘说他和蔡和森等是反对陈独秀、瞿秋白观点的主要发言者。

在中共三大上，瞿秋白与张太雷、马林一块，在国共党内合作问题上与张国焘、蔡和森、刘仁静等展开激烈的辩论，最终使国共联合战线得以确立。有人说“在这次争论之中，瞿秋白和张太雷两个是支持马林的。他们在代表中展开活动，宣传马林的解释即是共产国际训令的原意，中共第三次代表大会不宜违抗这训令”。1923 年 6 月 20 日，马林写给共产国际执行委员会的信中盛赞瞿秋白“是唯一真正懂得马克思主义理论的人”，“是唯一能按马克思主义的方法分析实际情况的同志”；马林 6 月 20 日致越飞和达夫谦的信也说：“感谢上帝，中国的领导同志陈独秀、李大钊在年轻的瞿秋白同志的帮助下，在代表大会上取得了一致意见，大家想在国民党内引导这个政党去执行国民革命的政策。瞿秋白曾在俄国学习过两年，他是这里最优秀的马克思主义者。”马林在 1923 年 6 月 25 日致民族人民委员兼东方劳动者共产主义大学教师勃罗伊多的信中说：“瞿秋白其人已证明，你们的大学办得相当出色，它对于东方的宣传将会成绩卓著。瞿的表现在很大的程度上已显示出他是中国党最优秀的马克思主义者，是这个组织里唯一能用马克思主义分析问题并想以此给中国党奠定巩固基础的人。”马林希望东方劳动者共产主义大学“能再送几个象瞿秋白这样的人到中国来”。

此外，张太雷在国共合作上，与马林观点一致，并协助马林说服孙中山与共产党进行合作。1921 年 12 月，张太雷陪同马林到桂林和孙中山及国民党官员会谈，回到上海后，立即向中共中央提出了同国民党进行联合的建议，但未被中共中央所接受。1922 年 4 月，在广州召开中共中央干部会议上，“达林、张太雷主张共产党在保持政治独立的条件下，整个组织加入国民党，支持孙中山”。1922 年 8 月西湖会议上，张太雷积极支持马林的意见。“在中共三大前后，张太雷负责大会文件以及决议草案的起草和组织工作。马林用英文作了题为《国际形势与国际工运问题》的报告，由张太雷现场翻译成中文。”会议代表就此问题依然争论热烈，张太雷“在会上发言很激烈，主张国共合作”。

（三）蔡和森、张国焘和刘仁静等的观点

在中共三大关于国共合作问题的讨论中，蔡和森、张国焘和刘仁静等人，反对陈独秀、马林的观点。他们强调保护共产党的独立性，自主领导工人运动，特别是在国民党力量薄弱的北方地区。据徐梅坤说，张国焘是这派人的代表人物，但在徐骂了张国焘并提议开除张后，张偷偷溜走，后来也不敢大胆发言。于是，蔡和森成为这派人的主要发言人。

1. 蔡和森

蔡和森发言指出：根据共产国际执行委员会的决定，一是与国民党联合，组成统一战线；二是必须保持我们的独立性。蔡和森指责陈独秀把工人置于国民党的旗帜下，认为这是违反共产国际上述决定的。接着，蔡和森分析指出：中国有四种力量：一是军阀（排除在革命军之外）。二是大资产阶级——商会。三是小资产阶级，要打倒军阀，也想要和平。四是工人——可从他们去年的行动如唐山罢工和上海纺织工人罢工来了解他们。

蔡和森认为，大资产阶级由军阀和官僚组成，因此不反对军阀。上海实业界求助于军阀，他们的财政资本依赖于军阀政府。他们的政治要求是废除督军、裁军、宪法，清理国家财政。这些要求在性质上并不是革命的。他们要求政府和军阀作出让步。“小资产阶级和无产阶级是真正的革命力量，二者要联合起来。在统一战线中，无产阶级如果不能全部掌握领导权，至少应拥有部分领导权。”站在今天的角度来审视蔡和森提出的领导权观点，可以清楚地看出中国共产党人领导权的意识已经开始形成和初步提出。蔡和森提出：“不能说除国民党外，没有其他的民族主义政党，当然国民党是民族主义政党。”但蔡和森对孙中山是有看法的。他认为：“孙中山不仅倾向于向军阀妥协，而且也向帝国主义妥协。”

在蔡和森看来，“国民会议比国民党更具有国民革命性”。“如果目前

中国的国民运动高涨，那么工人就不需要独立的政党。例如爱尔兰，民族精神太强烈以致不能组织工人运动。建议一个独立的工人政党，不是破坏国民运动，而是促进这个运动。没有证据说明在国民运动中不能有两个政党存在。大部分工人知道什么是资产阶级，什么是无产阶级。”① 张国焘在回忆中描述道：“蔡和森的发言是陈述中共组织独立和政治批评自由的重要性。他引证共产国际已有的决议，不有因加入国民党，就牺牲这些原则性的立场。”②

2. 张国焘

张国焘作了大会发言。他指出，如果国民运动允许无产阶级存在，我们可以牺牲无产阶级的利益，参加国民运动。我们必须仔细研究，在中国开展国民运动的条件是否已经成熟。英美资本的影响使中国资本家不具有民族革命的性质。我们现在只能发动反日运动，不可能发动反英美的运动，建立一支反对日本的政党是可能的，反日运动对我们无产阶级有利。将来，只有当英美帝国主义败北，中国反对英美的国民运动才可望掀起。

张国焘判断，国民党不可能同英美斗争，即使得不到英美援助，也是如此。如果国民党开展反日运动，他们就能得到英美的支持，但将失去同盟者张作霖和段祺瑞。张国焘推测，如果国民党反对英国，它就将成为一个非法组织，这是国民党不能接受的。

张国焘对中国能否开展一场革命持怀疑态度。他说，“虽然中国反军阀的气氛非常强烈，但因为各帝国主义国家的利害冲突，在此基础上开展一场革命是不可能的。只能有一场妥协的革命，它将得到某些军阀的支持”。张国焘对国民党的政策改变也持怀疑态度。他指出：如果国民党成为一个反对一切帝国主义和一切军阀的政党，它将会成为一个非法的政党，这样，就很难有机会发展。改变国民党的老政策是不可能的，没有力量能迫使它就范。

---

① 马林：《致共产国际执行委员会的信》（1923 年 6 月 20 日），李玉贞主编：《马林与第一次国共合作》，光明日报出版社 1989 年版，第 246—250 页。

② 广东革命历史博物馆编：《中共“三大”资料》，广东人民出版社 1985 年版，第 187 页。

张国焘对中国工人阶级的力量充满了自信。他说，正如陈独秀在向共产国际第四次代表大会报告中所说，我们有 140 万产业工人。在中国没有哪一支力量的发展速度能与工人力量的发展相比。海员和铁路工人罢工显示了他们的重要作用。我们的党在北方工人中占有主导地位。在许多地方我们可以控制工会工作，那里没有国民党的影响。

对于中国的农民，张国焘指出，农民至少有 1600 万。他们是消极的。他们反对战争，组织了自卫队。要注意农民。至于小资产阶级，我们促使他们组织起来。张国焘认为，虽然我们是弱小的，但我们的精神力量比其他任何阶级都要强大。

张国焘更希望共产党能独立行动并建立一个独立的政党。他认定：如果我们不能改组国民党并被迫退出国民党另组一个政党。而后者又与国民党发生冲突，这将是一种损失。如果我们建立一个独立的政党，我们应能避免和国民党发生冲突。关于在北方的工作，张国焘提出，“我们至少应在北方打出共产主义或劳动组合书记部的旗帜去独立开展工会工作”。李大钊教授在北京的工作证明，把国民党老党员容纳在区党支部内是很困难的。张国焘坦率地承认：反对国共合作，主张共产党独立行动的主意也许是错误的。但他主张“宁可保持左，左的错误比右的错误更容易改正。希望这次会议将通过略左一点的决定”[①]。

3. 刘仁静

刘仁静的观点很有意思。在中共三大召开半年多前的 1922 年 11 月至 12 月初，共产国际第四次代表大会在莫斯科召开。作为中共代表的刘仁静在发言中阐述了共产党和国民党建立统一战线的问题。他明确指出共产党和国民党建立统一战线，主要是要达到两个目的：一是希望通过在国民党内许多有组织的工人中进行宣传，把他们争取到共产党这边来；二是共产党只有把自己的力量同小资产阶级和无产阶级的力量结合起来，才能打击

① 马林：《致共产国际执行委员会的信》（1923 年 6 月 20 日），李玉贞主编：《马林与第一次国共合作》，光明日报出版社 1989 年版，第 241—242 页。

帝国主义。所以打算在组织群众和通过宣传说服群众方面和帝国主义竞争。用刘仁静的话来说：如果我们不加入国民党，我们就会孤立，我们所宣传的共产主义就会是一种虽然伟大崇高，却不能为群众接受的理想。如果我们加入国民党，我们就可以向群众说明我们也是赞成革命的民主的，但是这种革命的民主，对我们来说，只是为了达到目的的一种手段。因此，共产党加入国民党是很有意义的。刘仁静还提出：虽然我们是为了共产主义这一尚为遥远的目标而奋斗，但是我们并不忽视群众的日常要求。我们能够把群众团结在我们周围，并分化国民党①。

但到 1923 年 6 月中共三大，刘仁静的观点有了很大的变化。按照马林的观察和分析，张国焘、蔡和森和刘仁静三人的观点相近，所以形成了不同意陈独秀等人观点的“另一方面”。据刘仁静回忆，中共三大讨论过国共合作问题，陈独秀亲自讲过“一切工作归国民党”，他的思想根本问题在于没有搞清楚中国革命应由无产阶级领导，或是由资产阶级领导。他认为中国农民阶级是不革命的，中国的革命阶级有两个，一是资产阶级，以国民党为代表；一是无产阶级，以共产党为代表，所以两个革命阶级合作，打倒北洋军阀。刘仁静当时就是反对陈独秀观点的，但又走入了另一个极端即主张实行立刻采取无产阶级专政。

根据马林的笔记，北京和长辛店表明了不同意见。长辛店认为：国民党是资产阶级的政党，是我们的敌人，我们不能帮助他们，不能扩大他们的影响。而北京的观点，虽然没有明确反对帮助国民党，但强调的是“在北方我们有机会发展我们自己的组织”②。

（四）李大钊、毛泽东等多数代表的观点

以李大钊、毛泽东为代表的多数代表，既不同意马林、陈独秀的右倾

---

① 张静如主编，赵勇民、李颖副主编：《中国共产党全国代表大会史丛书》第 1 册，万卷出版公司 2007 年版，第 230 页。

② 中共中央党史研究室第一研究部译：《联共（布）、共产国际与中国国民革命运动（1920—1925）》第 1 卷，北京图书馆出版社 1997 年版，第 472 页。

主张，也不同意张国焘、蔡和森的“左”倾言论，促成中共三大通过了关于国共合作的正确方针。

1. 李大钊

李大钊是受党中央委托与孙中山谈国共合作的第一人。在会议召开前，他为中央确立国共合作方针建言献策；代表们围绕加入国民党问题仍进行激烈的争论时，李大钊知道大局已定。因此，在会议期间讲话不多。这是徐梅坤的印象。在马林的工作记录中，李大钊对国共合作也表明了态度。李大钊认为：第一，过去和将来国民运动的领导因素都是无产阶级，而不是其他阶级。第二，由于这个原因，我们不要害怕参加国民运动。我们应站在运动的前列。第三，我们已加入国民党，但还没有工作。没有迹象表明我们没有希望。毛泽东和李大钊都坚决主张共产党员一面要参加到国民党中去组成和壮大革命统一战线，一面要保持共产党的独立性。由于他们坚持了正确的主张，他们两人都被选为三届中央委员。

马林说，“中国的领导同志陈独秀、李大钊在年轻的瞿秋白同志帮助下，在代表大会上取得了一致意见，大家想在国民党内引导这个政党去执行国民革命的政策。”

中共三大后，李大钊多次代表中共中央与孙中山领导的国民党进行会谈。

2. 毛泽东

毛泽东指出，“湖南工人数量很少，国民党员和共产党员更少，可是满山遍野都是农民，因而他得出结论，任何革命，农民问题都是最重要的。他还证以中国历代的造反和革命，每次都是以农民暴动为主力。中国国民党在广东有基础，无非是有些农民组成的军队，如果中共也注重农民运动，把农民发动起来，也不难形成像广东这类的局面”①。

对于国共合作问题，马林在工作记录中写道：毛泽东的发言也很有意

① 广东革命历史博物馆编：《中共“三大”资料》，广东人民出版社 1985 年版，第 135 页。

思。毛泽东提出：国民党是否就不能发展这是个问题。在中国，资产阶级革命行不通。所有反帝运动都是由饥寒交迫者而不是由资产阶级发动的。资产阶级不能领导这个运动。不推翻资本主义国家的资产阶级，国民革命不可能出现。所以中国的国民革命只能在世界革命后进行。毛泽东希望在中国实现国际合作，出现一个和平时期，那时资本主义发展将非常迅速，中国无产阶级人数也会大量增加。毛泽东认为：小资产阶级控制了国民党。毛泽东相信，目前小资产阶级能够领导。这就是我们加入国民党的原因。因此，我们不应该害怕加入国民党。农民和小商人是国民党的好成分。徐梅坤回忆说，毛泽东在开会期间很活跃，多次发言，提出主张国共合作的许多理由。可见毛泽东对国共实行合作的态度是积极的、支持的。从毛泽东发言说不应该害怕国民党，到李大钊提出不要害怕参加国民运动，可以想见当时党内存在着一种害怕国民党、害怕参加国民运动的情绪。否则，李大钊和毛泽东都不会无的放矢。

毛泽东在三大上多次发言，赞成党内合作的形式，并“提出主张国共合作的种种理由”。但不赞成陈独秀忽视中共独立性的观点，强调中共党员参加国民党后必须保持独立性；工人农民必须大量加入国民党，但党必须独立地领导工人农民进行阶级斗争。毛泽东代表了中共党内的正确意见。他后来在八七会议上说：“国民党问题在吾党是很长久的问题，直到现在还未解决。首先是加入的问题，继又发生什么人加入，即产业工人不应加入的问题，实际上不仅产业工人，即农民都无决心令其加入。”这当然不是事后诸葛亮。

3. 其他代表

邓中夏在讨论中提出了九个问题，表明了他对于国共合作的态度。这九个问题是：1. 如果我们不在北方发展国民党，那么我们为什么要加入国民党呢？ 2. 我们的重要问题是应否让国民党得到发展。3. 国民党是一个内部利益迥异的政党，很难改造。4. 让孙中山听取新党员的意见十分困难。5. 国民党改组形势日趋好转，因孙中山和其他人现在意识到自己的错误，愿意改革。6. 批评国民党热衷于搞军事行动是不公正的，我们不能不加防卫而让沈鸿英得逞。7. 批评国民党轻视群众也是不对的，因为我们看到他们的党内有群众。8. 没有人反对我们与国民党合作，但我们不是为国民党工作，以后我们应改变合作的政策。9. 建议劳动组合书记部承担我们的工会工作。从马林记载下来的邓中夏的发言，不难看出，邓中夏充分估计到对国民党改组的困难，同时对改组的前景持乐观态度，不赞成过多批评国民党热衷军事和轻视群众。同时提出我们不是为国民党工作，以后应改变合作政策。

林育南在中共三大的发言共有以下16个要点：（1）我们讨论中的分歧点在于工会工作和党。（2）资产阶级不可能是革命的因素，无产阶级必须领导。（3）工会运动令人乐观。（4）两党共存时，不要怕分裂。他们能够为同一目标合作。（5）国民党重要人物的观点是，资产阶级和工人阶级之间可以合作。（6）我们不能牺牲自己的利益站在他们一边，不能对他们的改组抱有希望。他们不会听取我们的意见。（7）反对工会运动。（8）我们必须由一个政党，资产阶级政党或是无产阶级政党来领导运动，因为单纯由一个阶级组成的政党是一个强大的政党。（9）如果国民党失败，应为成立一个新政党打好基础。（10）必须让群众知道我们党的存在。（11）不加入国民党我们也能帮助做国民运动。（12）如果我们在北方对国民党（的改良主义倾向）让步，我们便向北方工人介绍社会民主党。（13）我们应该揭露国民党的改良主义倾向，有必要成立一个工农党，因为不能用我们共产党人的名义。（14）反对替国民党介绍党员，我们应该为我们的党保存力量。（15）同意加入国民党。因为在南方加入国民党可使我们得以开展工作。（16）介绍了共产国际二大和四大关于殖民地问题的提纲。

七、中共三大文件与决议案

中共三大通过了10多个文件，收入1923年7月印行的《中国共产党第三次全国大会决议案及宣言》的小册子。据徐梅坤回忆，毛泽东、蔡和森、张太雷、陈独秀、瞿秋白以及马林参加了党章起草工作，是开会前写好的，其他决议案是开会时才提出来的，边讨论边起草。各个决议案分别有起草人。关于共产国际四大的决议案和三大宣言，由马林起草；农民问题决议案由毛泽东、谭平山起草；妇女问题决议案由向警予起草；青年运动决议案由张太雷、刘仁静起草；劳动运动决议案是集体起草的。中共三大通过的宣言、决议和各项文件，是马克思列宁主义与中国革命相结合的一个重要里程碑。

（一）大会宣言和法规性文件

中共三大通过了《中国共产党党纲草案》《中国共产党第一次修正章程》《中国共产党中央执行委员会组织法》3个规范性文件和《中国共产党第三次全国代表大会宣言》，不仅在当时促进了党的建设和大革命的发展，而且至今不失其重要意义。

1.《中国共产党第三次全国代表大会宣言》

中共三大通过的宣言简单，全文只有800多字，篇幅不到中共二大宣言的十分之一。

宣言首先回顾了中国国情和各阶级状况，“中国人民受外国及军阀两层暴力的压迫，国家生命和人民自由都危险到了极点，不但工人农民学生感觉着，即和平稳健的商人，也渐渐感觉着了”；并在总结历史经验的基础上说明，中国共产党一年以来号召的“打倒军阀”“打倒国际帝国主义”之国民革命运动，不是一条错误的道路。一年来，北京政局之纷乱儿戏；北洋军阀统治之下工会、学生会日在压迫摧残中；山东、河南兵匪之猖獗，外人之借端要挟；沙市、长沙日本水兵之暴行；外人强令棉花出口；吴佩孚、齐燮元争相制造广东之战祸；吴佩孚、萧耀南合力助成川乱；以及未来可斯的奉直战争及直系军阀之内哄。

宣言真诚地拥护国民党在国民革命中的领袖地位，但又一针见血地指出了国民党的“错误”观念。宣言认为，“中国国民党应该是国民革命之中心势力，更应该立在国民革命之领袖地位”。但不幸国民党有两个错误的观念：一是希望外国援助中国国民革命，这种求救于敌的办法，“不但失了国民革命领袖的面目，而且引导国民依赖外力，减杀国民独立自信之精神”；二是集中全力于军事行动，忽视了对于民众的政治宣传。长此以往，中国国民党不但要失去政治上领袖的地位，而且一个国民革命党不得全国民众的同情，是永远不能单靠军事行动可以成功的。在此基础上，中国共产党希望社会上革命分子，大家都集中到中国国民党，使国民革命运动得以加速实现；同时希望中国国民党断然抛弃依赖外力及专力军事两个旧观念，十分注意对于民众的政治宣传，“以树立国民革命之真正领袖地位”。

宣言较系统地阐述“国民革命”理论。“中国共产党鉴于国际及中国之经济政治的状况，鉴于中国社会各阶级（工人农民工商业家）之苦痛及要求，都急需一个国民革命；同时拥护工人农民的自身利益，是我们不能一刻疏忽的；对于工人农民之宣传与组织，是我们特殊的责任；引导工人农民参加国民革命，更是我们的中心工作；我们的使命，是以国民革命来解放被压迫的中国民族，更进而加入世界革命，解放全世界的被压迫民族和被压迫的阶级。”① 在这里，大会明确提出应以国民革命作为中国共产党当时的中心工作，把它同“打倒列强、除军阀”的革命任务联系在一起，实际上赋予了“国民革命”以新的明确的政治内容。

最后，宣言用“万岁”的形式提出三个口号：中国国民革命万岁！全世界被压迫的民族解放万岁！全世界被压迫的阶级解放万岁！

国民革命成为那个时代的最强音。

2.《中国共产党党纲草案》

中共三大对加强党的自身建设的历史贡献，就在于遵循马克思列宁主义关于党纲的要求，讨论通过了由瞿秋白起草的《中国共产党党纲草案》（以下简称《党纲草案》）。1927 年 2 月，瞿秋白在其《中国革命中之争论问题》中，回忆其参加三大时写道：“第三次大会的党纲，是我起草的；但是大会之后，独秀同志又修改了再付印的。”

---

① 《中国共产党第三次全国代表大会宣言》，张静如主编，赵勇民、李颖副主编：《中国共产党全国代表大会史丛书（从一大到十七大）》第 1 册，万卷出版公司 2012 年版，第 261 页。

对于一个政党来说，制定党的纲领具有非常重要的意义。列宁指出："一个政党如果没有纲领，就不可能成为政治上比较完整的、善于在任何转折时期始终坚持自己的路线的有机体。"① 一个无产阶级政党革命纲领的基本内涵，必须阐明"共产主义革命是怎样发生的，为什么它是不可避免的，它的意义、实质和力量在哪里，它应当解决什么问题"②。

在中国共产党的历史上，1921 年 7 月成立时曾经制定了《中国共产党第一个纲领》。这个文件正式规定了党的名称；同时仿照俄共（布）的纲领，提出党的基本任务和最终奋斗目标是与无产阶级革命军队推翻资产阶级，建立无产阶级专政，废除资本家私有制，没收一切生产资料归社会所有，直至消灭阶级差别。这表明，中国共产党从成立之日起就是一个为共产主义奋斗的、依照民主集中制原则组织起来的新式的无产阶级革命政党。但是，《中国共产党第一个纲领》未能从中国社会的实际出发，有针对性地提出当前阶段的奋斗目标。而且条文比较简单，全文分 15 条，只有 700 多字，其中有些规定并不属于党纲的范畴。

中共三大为完善党的纲领而努力。在中国共产党的历次代表大会中，只有一大和三大曾制定过独立成文的党纲。众所周知，在一大制定的《中国共产党第一个纲领》中提出了党的最高纲领。此后，二大宣言提出了反帝反封建的民主革命纲领，但是，中共二大只制定了党章，没有单独制定党纲。而在党的历次代表大会中，单独地制定既涉及最高纲领又涉及最低纲领的独立的党纲，三大是唯一的一次。中共四大到六大没有制定党纲。从党的七大开始，将党的纲领归到《党章》的总纲部分，并一直延续到今天。

中共三大提出的《中国共产党党纲草案》，共九个部分：一是帝国主义与中国旧经济；二是中国之资产阶级的发展及其性质；三是现代中国的政治现象；四是欧战后中国社会中各种争斗的形势；五是中国之国民革命及无产阶级和农民在此革命中所占的地位；六是中国无产阶级的责任；七是中国无产阶级之争斗及其最终目的；八是中国无产阶级争斗之方式；九

① 《列宁全集》第 17 卷，人民出版社 1962 年版，第 262 页。
② 《列宁全集》第 29 卷，人民出版社 1972 年版，第 163 页。

是共产党之任务。在最后部分即共产党之任务中，提出中国共产党“最小限度的党纳，以为目前的要求”，主要包括：“取消帝国主义的列强与中国所订一切不平等的条约”；“肃清军阀，没收其财产，以办公益的生产事业”；“铁路、银行、矿山及大生产事业国有”；“实行无限制的普遍选举”；“保障人民集会、结论、言论、出版之自由权，废止治安警察条例及压迫罢工的刑律”；“平民须有建议权，罢官权，撤回代表权及废止法律权，中央地方重要的国家职员须民选”；“废止雇佣军队制度，改行民兵制”①；等等。为实现国民革命的这些目标，《党纲草案》还正确规定了党的阶级路线，“只有无产阶级是惟一的、最现实的、最先进的、最彻底的力量”；“不得农民参加革命不能成功”；“无产阶级应竭全力参加促进此民族革命，促醒农民阶级与之联合，而督促不彻底的资产阶级”②。并且提出要“以革命的方法建立真正平民的政权，取得一切政治上的自由及完全的真正的民族独立”③。党的三大通过的这个《党纲草案》，与一大通过的《中国共产党第一个纲领》相比较，内容更加集中，论述也更加准确，表明党在政治建设上又有新的进步。

瞿秋白曾谈到中共三大《党纲草案》的情况时说，他起草的《党纲草案》在大会之后，经过陈独秀修改后才付印的。关于《党纲草案》的修改情况，瞿秋白列举了几条，以“说明当时党内对无产阶级和资产阶级的地位和作用的认识上存在着很大的差异”，实际上也是陈独秀修改《党纲草案》的情况。他列举的内容包括：1. 原文：“此革命之中，只有无产阶级是唯一的、最现实的、最先进的、最彻底的力量，因为其余的阶级：……”改为：“无产阶级却是一种现实的最彻底的有力部分，因为其余的阶级……”之下还加了一句“一时不易免除妥协的倾向”；2. 原文：“……不得农民参加革命不能成功”，改为：“也很难成功”；3. 原文：“无产阶级应竭全力参加促进此民族革命，促醒农民阶级与之联合，而督促不彻底的资产阶级……”改为：“……督促苟且偷安的资产阶级”。

① 《瞿秋白文集》（政治理论编）第 2 卷，人民出版社 1988 年版，第 117—120 页。
② 《瞿秋白选集》，人民日报出版社 1985 年版，第 342 页。
③ 《瞿秋白文集》（政治理论编）第 2 卷，人民出版社 1988 年版，第 117 页。

瞿秋白还指出，不仅如此，当时党内还存在着一种自认为“正统的专政派”，反对一切民权。所以，党纲草案上虽然写着“建立真正平民的民权”，而实际上大多数同志听都不愿意听“民权”两字，他们正在“准备着将来之无产阶级革命”呢。关于“合流直达社会主义”的话，他们更是不肯承认，所以“无产阶级应参加国民革命，取得政治的地位，以至于革命领导权”一层意思，完全抹杀，变成废纸。

瞿秋白坦言，《党纲草案》还存在不足，如没有具体地认识农民问题的解决，虽然在草案中有“不得农民参加革命不能成功”一语，然而农民要求中只有减租，而没有土地问题。虽然他很赞成“耕地农有”或“耕者有其田”的口号，然而起草党纲时，他屡经思索，始终不敢写上去。曾经和国民党谢英伯争论过“耕者农有”问题的谭平山，也没有提出意见。《党纲草案》之所以存在这样的不足，“可见当时大家都在无意之中恐怕认清了农村中的阶级分化，会使农民的阶级斗争过于激烈，或是根本不承认中国有土地问题”。关于农村自治运动，瞿秋白是支持的。所以，他在《党纲草案》中特别指出：农民应当力争参政权，反对“包办地方事务的乡董”。但他的主张，却受到一些同志的“腹诈”，被认为是“民权主义的倾向”。大家都熟悉瞿秋白对毛泽东所写《湖南农民运动考察报告》的欣赏和推崇。从瞿秋白在中共三大上起草的《党纲草案》中确实可以管中窥豹，看出他俩在农民问题上的共识。

瞿秋白后来自嘲说：“第三次大会时的党纲草案，在现在看起来简直是不值一笑，很幼稚的；但是，大家应当知道（不但我起草人自己）：这党纲草案的很严重的错误，就是没有切实地、勇敢地解决农地问题。我直到五卅之后的北京十月的扩大会议，才首先坚决赞成‘耕地农有’的主张。”“这是因为我受着实际的革命时势及群众的教训。”①

按《中国共产党党纲草案》规定，草案经大会通过后，将由“各地方着重讨论”，于1924年1月前将批评、修改及增补条文意见等汇交中央

① 广东革命历史博物馆编：《中共“三大”资料》，广东人民出版社1985年版，第133—134页。

局，以便交出席共产国际五大的代表，带到共产国际五大，“作最终之决定”[①]。但不知何种原因，1924 年 6 月李大钊率团出席共产国际五大时，所有的记载和活动中，都没有提到共产国际对这个文件的“最终决定”。因此,《中国共产党党纲草案》是否“走完程序”，暂无从得知。

3.《中国共产党第一次修正章程》

1922 年 7 月，中共二大制定了《中国共产党章程》6 章 29 条。1923 年中共三大通过的《中国共产党第一次修正章程》为 6 章 30 条。中共三大修改党章有其历史原因。

首先，中国工人运动低潮时期的需要。1923 年 2 月 7 日，有 2 万多铁路工人参加的京汉铁路工人大罢工，遭到北洋军阀吴佩孚血腥镇压，工人被杀 40 多人，伤数百人，被开除 1000 多人。全线工人忍痛复工，其他方面的群众运动也相继受挫。“因此影响到党内思想发生变化，发生悲观。”[②]严酷的现实表明，中国共产党无论是政治策略和组织制度，都需要作出新的部署和调整。这是中共三大决定对二大党章进行修改的一个重要原因。

其次，中共党组织发展的需要。随着群众革命运动的发展，中国共产党的阶级基础日益扩大，党员人数从二大时的 195 人，增加到 420 人。中共一大时，中共党员主要是知识分子和青年学生；中共一大后随着工人运动的发展，不少工人被发展入党；中共二大后，农民运动兴起，其中不少农运积极分子在革命斗争中被吸收进党。这样一来，党员的来源就比较复杂。从全党的组织发展来看，中央的领导工作制度还远远不能承担起面临的艰巨任务和历史使命。随着党员人数和党的支部的数量的增多，党的中央执行委员会已经难以像过去一样，直接负责和管理党的支部以至党员，必须由比较了解当地党员和支部实际情况的地方党委承担领导工作。同时，党员因政治见解的

① 中央档案馆编:《中国共产党第二次至第六次全国代表大会文件汇编》，人民出版社 1981 年版，第 57 页。

② 蔡和森:《中国共产党史的发展》(1926 年),《“二大”和“三大”：中国共产党第二、三次代表大会资料选编》，中国社会科学出版社 1985 年版，第 492 页。

不同出现了小组织问题、要求退党问题等。必须保证党员有退党的自由，又要在制度上保障党的组织不因党员退党而受到伤害。这些都需要通过修改原有党的章程，解决党的组织领导建制和党员管理等方面的新问题。

最后，推动国民革命的需要。中共三大的中心议题是讨论同国民党建立革命统一战线。大会经过讨论，接受共产国际关于同国民党合作的主张，通过了《关于国民运动及国民党问题的议决案》，确定共产党员以个人身份参加国民党，实现党内合作，这也不可避免地使党的肌体受到非无产阶级思想的影响。这两个方面的因素决定了党必须严格入党的手续，以防止投机分子和不够条件的人加入党的组织，并采取一定的措施提高对党员的要求，以维护党的统一和党员政治思想上的一致。为了使党的建设适应新的形势和任务，中共中央决定对二大党章进行修改。在中共三大前的预备会议上，马林还谈了下届的中央组织原则，以及制定党章等文件的意见，提出要多选一些有工运经验，能联系群众的工人同志到中央来[①]。

经中共三大讨论通过的《中国共产党第一次修正章程》，对原有党章进行了若干修改。与二大党章相比，三大党章在章节体例完全保留不变，仍然是党员、组织、会议、纪律、经费和附则6章，共2500多字。但从条文的数量上看，由原来的29条改为30条，只增加了一条；从内容上看，在基本保持二大党章内容的基础上作了一些变动。

为适应党的自身状况和革命形势发展的需要，中共三大党章对发展党员和党员管理提出了更高的要求，维护了党员管理的规范性，确认党员的先进性，主要体现在：

一是对入党介绍人的条件更为严格。二大党章的规定是："党员入党时，须有党员一人介绍于地方执行委员会，经地方执行委员会之许可，由地方执行委员会报告区执行委员会，由区执行委员会报告中央执行委员会，经区及中央执行委员会次第审查通过，始得为正式党员。但工人只须地方执行委员会承认报告区及中央执行委员会即为党员。"而三大党章则要求有

① 广东革命历史博物馆编：《中共"三大"资料》，广东人民出版社1985年版，第172页。

"正式入党半年以上之党员二人之介绍"。也就是说，入党介绍人必须是正式入党半年以上，同时是两名党员而不是一名党员。所以说，对入党介绍人的要求更为严格。找不到符合条件的介绍人，入党也就没有了希望。中共三大关于两名入党介绍人的规定，后延续至今。

二是重新恢复和延长了新党员的候补期。中共一大曾提出新党员要有"至少两个月的候补期"，但在二大党章中取消了这方面的要求。三大党章重新规定了党员入党的候补期。关于候补期的具体要求，劳动者和非劳动者还有区别，"候补期劳动者三个月，非劳动者六个月，但地方委员会得酌量情形伸缩之"。同时，对候补党员的权利和义务也说明，"候补党员只能参加小组会议，只有发言权与选举权，但其义务与正式党员同"。党员入党有候补期的规定，对于党组织加强对党员的教育、审查，防止投机分子和不够条件的人入党，是十分必要的。它有利于提高党员的质量，体现了党在组织建设方面的日益成熟。

三是更明确地规定了党员的纪律。当时中国共产党鉴于要发展和壮大自己的组织，因而吸收更多的党员，包括工人、农民和城市小资产阶级入党。新党员必定会将一些非无产阶级思想带进党内。同时，中共三大还决定共产党员以个人身份加入国民党，建立各民主阶级的统一战线。这就容易受到非无产阶级的腐朽思想的侵蚀和影响，需要党采取措施加强对党员的要求，提高党员的质量。 三大党章第二十三条规定："凡党员若不经中央执行委员会之特许，不得加入一切政治的党派。其前已隶属一切政治的党派者，加入本党时，若不经特许，应正式宣告脱离。"党员自己要求退党，也必须经过区执行委员会批准决定，收回党证，并由介绍人担保其严守党的一切秘密。党员的行动必须有上级的监督和指导，党员要参与社会政治生活，也要经过中央一级的审查决定，而决不允许自行其是。

完善了中央和地方党组织的机构设置和活动的管理制度。

一是调整和增加了各级组织成立的人数。关于小组与地方组织，三大党章将原来"凡有党员三人至五人均得成立一组"的规定改为："凡有党员五人至十人均得成立一小组"；将原来二大党章的规定"一个地方有两个支部以上，可成立地方党委员”，改为“一地方有十人以上，经中央执行委员会之许可”，可“推举三人组织该地方执行委员会，并推举候补委员三人”。还将中央执行委员会委员和候补委员分别由原来的五人和三人改为九人和五人。

二是修改了会议召开的时间。中共三大党章规定，各小组每星期至少须开会一次，由组长召集之。各地方每月至少召集全体党员会议一次。各区每三月由执行委员会定期召集该区全体党员代表会议一次，每五人有一票表决权。全国代表大会，每年由中央执行委员会定期召集一次。中央执行委员会，每四月开全体委员会一次。相比二大党章，三大党章由原来对全国代表大会只规定“每年由中央执行委员会定期召集一次”，增加了每四个月召开一次全会；由原规定“各区，每半年由执行委员会定期召集本区代表大会一次”，增加为每三个月一次，并规定代表每五人有一票表决权，更体现出代表的权益；原规定的各组每星期开会一次，各地执行委员会每月召集各干部会议一次保留下来，但原各支部每月召集全体党员或组长会议一次、每半年召集本地方全体党员或组长会议一次的规定取消。

三是修订党费缴纳的规定。中共三大党章规定党费的缴纳标准：“党员月薪在三十元以内者，月缴党费两角；在三十元以上至六十元者缴一元；六十元以上至百元者缴二十分之一；在一百元以外者缴十分之一。失业及在狱党员均免缴党费”。而二大党章的标准为：“党员月薪在五十元以内者，月缴党费一元；在五十元以外者，月缴党费按月薪十分之一计算；无月薪者及月薪不满二十元之工人，每月缴费二角”。总的来说是降低党费标准，以最低党费为例，原为1元，现为0.2元，降幅达到80%。这种变化，更适应党员发展的实际情况。

四是完善组织制度。中共三大党章取消二大党章规定的“干部人员由地方执行委员会随时任免之”，修改“全国代表大会或临时会议之人数由中央执行委员会临时定之”，明确各地方组织派代表人数的办法：“全国代表大会或临时会议之代表人数，每地方必须派代表一人，但人数在四十人以上者得派二人，六十人以上者得派三人，以上每加四十人得加派代表一人。每地方十人有一票表决权。未成地方之处，中央执行委员会认为必要时，得令其派出代表一人，但有无表决权由大会决定。”[①] 这是党的会议制度化的一个重大变化。

值得一提的是，中共三大在修改党章，规定增加中央领导机关人员数量的同时，还通过《中国共产党中央执行委员会组织法》，在本质上是党章内容的延伸。瞿秋白在《中国共产党历史概论》中关于党的“章程”一节，也写进了这个组织法。此外，三大通过的党纲，本质上也属于党章的内容。三大的党纲、党章以及中央执行委员会组织法，三者构成了一个比较完整的党内根本法规的雏形，较之于中共一大的党纲和二大的党章而言，是中国共产党党章制度建设史上的一大进步，具有强烈的现实意义和深远的历史意义。

4.《中国共产党中央执行委员会组织法》

《中国共产党中央执行委员会组织法》是党的历史上第一个关于中央组织结构、职权分工和工作制度的法规性文件，体现了马克思列宁主义的组织观念和组织原则，具有鲜明的时代特点。全文 770 余字，共 10 条，主要内容如下：

第一条和第二条，中央执行委员会的组成与职权。第一条规定中央执行委员会的产生和地位及其担负的各项任务。“中央执行委员会由本党常年大会选出”。它的地位和任务是：“一切行动对大会负责，在两大会之间为本党最高指导机关，管理各区各地方之行动，发行用本党名义之出版物；并管理派遣做青年，妇女，劳工，农民等工作之职员”。所以，中央执行委员会负责对各地区和青年、妇女、工人、农民等各方面的指导工作。第二条规定中央执行委员会的人员、分工及报告制度。“中央执行委员会以九人组织之。中央委员缺职时应以候补委员补缺”。中央执行委员会一旦成立，就要立即开始履行工作职责，不能有丝毫懈怠。“大会后之中央执行委员会第一次会议，即应分配工作，并选举五人组织中央局”。其余四人分派各地，赞助该地方委员会一同工作，每星期将所在地情形报告中央局一次。

---

① 中共中央文献研究室、中央档案馆编：《建党以来重要文献选编（1921—1949）》第 1 册，中央文献出版社 2011 年版，第 272—273 页。

第三条规定中央局的组成与职权。在中央执行委员会基础上选举产生的中央局，实际上是党的领导核心。中央局以中央执行委员会名义行使职权，由执行委员会选出委员长、秘书及会计三人，分别执行具体职务。各自职务分工为：1. 委员长，主席一切中央局及中央执行委员会之会议，遇委员长缺席时，由中央局互推一人代理委员长之职权。2. 秘书，负责本党内外文书及通信及开会记录之责任，并管理本党文件。本党一切函件须由委员长及秘书签字。3. 会计，在中央督察之下，管理本党财政行政，并对于各区、各地方及本党一切机关之财政行政负责。

第四条至第十条规定中央执行委员会及其中央局的会议制度，可分为中央执行委员会、中央局的常会、特别会议、大会、临时大会几种。第四条是关于中央执行委员会的召集，“中央执行委员会常会每四个月开一次，中央局每星期开会一次。中央局自己或经中央执行委员四人之请求，可召集特别会议”。在请求召集特别会议时，需要书面说明开会讨论之问题及其理由。第五条是关于中央执行委员会会议的召集。会议主要由委员长和秘书负责召集和准备日程等。“中央执行委员会之一切会议，须由委员长与秘书召集之，附加会议之日程”。第六条是关于会议的决定权。“中央执行委员会及中央局之一切决定，以多数取决，但召集临时全党大会之议决，须以三分之二的多数取决”。基本上还是遵循着少数服从多数的原则，但临时大会要求更为严格，避免少数人操纵的随意性。第七条是关于中央执行委员会召集全国大会时应负的程序。要求“中央执行委员会，须在全党大会开会日期前至少两月通知召集，附寄议事日程草案，并请地方于通知后一月内交齐议案。各地方议案须互换”。按此规定，中央要提前通知、提供草案，并交换地方议案；而地方则要限期交齐议案。第八条是“中央执行委员会之报告，在开会一月之前寄与地方”；第九条是“中央执行委员会财政报告，由大会指定审查委员会（中央执行委员不得当选）审查后报告大会”。这些有关党的代表大会的细致而重要的工作，第一次有了明确规定。第十条是关于党的临时大会。关于党的代表大会，从中共二大起就规定一年召开一次。而有时需要召开临时大会，其具体程序是：“如有本党三分一之区代表全党三分一之党员之请求时，执行委员会必须在接到请求书之一月内召集本党临时大会。请求书上必须说明请求召集临时大会之理由”①。

组织法关于中央执委会的产生及性质，坚持了选举制和代表大会高于一切的原则。关于中央执委会组织机构的设置及职责划分，坚持实行委员会制和一切函件双签发制。关于中央执委会的会议制度和报告制度，坚持上下沟通和少数服从多数的民主决策机制。这些规定，既有利于及时沟通信息，更有利于在广泛发扬民主的基础上实行科学的集中。

上述情况表明，组织法的制定是一项创举，它以党内单项法规的形式反映出早期党中央的领导机构和工作程序，都力求按照以民主为基础和核心的民主集中制原则办事。这些规定虽然还不够完善，以及由于多种主客观原因未能完全实现，但其基本精神是很好的，弥补了中共二大《组织章程决议案》着重强调集中的不足，至今仍有借鉴的价值。正如邓小平在总结历史经验时说过的：“我们过去发生的各种错误，固然与某些领导人的思想、作风有关，但是组织制度、工作制度方面的问题更重要。这些方面的制度好可以使坏人无法任意横行，制度不好可以使好人无法充分做好事，甚至会走向反面。”特别是“文化大革命”的教训表明，“不是说个人没有责任，而是说领导制度、组织制度问题更带有根本性、全局性、稳定性和长期性”②。因此，新时代中国共产党应继承和发扬中共三大重视从制度上加强党的建设的好传统好做法，切实建立和完善各种必要的法规及制度，把党建设得更好。

（二）中共三大的七个决议案

1. 关于第三国际第四次大会决议案

中共三大通过的决议案中，有一个《关于第三国际第四次大会决议案》，共 454 个字。

---

① 中共中央文献研究室、中央档案馆编：《建党以来重要文献选编（1921—1949）》第 1 册，中央文献出版社 2011 年版，第 269 页。

② 《邓小平文选》第 2 卷，人民出版社 1994 年版，第 333 页。

1922 年 11 月至 12 月，共产国际第四次代表大会在莫斯科召开。中国共产党派出代表参加大会。代表中有陈独秀、刘仁静、王俊、张伯简等。陈独秀在会上报告国共合作统一战线工作的进展情况，并当选为共产国际执行委员。

王俊（1877—1940），出生河北省宛平县的一个农民家庭，1912 年经人介绍进长辛店机厂在修车场当油漆匠。中共一大后被发展为中共党员。1922 年 8 月和史文彬等发动领导长辛店铁路工人大罢工，代表长辛店工人俱乐部参加在郑州召开的京汉铁路总工会筹备会议。1922 年底作为工人代表到苏联参加共产国际第四次代表大会。1923 年二七大罢工时，领导长辛店路段的罢工[①]。

张伯简（1898—1926），云南剑川县人，白族。1919 年冬赴法国勤工俭学。1922 年 6 月同周恩来、赵世炎等在巴黎共同创建“旅欧中国少年共产党”。同年秋赴苏联参加共产国际第四次代表大会，会后到莫斯科东方大学学习。1923 年回国。1924 年在上海中共中央宣传部工作，负责党刊的编辑发行工作，任中共最早通讯机构——国民通讯社负责人。

刘仁静（1902—1987），1921 年参加中共一大时才 19 岁，参加中共三大时也才 21 岁，均为年龄最小的大会代表。1923 年 6 月在中共三大上，参与起草青年运动决议案。

刘仁静以曾出席共产国际第四次代表大会的缘故，列席中共三大。但据徐梅坤回忆，在中共三大上介绍共产国际四大情况的是瞿秋白。中共三大在听取报告后，通过由马林起草的关于共产国际第四次大会的决议案，主要内容如下：第一，对于共产国际四大所议决各案愿切实履行。第二，现时的世界大势是：世界革命潮流日益低落，反动的势力弥漫全欧，苏维埃俄罗斯的生存及发展日受国际帝国主义者的威胁。全世界无产阶级此时的重要任务是在要求资本家政府承认俄国与俄国恢复和平的通商关系，以拥护他们的唯一祖国，免受帝国主义者的摧残。第三，世界的资产阶级的

① 倪兴祥主编：《中国共产党创建史辞典》，上海人民出版社 2006 年版，第 431—432 页。

进攻，使劳动阶级的地位沦落，劳动阶级十小时以上的工作所得工资尚不能维持其生存，同时劳动阶级内部有改良派分裂无产阶级，力助资产阶级破坏罢工及示威运动。所以全世界无产阶级奋斗的口号是为劳动运动的统一。第四，对于东方问题的决议案：大会特注重其在各殖民地及半殖民地的二种工作：即一面为国民革命，为达到殖民地的政治的独立奋斗；一面须组织工人及农民，利用资产阶级间之冲突，执行为他们特别的阶级利益的争斗。第五，大会承认第三国际执行委员会此次由联合的基础之组织，改组到集中的基础之组织，并以为这是进到组成一个集中的国际大共产党的第一步表现[①]。

2. 关于党员入政界的决议案

中共三大还在专门通过的《关于党员入政界的决议案》中作了新的规定："凡党员之行动带有政治意义者，中央执行委员会有严重监督指导之权。党员遇有不得已须在政界谋生活时，必须请求中央审查决定。"[②] 这些严格的规定，对于保证党在思想上、政治上、行动上的高度一致，是完全必要的。以上种种修改，反映了党的组织建设正在日趋成熟。

中国共产党成立前后，陈独秀正在广州担任广东教育委员会委员长，算是正儿八经的"党员入政界"。但同年 9 月，陈独秀即辞职离开广州赴上海，专职担任中共中央委员长。1923 年 4 月间，陈独秀与谭平山获孙中山任命为大元帅大本营宣传委员会委员，陈独秀还担任委员长（陈离粤后由谭平山主持）。后来，杨殷、刘尔崧、侯桂平等也参加该委员会的工作。这也属"党员入政界"。显然，这是经过中共中央特别批准的，是推动国民党改组、宣传国民革命的需要。

其他"党员入政界"的情况，大致有两种类型。一是江浩，担任国会议

---

① 中共中央文献研究室、中央档案馆编：《建党以来重要文献选编（1921—1949）》第 1 册，中央文献出版社 2011 年版，第 256—257 页。

② 《关于党员入政界的决议案》，中央档案馆编：《中共中央文件选集》第 1 册，中共中央党校出版社 1989 年版，第 152 页。

员。他早年东渡日本留学，加入中国同盟会，参加辛亥革命。中华民国成立后，当选参议院议员。1920 年，在李大钊的帮助下参加北京共产党早期组织。入党后，继续以议员合法身份从事革命活动。国会议员经济待遇优渥、政治待遇极高。国民党籍国会议员数量有限，有为孙中山领导的革命阵营发声的使命。这是推动国民革命的需要，并非“遇有不得已须在政界谋生活”。

二是林伯渠加入共产党后继续参与国民党的党务活动，并为国共合作起到桥梁和纽带作用。1920 年 12 月在李大钊、陈独秀介绍下，林伯渠加入上海共产党早期组织。入党后被党组织安排继续留在孙中山身边工作，回广州任总统府参议。他多次安排陈独秀、李大钊及共产国际代表马林、苏联政府代表越飞与孙中山会谈国共合作事宜，许多共产党人加入国民党也都直接或间接地同他相关。中共三大前后在广州革命政府供职，也非在政界谋生活。

受此条影响的主要有胡鄂公（1884—1951），湖北省江陵人。早年参加武昌起义，加入同盟会。1921 年 4 月回湖北任政务厅长，旋赴北京，与熊德山等组织马克思主义研究会，后加入中国共产党。1922 年 8 月恢复国会议员职。12 月任北京政府教育部次长。1923 年 10 月曹锟贿选事件爆发后，传言胡鄂公收了贿款，故中共三届一中全会决议，“在未能证明其确未帮忙贿选以前，仍旧停止出席小组会议；熊得山、汪剑侬因与胡有连带关系，亦应同样办理”①。有资料表明，熊、汪二人不久即退党。胡鄂公则继续留在党内。1927 年 3 月，军阀张作霖搜捕共产党人。他曾保护李大钊在自己家中。后到上海中共中央工作，担任联络工作，是周恩来领导的特科干将，曾任中央情报部长。1943 年脱党。

3. 关于国民运动及国民党问题的议决案

中共三大通过的《关于国民运动及国民党问题的议决案》，接受共产国际执行委员会同年 1 月的决议，确定了与国民党牵手，共同推动“打倒

① 中国人民解放军政治学院党史教研室：《中共党史参考资料》第 12 册，第 573 页。

列强，除军阀”的国民革命。中共三大用党的全国代表大会决议的形式，确定了中国共产党与中国国民党合作这一重大决策。从此开始了中国共产党在统一战线的伟大实践，并引领了轰轰烈烈的大革命。

《关于国民运动及国民党问题的议决案》，由陈独秀起草，因此被称为“陈独秀的提纲”。草案在讨论过程中，大会组织一个委员会进行修改。后来张国焘回忆说，在讨论草案时，他曾提出过一个修正案，大意是：“工人中的共产党员除一部分有必要者外，不应全体加入国民党”，“不应采取积极介绍大批工人加入国民党的政策”。经过表决，这个修正案以 1 票之差被否决了[①]。大会在经过长时间的讨论甚至是争论后，进行了表决。结果以 21 票赞成、16 票反对、3 票弃权而获得通过。这个决议共 8 条，主要内容如下：

议决案认为，“在被国际帝国主义压迫之殖民地及半殖民地，只有实现国民革命加帝国主义者以有力的打击，是他在世界的革命之工作中所应尽的职务”。议决案在中共党史上首次明确了中国半殖民地半封建的社会性质。“此时统治中国的是封建的军阀，不是资产阶级。军阀政府名为独立政府，其实事事听命于国际帝国主义的列强，不啻是他们的经理人，财政、交通、工业几完全操于国际帝国主义者之手”。除帝国主义和封建军阀之外，中国资产阶级所占者仅仅日用品之极小部分，帝国主义者利用其在华政治势力，妨碍中国工业之自由发展。“所以半殖民地的中国，应该以国民革命运动为中心工作，以解除内外压迫”。

议决案在分析中国各阶级、党派力量对比的基础上，论证共产党员加入国民党的必要性。依中国社会的现状，宜有一个势力集中的党为国民革命运动之大本营。中国现有的党，只有国民党比较是一个国民革命的党，同时依社会各阶级的现状，很难另造一个比国民党更大更革命的党。即使能造成，“也有使国民革命势力不统一不集中”的问题。至于中国共产党方面，“以产业落后的原故，中国劳动阶级还在极幼稚时代，多数劳动群众之意识，还停顿在宗法社会，非政治的倾向非常之重”。只有少数产业工人已感觉国民运

① 张国焘：《我的回忆》第 1 册，东方出版社 1991 年版，第 295 页。

动之必要，真能了解共产主义及共产党组织的更是少数。因此，工人运动尚未能强大起来，成为一个独立的社会势力，以应中国目前革命之需要。“工人阶级尚未强大起来，自然不能发生一个强大的共产党——一个大群众的党，以应目前革命之需要”。因此，共产国际执行委员会议决中国共产党须与中国国民党合作，共产党党员应加入国民党。“此次全国大会亦通过此议决。”

议决案强调保持独立性。“我们加入国民党，但仍旧保存我们的组织，并须努力从各工人团体中，从国民党左派中，吸收真有阶级觉悟的革命分子，渐渐扩大我们的组织，谨严我们的纪律，以立强大的群众共产党之基础。”并明确在国民党中工作的注意事项：（1）在政治的宣传上，保存我们不和任何帝国主义者任何军阀妥协之真面目。（2）阻止国民党集全力于军事行动，而忽视对于民众之政治宣传；并阻止国民党在政治运动上妥协的倾向，在劳动运动上改良的倾向。（3）共产党党员及青年团团员在国民党中言语行动都须团结一致。（4）须努力使国民党与苏俄接近；时时警醒国民党，勿为贪而狡的列强所愚。

总之，我们须努力扩大国民党的组织于全中国，使全中国革命分子集中于国民党，以应目前中国国民革命的需要。同时须努力促成全国总工会之独立的组织，从事经济的及政治的争斗，努力引导劳动群众由日常生活的争斗到政治的争斗。“目前政治的争斗，自然只是国民运动——排除外力及军阀的运动”，因此在劳动群众中须有大规模的国民运动的宣传，扩充国民革命的国民党，同时凡已了解国民革命之必要更进而有阶级觉悟的革命分子，当尽量加入我们自己的组织；并当于群众中普遍宣传“国民运动中拥护劳动阶级利益的必要”。

议决案接受共产国际的建议，作出了共产党员加入国民党的决定，并就推进国民革命作了安排，同时肯定保持党的独立性的原则，并明确注意事项。这无疑是正确的决策。

4. 关于劳动运动的议决案

大会总结了二七惨案的经验教训。陈潭秋作了京汉铁路二七惨案的报告。孙云鹏作了二七惨案被捕工人救济工作的报告。会上还散发了刚出版的小册子《京汉工人流血记》。在讨论二七罢工问题时，引起了争论。有人认为二七罢工损失太大，是打了败仗，得不偿失。但多数人认为，二七罢工虽然遭受了一些损失，意义是重大的。中共三大关于《劳动运动议决案》是集体起草的，共包括九条，主要内容如下：

首先，总的方针是采取守势，避免盲动导致损失。“中国目下劳动运动方取守势，党的活动须多于工会活动，恢复工会口号须在被封工会各工友中宣传，引起压迫下之工人作政治的斗争”；关于二七罢工，要做好善后工作。全国铁路总工会筹委会应从速召集全国各路代表会议讨论各路统一之工作，改造筹备委员会及讨论救济“二七”被难工友之方法。

其次，就若干重要地方的劳动运动和妇女劳动运动作了有针对性的安排。（1）哈尔滨及山东两地“在产业上及地位上皆甚重要，该两地方之劳动运动不可忽视”；哈尔滨方面之劳动运动，“更宜作与苏俄工人联合之宣传，现时反对苏俄之趋向亟宜纠正”。（2）广东方面劳动运动，须注意新式产业之工人。至进步的手工业工人组织同时亦须整顿，促进其阶级觉悟。省、港、澳三方面产业的及手工业的工人组织，须适用国民运动口号作统一运动。议决案特别强调，香港地方在产业上甚为重要，在该地方之劳动运动须设法改职业组织为产业组织，以增加工人势力反抗英国帝国主义及资本主义之压迫。南洋华工为数极大，须设法使其与国内工人发生密切关系，但须纠正其省界国界分别之趋向。（3）中国妇女劳动运动以上海、天津等处为最盛。中国劳动组合书记部须附设妇女部，由女同志负责担任此种工作。

再次，工厂劳动运动须通用下列口号：（1）男女工资平等；（2）废止未满 14 岁之童工；（3）推翻包工制；（4）星期日休息；以引起男女工人争取自身利益之觉悟。议决案强调，“在半殖民地之中国手工业工人占多数，在手工业中之劳动运动中除加薪减时口号外，消费合作运动或要求红利运动亦宜注意，但须纠正劳资妥协之趋向”。

最后，关于工会组织建设与教育活动的举措。适应“守势”的工作方针，为养成劳动运动人才起见，在适当地点设立劳动教育机关，以启发工人宣传及组织之知识。结合当时全国劳动运动发展格局的形势与特点，“劳动组合书记部今后之责任为组织天津、哈尔滨、山东、上海等处已组成之路矿等工会以外之各种工会”。适应当时共产国际援助中国革命的有利条件，“大的产业工会，尤其是海员工会，须设法引起其与赤色职工国际联合”。

5. 关于农民问题的决议案

中国共产党对于农民问题，有一个认识不断深化的过程。中共三大以开始关注农民问题著称，通过了第一个关于农民问题的决议案。这有毛泽东的贡献。

中共三大前，党对农民问题重视不够。陈独秀在大会报告中承认：“我们很少注意农民运动”；张国焘认为，农民问题是一个新提出来的问题，“在中共的历次讨论中，直到第三次代表大会，代表才注重这个问题，尤以毛泽东为然”。从实践方面讲，浙江萧山衙前、广东海陆丰，是中共三大之前农民运动开展比较好的地区，但其领导人均未与会。尤其是“海陆丰那时正在陈炯明的统治之下，一切消息不易外传，他的工作也未引起重视”。

中共三大讨论了农民问题。据马林记载：代表们提出了“抑或一切依靠工农”的问题。浙江代表徐梅坤在会上介绍了浙江衙前农民运动情况，毛泽东则作了农民运动报告。毛泽东向大会指出：湖南工人数量很少，国民党员和共产党员更少，可是满山遍野都是农民，因而他得出结论，任何革命，农民问题都是最重要的。他还证以历代的革命和造反，每次都以农民暴动为主力。中国国民党在广东有基础，无非是有些农民组成的军队，如果中共也注重农民运动，把农民发动起来，也不难形成广东这类的局面。“毛泽东的发言是强调农民革命的重要性，进而指出中共不应只看局处广州一隅的国民党，而应重视全国广大的农民。”张国焘认为，毛泽东的“此项见解的重要性”，“是毛泽东这个农家子对于中共极大的贡献”。

由于毛泽东对农民问题的重视，因而大会委托毛泽东、谭平山起草《农民问题决议案》。这个尚不完美的决议案，具有历史开创意义。一指出农民参加革命的原因，“自从各帝国主义者以武力强制输入外货以来，一般日用品的价格增高率远超过于农产品价格增高率，从前的农民副业（如手工纺织等）也全被摧残。又自辛亥以后，军阀争夺地盘的战争连年不息，土匪遍于各地，再加以贪官污吏之横征暴敛（如预征钱粮、额外需索等），地痞劣绅之鱼肉把持，以致农民生活俞加困难”。二提出党发动农民参加革命的重要性，“故我党第三次大会决议认为有结合小农佃户及雇工以反抗牵［宰］制中国的帝国主义者，打倒军阀及贪官污吏，反抗地痞劣绅，以保护农民之利益而促进国民革命运动之必要”。

毛泽东起草的《农民问题决议案》，是中共历史上第一个关于农民问题的决议，代表了党对农民问题重要性的认识有了重大的进步。中共三大期间党在农民问题上取得的重大理论成果尚不止此。例如，《中国共产党党纲草案》说：“至于农民当中国人口70%以上，占非常重要地位，国民革命不得农民参与，也很难成功。”中国的无产阶级应当最先竭全力参加促进此国民革命，并唤醒农民，与之联合而督促苟且偷安的资产阶级，以引导革命到底。《青年运动决议案》也说，社会主义青年团应开始从事农民运动的宣传及调查。

但是，中共三大在讨论农民问题时，没有把土地问题写进“决议案”。瞿秋白事后说：“这党纲草案的最严重的错误，就是没有切实、勇敢的解决农地问题。”鉴于此，三大后的一份俄文报告说：“代表大会对农民问题只是在理论上进行了讨论，没有做出实际的决定”。这应归咎于共产国际代表和中共领导人的认识水平。共产国际代表马林对农运不感兴趣。陈独秀甚至“还反对农民运动”[①]。张国焘也认为：“在农民中发展国民党的势力和影响是无关宏旨的，因为中共在农民中尚无实力存在”。显然，这是一个整体性认识的问题。

不过，陈独秀是研究农民问题的先驱之一。1922年11月，陈独秀写于莫斯科的《中国共产党目前的策略》，论及“劳民问题”。其中指出：

---

① 徐梅坤：《中共三大会址及大会经过》，广东革命历史博物馆编：《中共“三大”资料》，广东人民出版社1985年版，第167页。

“人数超过一万二千万被数层压迫的劳苦大群众（专指佃农），自然是工人阶级最有力的友军，为中国共产党所不应忽视的。中国共产党若离开了农民，便很难成功一个大的群众党。”文章分析了“中国一般农民之痛苦”，提出“解除此等痛苦”应采用的政策：开展限制租额和限田运动，组织农民消费协社、农民借贷机关，以及开垦荒地、改良水利[①]。1923年7月，陈独秀发表《中国农民问题》指出：“在经济落后的殖民地半殖民地，不但农民占全人口之大半数，其国民经济之真正基础，还是农业；在这些地方之各种革命都不可忽视了农民的力量”。中国遭受“外货侵入生活困难及贪官劣绅军阀灾荒之痛苦，往往也能激起他们的群众运动；这种农民的大群众在目前已是国民革命之一种伟大的潜势力，所以在中国目前需要的而且是可能的国民运动中，不可漠视农民问题”。陈独秀还对农村中的各阶层进行阶级分析。他主张发动引导农民组织起来参加国民运动，并以教育和宣传为先行，建立农民自己的组织。其组织形式有四：一是建立农会，由具有共同利益的乡村各种农民（自耕农、佃农、雇工）联合为一个组织。二是组织乡自治公所。三是组织佃农协会。四是组织雇农协会。邓中夏说：“在向来不重视统计的中国，要解决这类大问题，真是‘戛戛乎其难矣’。所以中国出版界关于这个问题的文章，简直绝无仅有；就是仅有的不是‘捕风捉影’便是‘隔靴搔痒’。只有《前锋》第一期，陈独秀先生《中国农民问题》一篇文章，算是精审可观，对于中国农民状况分析的很细致很正确”[②]。

6. 关于青年运动的决议案

中共三大《青年运动决议案》由张太雷、刘仁静起草。

张太雷是青年团的主要负责人之一，也是中国派往青年共产国际的使者。1921年7月中共一大召开后，中共中央决定在全国恢复和整顿社会主义青年

① 陈独秀：《中国共产党对于目前实际问题之计划》（1922年11月），转引自李忠杰、段东升主编：《中国共产党第二次全国代表大会档案文献选编》，中共党史出版社2014年版，第98—99页。

② 邓中夏：《中国农民状况及我们运动的方针》，《中国青年》第13期，1924年1月。

团，派刚从苏俄回国的张太雷负责这项工作。1922 年 4 月至 6 月，张太雷陪同青年共产国际代表，也是共产国际远东书记处主席团成员达林在广州同中国国民党领袖孙中山多次会晤。1922 年 5 月，中国社会主义青年团第一次代表大会在广州召开。张太雷作为团临时中央兼上海团的代表出席，并致开会词，当选为执行委员。1923 年，张太雷作为团中央的代表出席中共三大。

刘仁静则是中共三大后团中央的新“掌门”，1922 年在莫斯科参加共际国际四大的同时，参加了少共国际三大。1923 年 9 月，中国社会主义青年团第二届中央执行委员会召开第一次全体会议，选举产生中央局，刘仁静任委员长。

中共三大通过《青年运动决议案》是历史的进步。陈独秀在中共三大的工作报告中说，过去“我们很少注意农民运动和青年运动”，中共三大当然有所改观。首先，决议案肯定青年运动和青年团在党的工作的重要性。“第三次大会认青年运动为本党重要工作之一，所以对于社会主义青年团应极力加以组织上指导上之援助。”其次，青年团应该注意青年工作。“社会主义青年团应以组织及教育青年工人为其重要工作，在出版物上应注意于一般青年实际生活状况及其要求。”再次，青年工作与国民运动的结合。“社会主义青年团对于青年学生应从普通的文化宣传进而为主义的宣传，应从一般的学生运动引导青年学生到反对军阀反对帝国主义的国民运动。”又次，“社会主义青年团应开始从事于农民运动的宣传及调查”。最后，决议案强调，“社会主义青年团应根据本党第三次大会关于国民运动与国民党之议决案极力参加国民运动”。这是后来团二大贯彻中共三大的依据。

7. 关于妇女运动的决议案

中共三大通过的《妇女运动决议案》，字数不多，仅有 645 个字。比起中共二大通过的《关于妇女运动的决议》的 1000 余字，篇幅大为减少。但却对全国妇女运动的状况有了清楚的认识，肯定了劳动妇女在以往罢工中的重大作用及妇女参加阶级斗争的重要意义，更为接近中国的实际，在指导妇女运动的实际方面大大前进了一步。主要由向警予起草的中共三大的《妇女运动决议案》共三个部分，内容如下：

第一部分“劳动妇女运动”，对过去工作进行了总结。“在去年的蓬勃罢工运动之中，已表现劳动妇女在阶级斗争中之重要与意义。但同时男工女工间之冲突亦随而发见”。针对男工女工间之冲突有可能会成为“工人阶级分裂之危机”，因此，“本党关于此点应尽力宣传，不仅要号召男女工亲密团结，而且要扫荡男工轻侮女工之习惯与成见。至接触女工初步方法，或办工儿院，或办女工夜学，亦方法之一，并可斟酌情形因期制宜”。

第二部分“一般的妇女运动”指出，当时社会上“一般的妇女运动如女权运动、参政运动、废娼运动等”，中国共产党认为“亦甚重要”。“本党女党员应随时随地指导并联合这种种运动”，口号应是“全国妇女运动的大联合”“打破奴隶女子的旧礼教”“男女教育平等”“男女职业平等”“女子应有遗产承继权”“男女社交自由”“结婚离婚自由”“男女工资平等”“母性保护”“赞助劳动女同胞”。除此外，还应加入“打倒军阀”“打倒外国帝国主义”两个国民革命运动的口号，以引导占国民半数的女子参加国民革命运动。

第三部分妇女运动委员会及出版物。为了更好地指导妇女运动，中共三大决定成立妇女运动委员会，编辑出版物，决议规定：“为集中本党女党员之活动及系统地指导全国妇女运动起见，应设立妇女委员会以外，要在全国妇女运动中树立一精神的中心，应创办一种出版物，以指导并批评日常的妇女生活及妇女运动”[①]。根据这一决议，1924 年 5 月中央设立妇女部，向警予任部长，1926 年改组为妇女运动委员会。

中共三大通过的《妇女运动决议案》比起中共二大通过的《关于妇女运动的决议》，表现出中国共产党在领导妇女运动方面的长足进步。中共二大的妇女运动决议比较多的是从理论上进行分析和概括，对中国的妇女运动有了初步的认识，指出中国妇女解放运动的大方向，这也是难能可贵的，但是没有中共三大那样具体和深入。

① 《中国共产党第三次全国大会决议案及宣言》，1923 年 7 月印行。

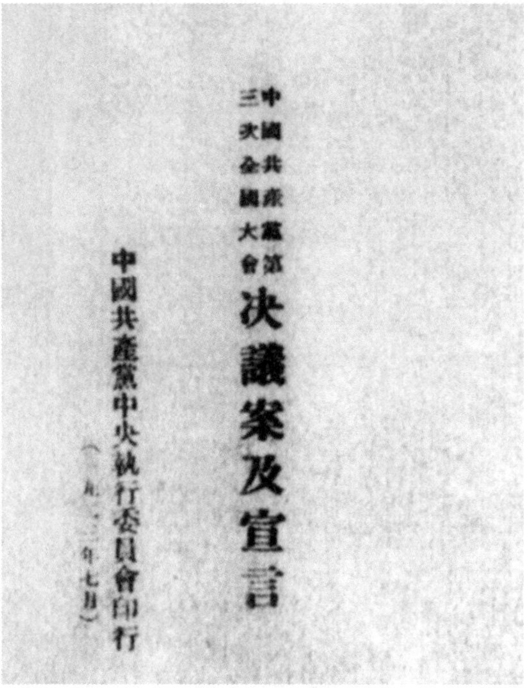

中共三大通过的决议案及宣言

（三）两份声援兄弟党的决议

1923 年 6 月 19 日，在广州召开的中共三大两份声援信，都是以中国共产党中央执行委员会名义从广州发出的，全文字数不多，短短十几行字，既表达对日本、印尼政府镇压工人运动的愤怒，又表示中国共产党对兄弟党的支持和援助以及继续战斗下去的决心。

1.《中国共产党第三次代表大会关于声援日本共产党的决议》

中共三大通过了关于声援日本共产党的决议。这份决议写道："获悉关于依据军国主义反动政府的命令逮捕大约一百名同志的消息以后，中国共产党第三次代表大会对于你们与统治贵国的黑暗反动势力不断进行的英勇斗争表示极大的同情"。决议同时指出："当帝国主义列强在太平洋上准备发动新的世界大战的时候（这次战争的破坏和灾难必将超过上次的战争），中日两国政府便竭尽全力镇压工人运动和工人阶级的组织。我们，日本和中国的共产党人必须共同奋斗，以共同的力量反抗共同的敌人”。中共三大对被捕的日本同志表示同情，希望日本共产党不要削弱自己在日本劳动群众中的革命活动。还指出，劳动群众的阶级组织，在不久的将来定会成为粉碎军国主义势力和统治的革命运动的最重大的要素。

2.《中国共产党第三次代表大会关于爪哇进行逮捕的决议》

中共三大通过《中国共产党第三次代表大会关于爪哇进行逮捕的决议》，也是声援性质。这是获悉印度尼西亚共产党的谢马奥纳和谢马朗哥两位同志被捕、爪哇岛铁路员工罢工、当局残酷迫害和逮捕30余位地方组织的领导人等消息后，“中国共产党第三次代表大会对于你们为反对荷兰殖民政府的压迫所进行的英勇斗争，表示极大的同情”。声援信强调，“一切殖民地和半殖民地国家的工人阶级必须高举起国东工人团结的旗帜，为反对共同的敌人——国际帝国主义而斗争”。“为了自己国家的民族解放而进行斗争的爪哇和中国的共产党人，必须团结自己的力量，为共同的目的一同奋斗。”中共三大“向被捕的同志和爪哇兄弟党致以最好的祝愿，并望你们迅速地恢复工人阶级的组织；最后胜利是属于我们的”。

八、中央委员会选举和大会闭幕

根据大会讨论通过《中国共产党第一次修正章程》关于“中央执行委员会由全国代表大会选举九人组织之，并选举候补委员五人”的规定，进行了选举。

（一）中共三大的选举

1. 中央执行委员会

根据《中国共产党中央执行委员会组织法》的规定，中央执行委员会由代表大会选出九名中央执行委员和若干名候补委员，“中央委员缺职时应以候补委员补缺”。关于第三届中央执行委员会的选举程序，据罗章龙的回忆，在选举第三届中央委员会前，共产国际代表召集一部分代表谈了一次话，谈选举中央执行委员会有关问题。当时代表们对选举问题都有了准备，马林要求代表把意见拿出来。罗章龙参加了这次会议。另一次是召集个别人开会，重要人员参加。总之，中共三大的选举是经过两次谈话酝酿才提名。马林说，中共二大的会议搞得匆忙，三大要细致些，会议要开好。还说，政治路线是国共合作，组织路线则应尽量安排工人代表到中央，特别是党的中央常委要有工人代表，最好是参加工农运动中涌现出来的分子。根据这个原则，中共三大选出了中央委员和候补委员十几人①。

中共三大结束后不久，1923 年 6 月 25 日，马林便向共产国际执行委员会、工会国际和共产国际执行委员会东方部远东局报告“选举新的中央委员会的投票情况：

陈独秀 40 票

蔡和森 37 票

李大钊 37 票

王荷波（工人）34 票

毛泽东 34 票

朱少连（工人）32 票

谭平山 30 票

项英（工人）27 票

罗章龙 25 票

中央候补委员是：邓培、张连光（工人）、徐梅坤、李汉俊、邓中夏”②。

马林的报告和其他一些有关中共三大选举的资料是完全吻合的。但问

① 广东革命历史博物馆编：《中共“三大”资料》，广东人民出版社 1985 年版，第 178 页。

② 马林：《向共产国际执行委员会、工会国际和共产国际执行委员会东方部远东局的报告》（1923 年 6 月 25 日），李玉贞主编：《马林与第一次国共合作》，光明日报出版社 1989 年版，第 264—265 页。

题是：40 票是否是满票？有没有弃权票？反对票？陈独秀是否也投了自己一票？不得而知。所以，40 票仅为投票者人数的最低限度。如果还有弃权、反对票，那么就不止 40 票了。

瞿秋白在 1930 年 2 月 28 日关于《中国共产党历史概论》第五讲《国民革命联合战线》中也介绍说：第三届大会选出由 9 名委员、5 名候补委员组成的中央执行委员会。其中，9 名中央执行委员名单及得票情况为：陈独秀（40 票）、蔡和森（37 票）、李守常（37 票）、王荷波（34 票）、毛泽东（34 票）、朱少连（32 票）、谭平山（30 票）、项英（27 票）、罗章龙（25 票）。5 名候补委员为：邓培、张连光（潜逃）、徐梅坤、李汉俊、邓中夏[①]。

综合各种资料，中共三大选举的中央执行委员会共有 9 名委员：陈独秀、蔡和森、李大钊、毛泽东、王荷波、朱少连、谭平山、项英、罗章龙。候补中央委员是：邓培、张连光、徐梅坤、李汉俊、邓中夏。中央局由五人组成：陈独秀、毛泽东、罗章龙、蔡和森、谭平山。陈独秀担任中央执行委员会委员长，毛泽东为秘书，罗章龙担任会计，蔡和森担任宣传工作并继续主编《向导》周报。这是 1923 年 6 月至 1925 年 1 月，中共中央的领导成员[②]。

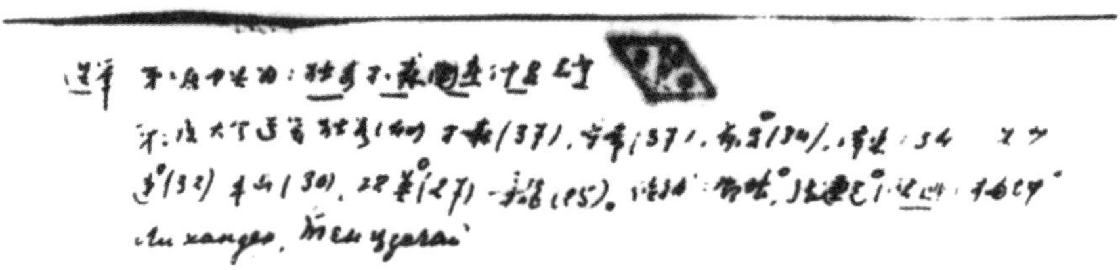

瞿秋白记录的中共三大选举结果

① 瞿秋白：《中国共产党第三次代表大会》，广东革命历史博物馆编：《中共“三大”资料》，广东人民出版社 1985 年版，第 132 页。

② 姜华宣：《中国共产党第三次全国代表大会　中国共产党民主革命时期七次全国代表大会介绍（三）》，《人民日报》1981 年 6 月 4 日。

2. 中央局及工作部门

《中国共产党中央执行委员会组织法》规定，“大会后之中央执行委员会第一次会议，即应分配工作，并选举五人组织中央局，其余四人分派各地，赞助该地方委员会一同工作”，中央局以中央执行委员会名义行使职权，由执行委员会选出委员长、秘书及会计三人，分别执行具体职务。据此，中共三大结束后，中央执行委员会即举行会议，选出陈独秀、毛泽东、罗章龙、蔡和森、谭平山五人组成中央局（相当于后来的政治局），其中，陈独秀为中央局委员长，毛泽东为中央局秘书，罗章龙为会计；谭平山负责国民党联系，蔡和森担任宣传工作并继续主编《向导》周报；其他四名中央委员分派各地，其中李大钊被派驻北京、王荷波被派驻上海、项英被派驻武汉、朱少连被派驻长沙（中央局广州迁上海后，王、谭职务对调，驻地不变：驻沪中央委员王荷波改任中央局委员、谭平山由中央委员改任驻粤中央委员）。中央候补委员或其他候补委员分工负责青年团、工会和妇女的工作，或派地方委员会。有意思的是，第三届中央局五个人中有三个人是新民学会成员，即毛泽东、罗章龙、蔡和森。

根据有关当事人的回忆，中央局下设组织、宣传、妇女等部门，毛泽东负责组织，蔡和森、罗章龙、瞿秋白负责宣传，向警予负责妇女工作。组织部主要负责组织建党、人事调动，党员训练等。宣传部主要是负责宣传工作、教育工作，主办《向导》，后增加了《中国工人》。以后，中央机构扩大，增设几个委员会，主要有工人运动委员会、农民运动委员会、青年运动委员会、妇女运动委员会等，稍后成立了军事委员会。工人运动委员会，简称工委，以王荷波为主任，有时称书记，委员有十多人，工委下面有全总、铁总、海总、省总、市总（直属市），各有一个综合党支部或党团，并设有书记。农民运动委员会，毛泽东兼负责人，下有各省农协，但成立时间先后不同，其中也有党团组织。青年运动委员会，实际上就是共青团，书记为恽代英，委员为李求实等。妇女运动委员会，向警予为主任，下设妇联。军事委员会成立时间稍晚。中共三大后的军事工作，属中央常委即中央局直接领导，组织部和宣传部办理，中央及各地没有正式设立军委，1924 年 5 月黄埔军校成立后，中央才设军委，广东区委也设军委，广东区委军委书记为周恩来。据罗章龙回忆，各省区还设有民委，党中央没有，主要是做国民党的统战工作。以后中央吸取经验，才设立了统战部[①]。

但根据《中国共产党组织史资料》，关于第三届中央执行委员会组织、宣传各部门的设置，中共三大时仅有秘书、会计两部门，分别由毛泽东、罗章龙负责;《向导》周报、《新青年》、《前锋》三个编辑部，分别由蔡和森、瞿秋白担任主编。在中共三大后，宣传教育委员会设置于 1923 年 10 月,《中国共产党党报》于 11 月创刊，由陈独秀主编。1924 年 1 月，设置职工运动委员会，中央候补委员邓中夏任书记。1924 年 5 月中共中央扩大会议之后，中央设置组织秘书部、宣传报刊部、工农部和出版部，分别由毛泽东、罗章龙、王荷波、洪鸿负责。1924 年 8 月设工会运动委员会，项英、邓中夏为负责人。至于农民运动委员会、妇女部（妇女运动委员会）等，是第四届中央执行委员会任内开始设置[②]。

（二）中共三大闭幕

马林在 1923 年 6 月 20 日致共产国际执行委员会的报告中，明确指出有“陈独秀同志致闭幕词”。陈独秀致闭幕词时就已经指出，党在第一次代表大会时还没有纲领，甚至没有规章，党的要求——无产阶级专政——悬在半空，到第二次代表大会时就脚踏实地了，有了规章，找到了与中国实际的联系许决定了党要走的道路[③]。其他代表的回忆录也说：中共三大召开了闭幕会，马林还在会上祝贺大会成功。他一方面肯定大会排除了在解决

① 《罗章龙谈中共“三大”的前后情况》，广东革命历史博物馆编:《中共“三大”资料》，广东人民出版社 1985 年版，第 179—180 页。

② 中共中央组织部、中共中央党史研究室、中央档案馆编:《中国共产党组织史资料》第 1 卷，中共党史出版社 2000 年版，第 41—42 页。

③ 马林:《致共产国际执行委员会的信》(1923 年 6 月 20 日)，李玉贞主编:《马林与第一次国共合作》，光明日报出版社 1989 年版，第 243 页。

党的组织问题上的“障碍”，另一方面，希望那些对大会结果表示不满的同志不要“不合作”，不要搞“破坏”。而当时张国焘因为反对国共合作，也被算作搞破坏的人之类①。

大会的最后一天，全体代表集中在黄花岗烈士陵园，中共三大结束的当天，代表们来到黄花岗烈士墓前，在瞿秋白的指挥下高唱《国际歌》。中国共产党第三次代表大会，就在雄壮有力的歌声中胜利闭幕了②。《国际歌》由瞿秋白翻译，从党的三大开始，在党的全国代表大会闭幕式上奏唱《国际歌》成为延续至今的传统③。

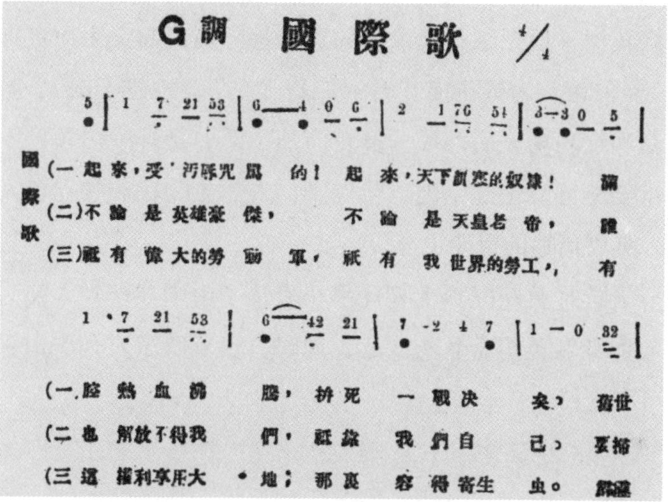

发表在《新青年》上由瞿秋白翻译的《国际歌》的中文歌词

中共三大代表徐梅坤回忆说，“大会结束那天，我们到黄花岗，由瞿秋白同志指挥，大家唱国际歌。中国共产党第三次代表大会，就在那雄壮有力的国际歌声中胜利闭幕了”。据徐梅坤回忆，会议进行期间，代表们不

① 张国焘：《党的第三次全国代表大会及大会后的一些情况——给维金斯基、穆辛的信（1923年11月16日）》，广东革命历史博物馆编：《中共“三大”资料》，广东人民出版社1985年版，第203页。

② 《中国共产党第三次全国代表大会（永远的丰碑·红色记忆）》，《人民日报》2006年5月22日。

③ 禹伟良、卞民德、贺林平、姜晓丹：《汇聚起大革命的滚滚洪流（峥嵘岁月）——聆听三大的历史回响》，《人民日报》2021年1月20日。

敢唱《国际歌》，怕被居住在会址对面逵园的华侨听见。所以，到黄花岗七十二烈士墓前，由瞿秋白教唱《国际歌》。也有资料提及，代表们在会议期间刚刚学会了《国际歌》，会议结束时便在黄花岗烈士墓唱《国际歌》。不论是会上学还是墓前教，从现有的资料看，在党的代表大会上唱《国际歌》，是从中共三大开始的。

广州的黄花岗烈士墓，是为了纪念1911年4月27日（农历辛亥三月二十九日）孙中山先生领导的同盟会，在广州举行起义中牺牲的烈士而修建的。这次起义由黄兴领导。起义失败后，死难的同盟会会员有名可考者86人。其中72人的遗骸由当时担任记者的同盟会员潘达微等出面收葬于广州东郊红花岗，后把红花岗改名为黄花岗，这次起义因而被称为“黄花岗起义”。墓园起名为黄花岗“七十二烈士墓”，始建于1912年，至1921年，烈士墓和纪功坊先后落成。黄花岗烈士墓，是孙中山领导中国资产阶级革命的重要见证，也是中国近代以来仁人志士为民族独立和人民解放而前仆后继、英勇牺牲的重要见证。

中共三大选择黄花岗烈士墓凭吊，表达了中国共产党人愿为民族独立和人民解放而继续英勇奋斗的决心。同时，也反映了对孙中山领导的中国革命的认可和支持。

第三章　中共三大精神的贯彻

中共三大结束后，共产党的各级组织动员党员和革命青年加入国民党，在全国范围内积极推进国民革命运动。随着会议精神的贯彻落实，以国共合作为基础的革命统一战线的正式建立，对推动中国革命的发展起了重要作用，为大革命做了必要准备。

一、中共中央在广州与迁回上海

广州是一个共产党可以合法存在的城市。中共三大前半年多的奔波不定，使中共中央认识到拥有一个稳定驻地的重要性。陈独秀在中共三大的报告中说，“我们不得不经常改换中央所在地，这使我们的工作受到了严重损失”[①]。中共三大在广州召开，共产国际代表马林“认为这次代表大会与历次代表大会相比是最成功的一次”。中共中央迁往广州后，宣传事业也上了一个新台阶。但由于各种原因，中共三大后不到一个月，中共中央就由广州迁回上海。

（一）中共中央在广州的宣传活动

中共中央在广州的四个月时间里，不仅成功召开第三次全国代表大会，宣传事业也上了一个新台阶。除了《向导》周报外，又有《前锋》在广州创刊发行，停刊已久的《新青年》也以季刊的形式再次与读者见面。三者

---

① 《陈独秀在中国共产党第三次全国代表大会的报告》(1923 年 6 月)，《“二大”和“三大”：中国共产党第二、三次代表大会资料选编》，中国社会科学出版社 1985 年版，第 172 页。

相互配合，共同奏响中国共产党的革命号角。

1.《向导》周报继续出版

1923年4月18日，《向导》周报在广州出版第21期。该期刊登中共中央4月11日发表的《中国共产党告滇军兵士》；该刊时事短评发表向警予采写的《反抗日本帝国主义的方针》，蔡和森的《中日交涉与中俄关系》《北京教会学生的单独对日示威运动》《外国帝国主义与军阀协同压迫革命的真势力》《辟孙曹携手》，以及陈独秀的《怎样打倒军阀》、李大钊的《普遍全国的国民党》（署名T. C. L）等文章。

中共三大前后，《向导》于6月6日出版第28期，13日出版第29期，20日出版第30期；7月11日出版第31期和32期合刊，18日出版第33期。其中，6月13日第29期发表张太雷的《羞见国民的中国国民党》说：国民党应当是国民的党，是领导国民群众的政党；所以他的职务应是组织国民群众，在国民群众宣传，鼓起国民的精神。中国国民党辛亥革命以来12年的奋斗一无所成，因为他完全和国民断绝关系，而只知道和军人政客交际。无怪乎国民不愿认国民党为他们的党，实际上国民党没有做他对于国民应做的事情，没有和国民接近，没有尽一点鼓起国民精神的责任。这大概是批评国民党文章中最激烈的一篇。当然，《向导》在创刊后的第一年和第二年，对国民党及其领袖采取了公开批评的态度，几乎每期都刊登批评国民党的文章。蔡和森认为，在宣传上采取独立态度是完全正确的[①]。

6月20日出版的《向导》第30期，发表《中国共产党第三次全国代表大会宣言》。7月11日，《向导》周报第31、32期合刊“北京政变特刊号”，发表陈独秀的《北京政变与国民党》《北京政变与学生》《北京政变与军人》，蔡和森的《北京政变与英美》《北京政变与吴佩孚》《北京政变与克利斯浦借款》《北京政变与下学系》，毛泽东的《北京政变与商人》，孙铎（马林）的《北京政变与上海工会之主张》，刘仁静的《北京政变与

---

① 蔡和森:《党的机会主义史》(1927年),《中共党史报告选编》，中共中央党校出版社1982年版，第79页。

农民》《北京政变与劳动阶级》（署名競人），以及致中的《北京政变与孙曹携手说》等文章，以及高君宇6月23日、伯青6月26日写自北京的“北京通信”，还有若干读者来信。

7月18日出版的《向导》第33期刊登了陈独秀的《我们要何种势力管理中国？》、孙铎（马林）的《美国人第二次造谣》《他们的道路与我们道路》，刘仁静（竞人）的《国会与制宪》《美国侨商团体之对华主张》，张太雷（大雷）的《华府条约的效力》。

《向导》周报积极宣传中共三大会议精神，鼓吹国民革命，影响力越来越大。1923年12月，在北京大学成立25周年纪念日举办的民意测验中，《向导》获得各界读者喜爱，读票220票，名列全国周刊第一名，读者称赞它是当时中国新闻界中“真敢替受压迫的工农阶级呼冤而确能指示民众以革命大路的”唯一报纸，代表着广大人民群众的立场和利益①。

2.《新青年》在广州复刊

1915年9月，陈独秀在上海创办《青年杂志》。1916年改名《新青年》，后成为上海共产党早期组织和中国共产党的机关刊物。1921年曾迁至广州，出版第8卷第6号和第9卷第1号至第5号。同年9月，陈独秀回上海主持党中央工作，《新青年》暂停出刊。

1922年7月，《新青年》在广州恢复出刊，出版第9卷第6号，后因时局问题，《新青年》第10卷未能续出。关于《新青年》的作用与停办的影响，马林1923年5月说，《新青年》小组曾经是中国的思想中心，它在中国的学生中起了重要作用。党就是在这个时期建立的。曾有一个时期，这个小的组织受我们陈独秀办的《新青年》杂志的影响，在中国的生活中发生了直接的作用。知识分子中间生了很多问题，组织得不到发展，其原因之一就是月刊长期停办。《新青年》杂志原有的影响业已丧失，单靠译载

---

① 何立波：《红色记忆——1921—1949 党史人物珍闻》，首都经济贸易大学出版社2013年版，第89页。

文章无法挽回这个影响[①]。

《向导》第26期在1923年5月23日刊出“新青年社”启事：“本社总发行所现已迁移广州昌兴马路二十八号楼上。”1923年6月，《新青年》季刊在广州创刊，瞿秋白担任主编。瞿秋白翻译的《国际歌》的中文歌词首次在创刊号上发表。创刊号为“共产国际专号”。刊登列宁的《俄罗斯革命之五年》、洛若夫斯基的《共产主义之于劳动运动》，《东方问题之题要》（共产国际第四次大会之议决案，一鸿译），《殖民地及半殖民地职工运动问题之题要》（赤色职工国际第二次大会之议决案，陈独秀译），《世界革命中之农民问题》（亦农编译），《共产主义之文化运动》（溪浈女士译），及瞿秋白撰写的九篇文章等。

1923年4月18日，中共中央政治机关报《向导》周报总发行部迁至广州昌兴街28号三楼

① 《致共产国际执行委员会、红色工会国际、共产国际执行委员会东方部和东方部远东——关于中国形势和1923年5月15日至31日期间的工作报告》（1923年5月31日），中共中央党史研究室第一研究部编：《共产国际、联共（布）与中国革命文献资料选辑（1917—1925）》第2卷，北京图书馆出版社1997年版，第450—455页。

《新青年》季刊第 1 期编辑者、印刷者均为“广州平民书社”，总发行所广州昌兴路 28 号二楼平民书社，也即新青年社。全书 160 多页，“定价大洋二角，多购特别从廉”。封底二还刊登《京汉工人流血记》售书广告，定价二角，由平民书社代售。封底是售书广告《新青年社——举行大廉价》：“本社出版的各种丛书以及《新青年》八、九两卷，自七月一日起至八月卅日止，大廉价两个月。凡在廉价期内以现款购书，一律照原价六折计算，外埠购买，寄费加一，邮费代价，十足收用。廉价以广州本社为限，与各埠本社代派处无涉。期满即照原价发售；受读本社出版物的读者，幸勿失此机会。”瞿秋白专门为《新青年》季刊设计了封面：一只大手从监牢的铁窗中伸出，手中握着鲜红的飘带。这幅画的底本是外国一幅革命的宣传画，标题为“来自监牢的庆祝和呼声：共产国际万岁”。瞿秋白将标题的前句改为“革命党自狱中庆祝革命之声”，置于图案下方。

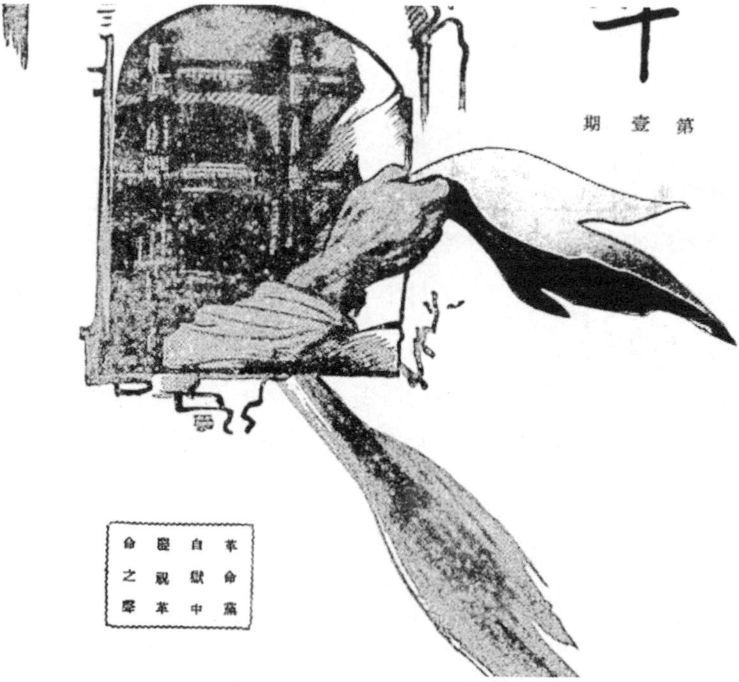

瞿秋白为《新青年》季刊设计的封面

1923年12月在广州出版的《新青年》季刊第2期，编辑者、印刷者、总发行所仍为广州平民书社，但其地址改为广州司后街45号。第3期于1924年8月出版，编辑者、发行者为“广州新青年社”。第4期于12月出版，除陈独秀、瞿秋白、彭述之、郑超麟、蒋光赤和任卓宣的文章外，还编发了列宁、斯大林、托洛茨基、维经斯基的文章，其中列宁著作多达4篇。此后，《新青年》改为不定期出版，于1925年4月、6月和1926年3月、5月、7月，出版第1号至第5号，而后停刊。这5期的编辑者、发行者均为“新青年社”，总代派处为“广州国光书店”。

3.《前锋》在广州创刊

与《向导》《新青年》不同的是，中共中央机关刊物《前锋》月刊是在广州创刊。按照纸面的标识，《前锋》于1923年7月1日创办，但其筹办较早。早在1923年5月，马林在给致共产国际执行委员会、红色工会国际的报告中说：“新的月刊《前锋》第一期将于6月20日编辑完毕。我为这家杂志写了一篇批评中国国民运动的文章。”[①]6月12日，陈独秀在中共三大上的工作报告中说：“出版《前锋》月刊，刊登有关中国政治经济情况的一般性的文章和国际政治形势问题的文章”。《前锋》由广州平民书社编辑发行并负责印刷工作，原定每月一册，每册定价二角，半年出版六册定价一元，全年十二册定价二元，不包括邮费。实际发行三期。第一期1923年7月出版，第二期延至1923年12月出版。最后一期为1924年2月第1卷第三期。第一期总发行所，为广州昌兴28号二楼平民书社，第二期和第三期仍为平民书社，但地址改为广州司后街45号[②]。该刊属于政治类刊物。

《前锋》主编也是瞿秋白，陈独秀、张太雷、向警予为主要撰稿人。

---

① 《致共产国际执行委员会、红色工会国际、共产国际执行委员会东方部和东方部远东——关于中国形势和1923年5月15日至31日期间的工作报告》(1923年5月31日)，中共中央党史研究室第一研究部编:《共产国际、联共(布)与中国革命文献资料选辑(1917—1925)》第2卷，北京图书馆出版社1997年版，第450—455页。

② 有史料笼统记述为:“总发行所:广州司后街四十五号平民书社。”《广东革命历史文件汇集(1919—1949):广东报刊资料选辑(上)》，中央档案馆、广东省档案馆1991年编印，第177页。

在《前锋》创刊号上，陈独秀撰写了发刊词和《中国农民问题》；瞿秋白除《现代中国的国会制与军阀》外，还以笔名“屈维它”发表了《中国之资产阶级的发展》与《帝国主义侵略中国的各种方式》两文；张太雷撰有《法西斯主义之国际性》与《近代印度概况》；向警予撰有《中国最近妇女运动》；马林化名“孙铎”发表《中国国民运动之过去及将来》。毛泽东在广州期间撰写的《省宪下之湖南》，也在《前锋》创刊号发表，笔名“石山”。《前锋》坚持中共三大的决议精神，把宣传党的方针政策作为主要任务。瞿秋白在《前锋》专门开辟的“寸铁”栏目，是宣传马克思主义的重要载体：分析探讨中国革命的基本问题、宣传国民革命运动、广泛动员民众参与运动；反映工人阶级生存状况、引导学生运动的正确方向；旗帜鲜明地反封反帝、进一步解放思想；批判各种非马克思主义思想流派，广泛传播马克思主义。“寸铁”栏目的文章篇幅短小、语言精练，揭示道理入木三分，具有很强的战斗性与批判性。

同年 7 月，中国共产党发表第二次对时局的主张，表明了愿与国民党合作的态度：“由负有国民革命使命的国民党，出来号召全国的商会、工会、农会、学生会及其他职业团体，推举多数代表在适当地点，开一国民会议”。但中国共产党坚持自己的立场，“若是国民党仍旧号召四个实力派的裁兵会议与和平统一，其结果只军阀互战或产生各派军阀大结合的政局”，如此我们主人翁的国民应起来肩此巨任，“号召国民会议以图开展此救国救民的新局面”。中共中央指出：“在北京之国会已成为封建军阀的傀儡，国民已否认其代表资格，只有国民会议才真能代表国民，才能够制定宪法，才能够建设新政府统一中国，也只有他能够否认各方面有假托民意组织政府统治中国之权。由此国民会议所产生之新政府，须以真正国民革命的势力，扫荡全国军阀及援助军阀的外国势力，然后才不愧为统一全国的人民政府，不是一个偏安一隅的政府，更不是一个各派军阀合作受列强势力所卵翼的政府。”[①]

中共中央三大刊物《向导》周报、《新青年》季刊及《前锋》月刊从思

① 《中国共产党第二次对时局的主张》（1923 年 7 月），《先驱》第 24 号（1923 年 8 月 1 日）。

想、理论和政治上全面展开的马克思主义宣传，对现代中国政治文化的转型和社会转型产生了一定影响①。值得注意的是，中共中央迁回上海后，这三大刊物仍将出版地标为广州。例如《向导》第34期（8月1日）及以后各期，发行通讯处仍为“广州昌兴街二十八号三楼本社”和“北京大学第一院收发课转刘发青”。到10月17日的第43期，才删除“广州昌兴街二十八号三楼本社”，仅留北京发行通讯处。在北京、广州之间，漏列上海，显系有意为之。又如《前锋》，第2期延至1923年12月出版。最后一期为1924年2月第3期，总发行所仍为广州昌兴28号二楼平民书社，地址改为广州司后街45号②。至于《新青年》，1923年12月的《新青年》季刊第2期，编辑者、印刷者、总发行所仍为广州平民书社。1924年8月、12月出的第3、第4期，编辑者、发行者为“广州新青年社”。此后改为不定期出版，于1925年4月、6月和1926年3月、5月、7月，出版《新青年》第1号至第5号（后停刊）。这5期的编辑者、发行者均为“新青年社”，总代派处为“广州国光书店”。这可能是所谓《新青年》等刊物在上海出版、委托广州发行的由来③。

（二）中共中央在广州的其他活动

1. 加强工会工作与维护党的团结

中共中央迁来广州后，致力于维护党的团结，挫败分裂阴谋。在挽留党员脱党方面，主要是对李汉俊和沈定一。马林在给共产国际的报告中说，中国共产党“这个小小的组织中，也有各种各样的冲突”。李汉俊是最有理论修养的同志，曾在湖北工作，尤其主张在知识分子中进行宣传，主要是理论宣传。中央委员间的人事冲突导致了他退党。这样我们就失去了一个优秀的理论干部。中共中央采取有效的挽留措施。例如，1923年6月中共

① 彭红燕主编：《中国新闻事业史》，武汉大学出版社2011年版，第178页。

② 有史料笼统记述为：“总发行所：广州司后街四十五号平民书社。”《广东革命历史文件汇集（1919—1949）：广东报刊资料选辑（上）》，中央档案馆、广东省档案馆1991年编印，第177页。

③ 蓝鸿文、许焕隆：《瞿秋白评传》，人民日报出版社2000年版，第34页。

三大选举李汉俊为中央执行委员会候补委员。马林的报告还说，“在资助罢工殉难者的问题上，汉口的一些党员对中央委员会表示不满，他们派遣代表到广州来争取孙中山的支持，不过由于陈独秀和我的阻止，他们没有如愿。一位优秀的同志被派到汉口去，现在那里又有一个小组在工作，它与中央委员会关系很好”。此外，“湖北的不满分子和上海的一些人企图在北京另立组织，这种危险是存在的”。这个组织得到一位国会议员的支持，这位议员既不反对共产主义又与曹锟保持良好关系。可是不久，曹锟就对京汉铁路工人大开杀戒。该员又利用荐人到政府机关任职的手段拉拢了一些人。“现在，他企图通过反对我们的同志与国民党联合的办法来发展他的组织”。但中共中央挫败了这种分裂活动。“优秀分子开始在一些大城市进行工会工作，目前在铁路工人和湖北、湖南两省已初见成效。”①

7 月 1 日，中共中央致信国际红色工会，对其给予中国工人运动的捐款援助表示感谢，并汇报了最近中国工人运动发展:（1）自开滦矿工和京汉路工人罢工失败以后，国内大多数工会遭到破坏。（2）京汉铁路工人中的秘密小组正在发展。京奉、陇海两线的秘密组织未被破坏。正太、津浦两线建立小组的工作也已开始。6 条铁路的工人和开滦煤矿工人迫切希望恢复工会的合法地位。（3）湖南的工会（有 30000 会员）仍合法存在。萍乡矿工工会有 1.1 万人，是最好的工会组织之一。（4）湖北省被解散的工会正在逐步组成许多小组。（5）海员工会由于组织不健全而面临内部危机，目前处境艰难。（6）广东省没有大工厂，许多手工业工人参加了工会。（7）上海是中国工人高度集中的地方，但工会空有其名。（8）山东和哈尔滨的组织工作已经开始，望红色工会国际指示哈尔滨的俄国工会与我们合作②。

同日，《中国共产党中央委员会致苏联铁路工人联合会的信》，对该会

① 《致共产国际执行委员会、红色工会国际、共产国际执行委员会东方部和东方部远东——关于中国形势和 1923 年 5 月 15 日至 31 日期间的工作报告》（1923 年 5 月 31 日），中共中央党史研究室第一研究部编:《共产国际、联共（布）与中国革命文献资料选辑（1917—1925）》第 2 卷，北京图书馆出版社 1997 年版，第 450—455 页。

② 《中国共产党中央委员会致红色工会国际的信》（1923 年 7 月 1 日），李玉贞主编:《马林与第一次国共合作》，光明日报出版社 1989 年版，第 273—275 页。

对中国工人阶级所表示的精诚团结之意谨致谢忱，并表示重建组织的工作已经开始，将“为更加成功地打击强大的敌人做好准备”[①]。

2. 大本营宣传委员会的工作

1923年4月，大元帅令“派陈独秀、谭平山、马超俊为大元帅大本营宣传委员会委员”。后来，该委员会推定陈独秀为委员长，并刊长方会印一颗，上刻“大本营宣传委员会”图记，于6月1日启印视事，孙中山于6月8日批准[②]。宣传委员会大力宣传国民党的革命主张，努力建立宣传阵地。8月初，谭平山等共产党人到粤北各地宣讲。他们不仅参加集会演讲，还到处散发传单和小册子，在当地产生了广泛的影响[③]。大元帅大本营宣传委员会曾制订过一个出版计划，拟编辑出版一系列宣传国民革命的书籍。据《广州民国日报》载：

大本营宣传委员会，最近对于宣传事务之进行，异常猛烈。文字上之宣传出版物，已出版者：（一）《十二年来国民党》，（二）《国民革命中之民团问题》，（三）《国民革命与国民党》第一册；未出版者：（一）《国民革命与军人》，（二）《国民革命与工人》；在编辑中者：（一）《国民革命与学生》，（二）《国民革命与商人》，（三）《国民革命与农民》；未曾编辑者：（一）《三民主义解说》，（二）《五权宪法解说》，（三）《中国之乱源》，（四）《工兵政策之解释及施行方案》，（五）《国民会议之特色》，（六）《今后国民党之使命》。以上各书，拟尽今年编辑完竣、刊行传播。其拟议中之关于宣传主义各项书目，尚在继续订定中，将源源出版，以供公览云[④]。

这些书籍，已多编成关于“国民运动”与“国民革命”问题，虽系以国民党本位，但与中共三大的精神相符。该计划中编列的书，后来大都编辑出版了。有的还在《广州民国日报》上连载刊登。例如，1923年8月14

---

① 《中国共产党中央委员会致苏联铁路工人联合会的信》（1923年7月1日），李玉贞主编：《马林与第一次国共合作》，光明日报出版社1989年版，第275页。

② 《陆海军大元帅大本营公报选编》，知识产权出版社2013年版，第79—80页。

③ 《宣传委员会视察北江之报告》，《广州民国日报》1923年8月8日。

④ 《宣传委员会之出版物》，《广州民国日报》1923年8月17日。

日刊登的《宣传委员会赠书》启事说：

宣传委员会印行各书，经已陆续出版。现《国民革命与国民党》第一册，亦已印就，分别赠送，内容是：第一章、概念。第二章、国民革命之意义：第一节、革命非仅政治根本上之变迁；第二节、革命是进化之义；第三节、革命之种类；第四节、国民革命之特性及对象；第五节、国民革命之要件：（一）伟大的群众，（二）共同的目标，（三）统一的组织，（四）领袖的政党。全书共五章，约分五册。现已出版第一册，撰述者为该会委员谭平山。爱阅诸君，函索既寄云[①]。

3. 统一战线工作的实践

关于中共三大后的统战活动，徐梅坤回忆说："开完三大，有些代表在广州停留几天。在这几天里，陈独秀、李大钊、毛泽东和我，到廖仲恺家里谈了国共合作问题，谈了两次。"[②] 在中共三大前后，多方积极促成国共合作，广泛有效开展统战工作的，莫过于毛泽东。

中共三大前，国民党中央派覃振自粤到湘活动。毛泽东托他带给中共湘区委员会书记李维汉一封信，要中共湘区委协助覃振开展筹建国民党的工作。毛泽东还通过国民党元老覃振的关系，将唯一留在湖南的国民党员邱维震介绍给中共湘区委员会。中共湘区委员会书记李维汉接受毛泽东的建议，中共湘区党委决定同覃振、邱维震组织筹备组，由何叔衡负责。覃振在商谈妥当后去武汉。李维汉在《回忆与研究》中说："国民党中央党部派覃振自广东来湘活动，他带来毛泽东给我的一封信，要湘区党委协助覃开展筹建国民党的工作。"

毛泽东重点开展了对谭延闿的工作。毛泽东在湖南革命活动期间，坚决反对北洋军阀和赵恒惕的反动统治，因而与湘军首领谭延闿有一定交往。毛泽东称谭延闿为"乡邦英俊"。1920 年 9 月 9 日，毛泽东举办文化书社，

---

① 《宣传委员会赠书》，《广州民国日报》1923 年 8 月 14 日。

② 李成华：《九旬老人的心愿——访出席中共三大代表徐梅坤同志》，《人民日报》1983 年 7 月 12 日。

时任湖南督军兼省长的谭延闿应邀题写牌名，并亲临现场为书社开业剪彩。后来，谭延闿被部下赵恒惕逐出湖南，南下广东，隶属于孙中山的南方革命政府麾下。中共三大前后，谭延闿担任大元帅大本营建设部长。毛泽东到广州后，继续做谭延闿的统战工作，劝告谭延闿不要再用“联省自治主义”为口号，配合中共湘区委员会即将开展的“联谭（延闿）倒赵（恒惕）”运动。毛泽东还通过谭延闿的关系，加强对国民党内部情况的了解和联系，也为中共湘区委员会开展群众运动和统战工作创造条件。

1923 年 7 月，归顺于南方政府的湘西镇守使蔡钜猷（谭延闿部）起兵反对赵恒惕，并进攻常德的赵军。孙中山任命谭延闿为湖南省省长兼湘军总司令，入湘讨伐赵恒惕。8 月 7 日，谭赵战争爆发。中共三大前后，毛泽东为中共湘区委员会制定了“联谭倒赵”策略，支持拥护孙中山的谭延闿部湘军，讨伐倒向北洋军阀的赵恒惕。毛泽东在广州期间，曾与当时在大元帅大本营任建设部长的谭延闿商量合作问题，并托由粤赴湘活动的国民党元老覃振带话给李维汉，合作建立国民党地方组织。“谭赵战争”打响，中共湘区委贯彻毛泽东确定的“联谭倒赵”方针，发动支持谭延闿部进攻赵恒惕。谭军于 1923 年 9 月 1 日袭占长沙，赵恒惕仓皇出逃，史称“九一政变”。毛泽东本人也受中共中央派遣和国民党总务部委托，秘密赶往湖南，于 9 月 16 日到达长沙。但由于赵恒惕得到北洋军阀吴佩孚的支援，谭延闿部湘军于 9 月 13 日撤出长沙，退守湘南。后因陈炯明部进逼广州，谭军奉孙中山之命进一步退回广东境内，对付陈炯明。毛泽东在湖南专门从事国民党改组工作。

（三）中共中央由广州迁回上海

中共三大后，全党工作的重心转移到国民革命和国民党方面。这些工作的展开是以中共中央驻在广州为便利。但不到一个月，马林离开广州，中共中央迁回上海。

1. 中共中央从广州迁回上海的决策

最早提及中共中央迁离广州的，是中共中央局委员长陈独秀、秘书毛泽东7月2日致共产国际的信："此次会议后，我们决定把中央执行委员会的机关搬到上海工作，这不仅因为上海是工业最发展的中心区，而且也便于对全国工作进行指导和传达"①。

7月上旬，中共中央决定迁回上海时，马林建议让陈独秀与蔡和森以《向导》编辑身份与孙中山会晤，座谈北方的形势及国民党今后的计划。中共中央予以采纳。7月13日，孙中山与陈独秀、蔡和森谈话，表明将在广东坚持军事斗争的立场，无意立即改组国民党。对此，中共中央深感失望，决定迁回上海。马林对越飞吐露："我们的中国同志已经决定把驻地迁往上海，因为他们在广州做不了很多事情"②。马林在给共产国际的报告中说，"中央委员会宁愿在上海处于非法地位，也不愿在广州公开活动"③。惋惜之情，溢于言表。

但到7月18日，中共中央收到《共产国际给中国共产党第三次代表大会的指示》。该指示信由维经斯基起草，有布哈林和共产国际执委会主席季诺维也夫等参与修改和讨论。这个指示却没有能够被及时送给中共中央，而是在中共三大结束后才送抵目的地。在这个意义上，指示成了"马后炮"。但对于中共中央决定从广州迁回上海，起到了"临门一脚"的作用④。应该说，共产国际内部对中国问题的看法存在分歧。马林1923年5月给共产国际执委会委员布哈林的信说，根据张国焘从莫斯科回国后的转述，"在共产国际执行委员会中，他们谈到在中国问题上有左派（魏金斯基、萨法罗夫、拉狄克）；中派（您）；还有右派（越飞和我）"⑤。共产国际执委会1923年1月作出《关于中国共产党与国民党的关系问题的决议》时，有马

---

①《毛泽东年谱》（1893—1949年）上卷，中央文献出版社2002年版，第116页。

②《致达夫谦和越飞的信》（1923年7月13日），李玉贞主编：《马林与第一次国共合作》，光明日报出版社1989年版，第281—284页。

③《向共产国际执行委员会的报告》（1923年7月15日），李玉贞主编：《马林与第一次国共合作》，光明日报出版社1989年版，第288页。

④ 中共中央党史研究室第一研究部译：《联共（布）、共产国际与中国国民革命运动（1920—1925）》第1卷，北京图书馆出版社1997年版，第251—253页。

⑤《致布哈林的信》（1923年5月31日），中共中央党史研究室第一研究部编：《共产国际、联共（布）与中国革命文献资料选辑（1917—1925）》第2卷，北京图书馆出版社1997年版，第458—461页。

林参与讨论并主导，采纳维经斯基的意见，维持了平衡。1923 年 5 月，布哈林主持拟定给中共三大的指示 13 条，在马林缺席的情况下，基本采用维经斯基起草的内容。主要强调了以下几点：第一，中国革命的主要问题是农民问题，只有把占中国人口大多数的农民吸引到运动中来，中国革命才能取得胜利。共产党作为工人阶级的政党，应当力求实现工农联盟和实行土地革命。第二，领导权应当归于无产阶级政党。加强共产党，使其成为群众性的政党。共产党的首要任务是在工会中聚集工人阶级的力量。共产党对国民党的基本要求，就是它无条件支持工人运动。第三，共产党要支持孙中山反对北洋军阀的斗争，但在国民党内部要极力反对孙中山与军阀的军事勾结，要不断推动国民党支持土地革命①。

同日，孙中山与马林进行谈话时表示，如果像陈独秀那样在《向导》周报上批评国民党的事再次发生，“一定开除他”。马林沮丧地说，孙中山“不乐意同我们接近。现在，我对他毫无办法”。至此，马林最终放弃了将中共中央留在广州、推动国民党改组的努力。

7 月 19 日，中共中央在了解共产党人在广州的处境后，作出决定：一周内中共中央离开广州，重回上海，因为留在广州争取孙中山支持政治宣传是白费力气。中共中央只能在北方通过新的地方组织去推动国民党的现代化。关于中共中央迁回上海，马林在给苏联驻华代表的信中说：“我们认为，留在南方继续争取孙本人对进行政治宣传的支持是白费力气。特别是他迄今仍然自以为牢牢地控制着广东。我本人也将在下星期内离开。”②

2. 中共中央离开广州的原因

据罗章龙回忆：“三大选出的中央委员会原在广州，后因地处偏隅，交通不便，对指导全国革命斗争不利，中央乃决定迁回产业工人聚居的上

---

① 指示的内容参见《中共中央文件选集》第 1 册，中共中央党校出版社 1989 年版，第 586—588 页。

② 马林：《致达夫谦和越飞的信》（1923 年 7 月 20 日），中共中央党史研究室第一研究部编：《共产国际、联共（布）与中国革命文献资料选辑（1917—1925）》第 2 卷，北京图书馆出版社 1997 年版，第 427 页。

海。”这里的考量主要是基于地理位置。在广州无法有效领导中国中部和北部的工作。前述1923年3月8日维经斯基给萨法罗夫的信就指出了这一点。应该说，最主要的考量是保持共产党的独立性。中共三大后，陈独秀也认识到，中国共产党的工作重心应放在宣传舆论方面，但全国宣传舆论中心是上海，而不是广州；中国共产党不是国民党的附属机构，中共中央局仍应在上海设立机关。

自从马林到达广州后便开始专注于国民党的改组，曾和陈独秀拟定了一个详细方案①。但其实行却遥遥无期。国民党还没有决心实行联俄、联共政策，其间有英国政府特别是港英当局的挑拨因素。《向导》周报上连篇累牍地发文，着手“纠正国民党错误”，被港英当局利用。香港报纸发文称：中共在广州公开发表有煽动性的宣言和主张，将引起列强的干预，希望孙中山禁止这类挑衅性的出版物在广州印制。英国驻上海领事杰弥逊专门拜访外交部长伍朝枢，对孙中山容忍共产党在广州活动提出警告。而孙中山本人要求党员对他绝对忠诚和服从，不允许对他进行公开批评。在这些因素共同作用下，孙中山对共产党不满。

这些现象的背后有更深层次的原因。有学者认为，1923年1月12日共产国际执行委员会通过的关于国共关系的决议与1月26日发布的《孙文越飞联合宣言》有根本矛盾之处。前者要求中共党员在加入国民党后“必须保持自己原有的组织和严格集中的领导机构”，后者在开头便宣布“共产组织，甚至苏菲埃制度，事实均不能引用于中国”。这反映了在即将建立的国共合作中，共产国际、苏联政府、国民党、中国共产党四者在根本思想和立场上的不一致。正是这种矛盾和差异，造成国共双方的分歧，最终导致中共中央迁离广州②。

从外部来说，中共中央北迁与马林被免职有关。在中共中央迁来广州前，共产国际内的“右派”马林主张迁广州，“左派”维经斯基则主张留在

---

① 《致越飞、达夫谦和季诺维也夫的信》（1923年5月31日），李玉贞主编：《马林与第一次国共合作》，光明日报出版社1989年版，第198页。

② 参见李雷波：《论中共三大中央局的迁往上海及其影响》，《中共党史研究》2013年第11期。

上海。而共产国际1923年5月批示信由维经斯基起草，对此，马林心知肚明，早就计划在中共三大结束后就回莫斯科。共产国际不另派代表来广州。马林通过汪精卫和廖仲恺得知达夫谦的未来计划。“与孙中山的联系现在通过俄国驻上海办事处进行”[①]。共产国际默许中共中央迁往上海。

此外，中共中央在广州还面临语言的隔阂，虽是小节，却也不可忽视。青年国际代表达林说，他建议“把工作中心转移到广州比较适合。但是同志们不同意，于是决定把团中央仍设在上海。看来语言的障碍在这个问题上起了一定作用。过去有过这样的情况，在瞿秋白与懂英文的广东代表谈话时需要我当翻译。瞿秋白说俄文时我把它翻译成英文，然后再这样翻过来”。张国焘在广州开会时也说，“南方人听不懂我的北方话，翻译过去又歪曲了我的意思”[②]。这种情况对于广东人也同样存在。工人出身的广东党员梁复燃回忆，中共三大上“略略谈到国共合作问题”，但“当时开会都是讲普通话，我不会听，其他就不清楚了”[③]。

二、中共三大后的继续探索

中央全会制度的规范化。中共三大后召开的中央全会，未冠以“一中全会”，1923年11月召开的中央执行委员会第一次会议，才是“一中全会”。此后，1924年2月召开了三届二中全会；1924年5月召开了中央执行委员会扩大会议，未冠“三中全会”称谓。

（一）中共三届一中全会和二中全会

1923年11月初，维经斯基再度来华，接替马林担任共产国际驻中国代表。1923年11月24日至25日，党的三届一中全会在上海举行，研究

---

① 《致越飞和达夫谦的信》（1923年7月18日），李玉贞主编：《马林与第一次国共合作》，光明日报出版社1989年版，第291页。

② ［苏］C. A. 达林：《中国回忆录（1921—1927）》，中国社会科学出版社1981年版，第97、92页。

③ 《梁复燃的回忆（节录）》（1972年5月），《“二大”和“三大”：中国共产党第二、三次代表大会资料选编》，中国社会科学出版社1985年版，第607页。

贯彻党的三大决议的具体办法。

按照中共三大通过的《组织法》规定，“中央执行委员会常会每四个月开一次”，三届一中全会原定于10月20日召集，后因与劳动大会时间冲突改在11月11日，又以等候驻粤委员延期到24日。到会者中央局委员四人，驻京、驻鄂委员各一人，团中央代表一人，特别招待同志一人，共八人，驻湘委员、驻粤委员未到，中央局委员毛泽东“因事赴湘”也未到。议事日程如下：（1）中央局报告大会后进行事项；（2）各委员报告地方工作情形；（3）国民运动进行计划；（4）劳动运动进行方针；（5）教育宣传问题；（6）第五次国际大会准备事件；（7）郭平伯、郭寄生、周无为、张子余、张绍康、陈天党籍问题；（8）胡鄂公等党籍问题；（9）党证问题；（10）中央局会计报告。除汇报事项外，讨论结果是：催取各地方对于党纲草案的意见，原选出席代表张同志失踪，届时由中央局另派代表参加共产国际五大；党证问题暂行从缓。会议就多位党位的党籍问题作出了决定，大致有两类：一是开除党籍：郭平伯、郭寄生、周无为、张子余四人，执行大会决议，开除党籍；张绍康、陈天均登报脱离，也应开除。二是暂停党权。胡鄂公，在未能证明其确未帮忙贿选以前，仍停止出席小组会议；熊得山、汪剑侬因与胡有连带关系，亦应同样办理。

全会按照共产国际执行委员会给中共三大的五月指示信的精神和当时国共两党的实际状况，进一步解决执行中共三大决议的问题。会议决定进一步促进国民党改组，在全国扩大国民党组织，凡有国民党组织的地方，中共党员、青年团团员“一并加入”，凡国民党无组织的地方，我党则为之建立。会议还决定中国共产党要通过党团性质的秘密组在国民党内贯彻共产党的纲领和政策，努力争取“站在国民党中心地位”。

全会分析了“二七”以来工人运动出现低潮的现状：中国北部中部之工人组织大部分破坏了；全国工业中心上海，劳动运动仍旧毫无起色；南部的广东，大部分是手工业，海员因缺乏宣传与组织，又以经手财政不清，互相冲突甚烈，内部危机日迫一日。因此，“大会所议决的全国总工会及其他类似之组织一时均不易着手”，全会“拟先行选择最重要的产业工人，如铁路，海员，矿工，集中我们的力量，加以切实的各个组织或整顿”[①]。

全会通过的《关于宣传和教育问题的决议案》强调，“每个共产党员都应当成为宣传员。现在每个党员都必须根据上述提纲中所规定的方法进行自己的工作”。决议案将对政治事件和对外关系的宣传归纳为十条：（1）反对英、美帝国主义；（2）主张对俄“友好”；（3）主张改组国民党；（4）反对军阀曹锟、吴佩孚及其党羽——“外交俱乐部”；（5）反对进步党——立宪派；（6）对于引起个别省份骚动的政治问题进行批判；（7）成立省的自治机关；（8）批判“五权宪法”；（9）利用一切殖民地和半殖民地国家的革命运动，唤起中国群众的革命觉悟；（10）拥护德国革命。其中，最重要的是关于反对英、美帝国主义和北洋军阀的宣传提纲。决议案分别就工人运动、关于农民问题的宣传和进步力量问题作出安排。其中，对工人群众进行宣传时，必须简化上述政治口号，并按下列五个次序进行工作：一是经济斗争；二是经济斗争和政治问题之间的相互关系；三是教育工人；四是向工人介绍组织联合会和召开会议的方法；五是向工人介绍世界工人运动史和世界工人运动的现状。“关于农民问题的宣传。对农民也必须进行象对工人那样的政治宣传，但是，要特别注意农民的生活情况，强调他们的政治作用和经济斗争。农民的实际要求是组织合作社和兴办水利。”至于“进步力量问题”，首先必须使知识分子起到世界无产阶级革命的工具作用，宣传教育的要求很高，主要做法是：（1）反对所谓“东洋文化协会”；（2）以散发书籍和对共产主义进行科学解释的方法宣传共产主义；（3）反对古代宗法社会的各种礼节和仪式；（4）反对基督教的教义、组织及其传教士；（5）我们必须维护唯物主义的世界观和社会观，传播集体主义思想。该决议案“教育工作提纲”，实际上关系党的建设很多方面：（1）“各个省和地方组织对政治问题要组织讨论”；（2）在各个党支部里，都要作关于政治事件的报告，这里还包括关于起草纲领的讨论，这对于新党员非常有益处；（3）讲解党章；（4）关于工人运动问题的争论，尤其是对于工人运

① 《劳动运动进行方针决议案（1923年11月）》，广东革命历史博物馆编：《中共“三大”资料》，广东人民出版社1985年版，第122页。

动的地方条例的争论，支部必须加以研究；（5）尽可能地成立“社会科学研究社”①。

《国民运动进行计划决议案》认为，“国民运动是我党目前全部工作。因为目前的中国劳动运动，农民运动，学生运动，妇女运动，在政治上的意义都只是国民运动”。全会根据大会议决案，议定国民运动之进行计划：（1）国民运动，当以扩大国民党之组织及矫正其政治观念为首要工作；（2）以国民党的名义去创造或参加各种人民的组织。全会指出，全党“当以扩大国民党之组织及矫正其政治观念为首要工作”。在政治上，促使国民党进行反对帝国主义的宣传和活动；在组织上，努力扩大国民党，“国民党有组织之地方，如广东，上海，四川，山东等处，同志们一并加入”，“国民党无组织之地方，最重要的如哈尔滨，奉天，北京，天津，南京，安徽，湖北，湖南，浙江，福建等处，同志们为之创设”。会议强调：“我们须努力站在国民党中心地位，但事实上不可能时，断不宜强行之。”②

1923 年 12 月 25 日，中共中央发出《第十三号通告》，要求全体共产党员积极参加国民党改组工作，并部署了参加改组工作的具体步骤。通告说：“有国民党组织之地方，同志们立时全体加入；没有国民党组织之地方，望即将同志非同志可加入国民党之人数及何人可以负责，报告中局，以便中局向国民党接洽，请其派人前往成立分部”。在国民党已有组织之地方，本党地方会应即与 S. Y. 地方会合组国民党改组委员会，“以主持目前即应进行诸事”。还要求各地党组织争取做到每省有一名共产党员当选为国民党代表，出席即将召开的国民党第一次全国代表大会。在国民党一大召开前夕，中共中央、中国社会主义青年团中央召开联席会议，制定了党、团员在参加国民党一大时的统一行动方针③。

---

① 《关于宣传和教育问题的决议案》，广东革命历史博物馆编：《中共“三大”资料》，广东人民出版社 1985 年版，第 115 页。

② 《国民运动进行计划决议案》，中共中央文献研究室、中央档案馆编：《建党以来重要文献选编（1921—1949）》第 1 册，中央文献出版社 2011 年版，第 348 页。

③ 《中国共产党中央委员会第十三号通告》（1923 年 12 月 25 日），广东革命历史博物馆编：《中共“三大”资料》，广东人民出版社 1985 年版，第 124 页。

1924年1月，国民党在广州举行第一次全国代表大会，有多名共产党员参加大会并当选中央执行委员和候补委员。对此，中共中央作了必要的回应。在国民党一大召开之前，中共中央、团中央与共产国际代表鲍罗廷在上海召开联席会议。大家认为，为了达到国民革命的联合战线之目的，“我们须抑制一切感情并抛弃鄙视国民党之旧观念，努力深入其群众”，不要以希望过奢，“致碍我们合作的初幕”。出席此大会的同志们，在每次会议之前须秘密集议，以便对于各项意见“主张一致”。更须注意联络国民党之进步分子，使之表同情于我们的主张①。

国民党一大结束后，1924年2月在上海召开的三届二中全会，提出《同志们在国民党工作及态度决议案》。决议案欢迎并高度评价国民党一大的召开，认为“实在是中国革命前途的幸福”。我们要督促国民党切实执行大会议定之章程及其他决议案；在国民党改组以后更加以努力扶持他们，不可因他们以往的缺点，预存嫌恶藐视的心理。即使“对他们中间极腐败的分子，亦宜取敬而远之的态度，须努力避免不必要的冲突”。决议案也提醒我们的同志，对于国民党一大圆满召开“不可过于乐观”。对于国民党比较不接近我们的分子，应多方加以联络，以逐渐改变他们的态度；决议中关于对待国民党右派的态度，实际上是主张调和、退让，强调“妨害以后我们与国民党的合作”；中国共产党以后一切宣传、出版、人民组织，及其他实际运动，“凡关于国民革命的，均应用国民党名义，归为国民党的工作”。决议案指出：“在发展国民党组织之时，关于本党组织之发展，当然不能停止，但介绍新分子加入本党时，须十分慎重选择”，要避免“使国民党误会我们有意拉去他们的党员”。主张“一切工作归国民党”②。这些主张，助长了党的工作中右的偏差的发展。

---

① 《中国共产党、中国社会主义青年团中央局对于国民党全国大会意见》(1924年1月)，中央档案馆编：《中共中央文件选集》第1册，中共中央党校出版社1989年版，第215—216页。

② 《同志们在国民党工作及态度决议案》，中共中央文献研究室、中央档案馆编：《建党以来重要文献选编(1921—1949)》第2册，中央文献出版社2011年版，第17—20页。

（二）中共党团制度的探索

一般意义或通常所说的“党团”是指共产党和青年团组织的合称。而这里考察的“党团”，却是一种有着特定的领导责任、特定的组织形式的党的组织制度和工作制度。目前在中共中央和地方国家机关、人民团体、经济组织、文化组织或其他非党组织的领导机关中成立的党组，就是从民主革命时期的党团发展而来的。无论是党团还是党组，都承担着负责实现党的方针政策，团结非党干部和群众，完成党交给的任务，指导机关党组织等重要职责。

1. 四人“指导小组”之说

关于中共党员在国民党一大的活动，学术界只强调李大钊、谭平山的作用，有担任“指导小组”组长或“党团书记”之说，指导参加国民党一大的中共党籍代表，领导出席大会期间党的工作。各种说法大同小异，但都没有毛泽东的角色。与此相应，中央文献研究室编著的《毛泽东传》（1893—1949）和《毛泽东年谱》（1893—1949），都没有相关记述。

最为普遍的说法是，以李大钊为首（组长），张国焘、谭平山、瞿秋白参加的指导小组。

据不完全检索，“四人指导小组”说始见于张静如、马模贞的《李大钊》：1924年1月5日，大钊同志取道上海去广州。在上海参加党的中央工作会议，讨论共产党人出席国民党一大应取的态度。会上，决定大钊同志与张国焘、谭平山、瞿秋白组成指导小组，以指导出席国民党大会的中共党员。该小组由大钊同志负责[①]。国外学者方面，日本学者波多野善大认为：“组织了由李大钊、张国焘、谭平山、瞿秋白等组成的指导小组”[②]。

关于指导小组的缘由，多数认为是陈独秀根据元旦召开的上海党团会

① 张静如、马模贞：《李大钊》，上海人民出版社1981年版，第100页；《李大钊生平史料编年》，上海人民出版社1984年版，第219—220页。

② ［日］波多野善大：《国共合作》，广东省高等教育局科研处，第59页。

议讨论，提议组织指导小组。也有强调鲍罗廷的主导地位，认为是陈独秀根据“鲍罗廷建议”，大会开幕后第二个晚上，指导小组又在鲍罗廷的帮助下召开会议。还有的说：鲍罗廷甚至未与中共中央领导人协商，就把瞿秋白从上海找到广州，会同李大钊、谭平山组成指导小组①。

关于指导小组的情况，多数认为是：在上海或广州“组成”或“组织”②。也有认为是中共中央接受陈独秀的提议，“决定”成立李大钊负责的四人指导小组。国共关系史、统战工作史、人物研究方面如李大钊、陈独秀、谭平山、瞿秋白研究，都有类似的表述③。这个小组由李大钊负责，没有异议。关于小组成员，多数列齐四人，即李、张、谭、瞿。也有只列李、谭、瞿三人者，但后面有“等”字。估计是省略了张国焘。

2. 党团委员会的会议

在国民党一大期间，负责指导和统一共产党员代表行动的机构是“共产党党团”，明确中共党员在国民党一大上的策略方针，统一对国民党一大宣言等文件的看法，并规范有关行动与发言。毛泽东是负责人之一。他1924年1月到广州后，第一项行程是参加中共党团会议。

（1）共产党党团会议的举行情况。

1924年1月1日，中共中央和团中央在上海召开联席会议，鲍罗廷和陈独秀分别作报告。鲍罗廷谈了“我们对国民党的总的态度”，“现在我们

---

① 孙武霞、翟作君、朱敏彦等：《指令与自主——共产国际·苏联·中国革命》，上海社会科学院出版社1990年版，第77页。

② 韩一德、姚维斗：《李大钊生平纪年》，黑龙江人民出版社1987年版，第161页。祝伟坡：《李大钊对革命统一战线的重大贡献——纪念李大钊诞辰九十五周年》，《河北师范大学学报（社会科学版）》1985年第1期。罗宝轩：《李大钊曾几莅上海》，《历史教学》1992年第6期。陈铁健：《瞿秋白与首次国共合作》，《齐鲁学刊》1984年第3期。范忠程：《瞿秋白与第一次国共合作》，《求索》1984年第4期。北京社会主义学院编：《中国共产党统一战线史（新民主主义革命时期）》，中国文史出版社1994年版，第34页。中共广州市委党史研究室：《中共广州地方史（新民主主义革命时期）》，广东人民出版社1995年版，第50页。

③ 毛磊、王功安：《国共两党关系史》，武汉出版社1988年版，第43页。马齐彬：《国共两党关系史》，中共中央党校出版社1995年版，第49页。王邦佐：《中国共产党统一战线史》，上海人民出版社1991年版，第34页。

的任务就是使国民党的工作面向群众，面向人民”；他本人的作用是“帮助共产党和青年团实施它们自己在代表大会上通过的决议”。陈独秀在报告中说，虽然中共三大决定帮助国民党的发展，以及整个国民运动的发展，但是，几个月来党在这方面无所作为，并分析了原因。1月10日，鲍罗廷与谭平山就共产党人在广州的工作情况和存在问题进行了研究。谭平山说：“至于我们的工作，随着国民党分支机构的增加，我们的影响也在增大。但在这里我们遇到了一些困难。”当时，共产党员在5个区委会和13个分支机构中有影响[①]。1月17日，共产党党团举行全体会议，研究中共党员在国民党一大期间的统一行动问题，毛泽东参加会议。据统计，在国民党一大190多位代表（实际出席不足数）中，有25位中共党员。实际到粤参会的中共党籍代表约20人组成党团。由于鲍罗廷未出席，苏联解密档案中涉及资料有限。

1月18日，共产党党团继续举行会议，明确地表达了自己对国民党代表大会和在国民党工作的方针。“出席代表大会的共产党党团全体20人出席”。鲍罗廷出席。

会议的第一项议程是明确党团活动的组织形式。会议开始前，由毛泽东代表党团报告前一天会议关于“分成几个小组而不是集中在一起出席全体会议”的决定。鲍罗廷问：“为什么？”毛泽东解释说：因为过去我们有过这方面的经验。每次我们作为一个独立的团体在另一个组织中开会的时候，我们的团体都会引起其他团体有组织的反对。因此不应该让所有的人都知道，我们在讨论每个问题时有特殊的组织形式。鲍罗廷认为，国民党各地代表团都在开会，共产党员开会也没有什么大问题。但不见得每天都能举行会议，必须成立一个委员会，以便更容易和更迅速地贯彻决议。对此，李大钊建议组织委员会与各代表团的联席会议。鲍罗廷问：有几个独立代表团？毛泽东答：有五个。瞿秋白建议邀请团中央的一名委员参加委

① 《鲍罗廷的札记和通报》之“共产党在国民党改组中的作用”，中共中央党史研究室第一研究部译：《联共（布）、共产国际与中国国民革命运动（1920—1925）》第1卷，北京图书馆出版社1997年版，第444页。

员会。鲍罗廷再发问咨询意见时，于树德发言说“不需要召开专门的代表联席会议”。最后决定：组成由委员会（3—4 人）和五个代表团代表参加的联席会议，分成四个小组。

接下来，鲍罗廷在会议上作了长篇报告，“描述了国民党中的各个派别，说明了共产党人在国民党中的任务”。鲍罗廷说，“首先我们应该争取把国民党造就成为一个真正革命的政党，成为国民运动的代表”。我们所走的每一步都应该是旨在巩固左派，尽可能使它更明朗，用自己的模样推动它始终向前进。我们应当在组织上把国民党扶植起来，帮助它制订党的纪律。“至于孙，眼下他还没有感觉到在强大的左派中有基础，迄今还不能指望他同右派进行坚决的斗争”。鲍罗廷的报告还总结了国共双方存在的“四点分歧”：（1）民族自决问题。“统一的”或者“自由的”中华民国提法，不完全符合共产国际关于联邦制原则的提纲。（2）土地问题。国民党承诺执政后向无地农民和佃农提供土地，但只字未提国家从什么地方弄到这些土地。他们完全不接受共产国际关于剥夺问题的提纲。（3）民权主义的来源。（4）中国工人的勤劳。由于双方妥协，第三、第四点“或许没有任何分歧”。关键是第一、第二两点。

（2）毛泽东等人在党团会议上的发言。

鲍罗廷作报告后，李大钊、谭平山、毛泽东和沈定一四人，主要就鲍罗廷指出的四个问题特别是后两个问题作了发言。鲍罗廷认真听取建议后修改了看法，在党内统一了认识。

李大钊首先发言，他说：“我发现，从北京到广州，存在这样一种气氛：我们共产党人加入国民党，却不打算支持它，而只想利用它。”关于四点分歧意见，有可能后两点被采纳。当天早上，他曾同几位代表一起去孙中山那里。孙非常高兴地接待了李大钊，并展示他自己制订的政府行动纲领。关于民族问题，他的行动纲领说，在中国内部所有民族都拥有自决权，这是其中明确指出的。“而我们反对列强、争取完全独立。所以我认为，对第一点的修改可以不必过于坚持，按照三民主义进行的土地改革是孙的骄傲，他认为这是他的发明。关于土地储备问题也可以不坚持，因为如果我们反对赎买的人太少，那么我们现在公开反对土地所有者合适吗？我们谈到大土地所有者的问题，但这在我们的定义中是指很大的土地所有者，但在中国总的说来这样的土地所有者不多。当然可以坚持这一点，但在中国的条件下，这样的土地所有者往往是不大的，我们可以坚持让农民得到土地，而不指出其来源。”

第二个发言的是谭（应该是谭平山），他只简单地表了态：“关于谈土地储备问题的第二点，我同意李的意见，而对第一点还要考虑一下。”

第三个发言的是毛泽东。他说：关于第一点，需要对少数民族问题作出更明确的表述。现在当地的资本家，或者美国，或者某些其他国家想占领蒙古和其他一些地方。因此需要明确，国民党赋予它们哪些权力，而不是把它们置于这些民族属于中国的这样一个老的概念之中。我不怀疑问题的总的提法，但我对某些细节表示怀疑。关于国民党和中国的土耳其斯坦，现在我们当然相俯他们应该获得自决权，因为我们同苏联有共同战线。至于西藏，自决的口号则会成为英国人手中的工具，因为我们现在还不可能在西藏有影响。关于第二点，我认为，现在我们的组织还不那么强有力，我们的影响实际上还没有达到群众那里，特别是还没有达到农村。我们能否确定，现在就可以反对土耳其所有者和那些拥有土地但自己不耕种的人。而我们的提纲现在还不能被农村那些真正干活的人看到，这就是说，如果提出这个口号，我们就会立即遭到这些公职人员或商人的反对，而这个口号实际上又不能吸引农民群众。

毛泽东发言后，鲍罗廷说：关于第二点，看来你们大家的意见是完全一致的，也就是不需要坚持建立土地储备？毛泽东又作了如下补充：“我们凭经验知道，当我们还不能组织无地的农民去反对大土地所有者时，我们必然要遭到失败。例如，在湖南省长沙、浙江省杭州、湖南省衡山、广东省惠州就发生过这种情况，在这些地方我们起先组织不识字的农民，然后领导他们同较富裕的、较大的土地所有者进行斗争，结果怎么样呢？我们的组织立刻遭到破坏，被查封，而所有这些农民不仅未认识到我们是在为他们的利益而斗争，甚至还仇视我们，他们说，如果不把我们组织起来，就不会发生任何灾难，任何不幸。所以，只要我们还不确信我们在农村拥有强有力的基层组织，只要我们在很长时期内没有进行宣传，我们就不能下决心采取激进的步骤反对较富裕的土地所有者。一般地说在中国社会分化还没有达到能够进行这种斗争的程度。”

接下来发言的是沈（可能是沈定一）。他并没有针对鲍罗廷提出的问题表态，而是提出与国际共运史或国际形势的一个理论问题：“左派能否变成黄色的甚至法西斯主义的？那时我们如何进行斗争，如何对待他们？”对此，鲍罗廷作了简要的解答[①]。

（3）党团委员会的组成与作用。

从上述材料可看出，共产党党团委员会成员3—4名，可以确定的三人是李大钊、谭平山和毛泽东。至于是否有第四人和第四人是谁的问题，笔者有如下三个判断。

第一，张国焘未参加“指导小组”或“党团委员会”的领导。首先，张国焘并未同意参加“指导小组”。关于“四人小组”说的材料来源，张静如、马模贞等注明是张国焘《我的回忆》。日本学者波多野善大也称是“据张国焘说”。多数论著没有注引，但从内容看可能都来自张国焘。下面就先看张国焘本人的说法。应该说，张国焘在这个问题上并没有“揽功”的问题。他说：陈独秀提议他参与“指导小组”时，“我当场辞谢了这个指派”。理由之一，他“将不能等待国民党大会的终结，就要先行赶回北京”；理由之二，“不适宜于代表中央”，不赞成多数中共党员担任国民党职务的做法。实际上，张国焘在中共三大后，已非中共中央领导人，取代他的人正是毛泽东。由于张国焘拒不就任，“结果，这个指导小组的责任，就完全落在李大钊先生手上”[②]。其次，张国焘也没有参与“党团委员会”的领导工作。前已述及，“这个指导小组”并没有成立，后来成立的组织是“共产党

---

① 《鲍罗廷的札记和通报》之“共产党党团会议”（1月18日），中共中央党史研究室第一研究部译：《联共（布）、共产国际与中国国民革命运动（1920—1925）》第1卷，北京图书馆出版社1997年版，第453、469—470页。

② 张国焘：《我的回忆》第1册，东方出版社1980年版，第314—315页。

党团”。张国焘可能参加了党团委员会的某些会议，但从苏俄解密档案来看，并没有在党团会议上作任何发言。

第二，瞿秋白可能是党团委员会的团中央代表。在国民党一大期间，瞿秋白作为鲍罗廷的翻译和助手，在参与国民党一大方面起到了重要作用。1 月 18 日共产党党团会议根据讨论结果，由鲍罗廷最后宣布：组成有一个委员会（3—4 人）和五位代表（五个代表团各一人）的联席会议，分成四个小组。其中委员会 3—4 人，是由瞿秋白提议，在三名中共中央委员之外邀请团中央一名委员参加。1923 年 8 月在南京召开的团二大上，当选执行委员的是邓中夏、施存统、刘仁静、夏曦、卜世畸、林育南、李少白，候补委员有恽代英、梁鹏云、李求实、张秋人。瞿秋白不是团中央委员或候补委员，但这几人都没有参加国民党一大。因此，如果党团委员会扩大为四人，瞿秋白很可能以团中央代表的身份参加。

第三，毛泽东在党团委员会有重要地位。他以中央领导身份担任党团负责人。1924 年 1 月 17 日共产党党团会议决定成立三人委员会，由三名中央委员即李大钊、谭平山、毛泽东组成。毛泽东是最为年轻，也是唯一负责日常工作的中央局委员。鲍罗廷了解党团会议的情况，都直接向毛泽东发问。毛泽东在共产党党团的这种角色，与他在中共中央局担任秘书负责日常工作的身份相符。毛泽东的政策主张稳健务实。关于共产党党团的政策主张，在 1 月 18 日的党团全体会议上，鲍罗廷发表长篇报告后，依次发言的有李大钊、谭平山、毛泽东和沈定一四人。毛泽东是其中唯一两次发言者，篇幅也最多。毛泽东的发言，持论稳健务实，既体现了共产党的原则立场，又符合中国当时的具体实际。据苏联顾问观察，这次会议“基本赞同了国民党宣言草案。只在土地问题和少数民族问题上提出了修正意见”[①]。

3. 党团制度探索的沿革

中国共产党建立之初，以俄共（布）为参照建立组织与制度，其中就

① ［苏］切列潘诺夫：《中国国民革命军的北伐——一个驻华军事顾问的札记》，中国社会科学出版社 1981 年版，第 59 页。

包括党团制度。中共三大结束之前党团制度的探索，有两种组织形式。一是1923年2月成立的中共京汉铁路总工会党团，资料来源于罗章龙撰写的回忆录和有关二七大罢工的史料。正式出版的文献中并没有提到中共京汉铁路总工会党团，尚须更多史料还原这段历史本来的真实面貌[①]。二是1923年6月，中共湘区执委在湖南水口山成立的水口山党团，夏曦专程赶往传达，蒋先云任书记。水口山党团成立后，积极开展维护工人权益的各种运动[②]。但有学者认为，这两者“具有独立意义的、作为党的组织机构和工作制度的党团，是完全不同的”[③]。

中共三大通过了组织党团的提案。日本学者波多野善大认为，陈独秀采取这样的提案：加入国民党的中共党员，在国民党内组织党团，使之在国民党内能主张一致，以此来影响国民党[④]。张国焘在回忆中也说：“值得特别说到的是陈独秀先生还提出一个党团问题的提案，主张中共党员加入国民党内工作者都应组织党团，以保持中共党员在国民党内一致的主张和发挥他们在国民党内的影响。陈先生提出这个决议文的原意，似是要表示一下他不愿牺牲中共的独立，安慰一下我们这些反对者。……这个提案没有经过讨论也就一致通过了。”[⑤]

中共三大后，继续探索在国民党组织中共党团的组织形式。1923年11月，中共三届一中全会通过的《国民运动进行计划决议案》指出：“我们的同志在国民党中为一秘密组，一切政治的言论行动，须受本党之指挥。”对此，有论著认为，这个“秘密组”实质上就是中共党团的前身。但另有学者认为，毕竟还没以党团的名义正式提出，不能就将其认定为中共早期的党团组织。如此，上述1924年初的“共产党党团委员会”才是名副其实的党团。

---

① 王亚红：《中共党团制度建设论析（1921—1927）》，《今日中国论坛》2013年第19期。

② 中共湖南省委组织史资料编纂领导小组：《中国共产党湖南省组织史资料（1920年冬—1949年9月）》第1册，1993年，第20页。

③ 李蓉：《民主革命时期党团历史的初步考察》，《中共党史研究》2007年第2期。

④ ［日］波多野善大：《国共合作》，广东省高等教育局科研处，第55页。

⑤ 张国焘：《我的回忆》第1册，东方出版社1980年版，第296—297页。

1924年9月，中共中央发出《中共中央、青年团中央关于民校工作合作办法》，明确指出，在国民党中工作的中国共产党党员和中国社会主义青年团团员，应当严格按规定要求合组党团，目的是成立一个坚强有力的组织机构。中共以国民党为革命团体的第一级，称为“民校”，青年团（S. Y.）为“中学”，西校（C. P.中共）为“大学”。有“左”派倾向的分子介绍入“民校”，而仅有阶级觉悟的分子才介绍入“中学”或“大学”。党团工作由C. P.地委或区委直接指挥之，但党团开会时，S. Y.地委或区委须派一人出席①。

1925年1月，中共四大通过《对于组织问题之议决案》，明确规定党团的范围和目的、人员构成和隶属关系：“吾党在国民党及其他有政治性质的重要团体中，应组织党团，从中支配该党和该团体的活动。此种团体应与S.Y.同志合组之，按其性质隶属于各级执行委员会。”② 1925年8月，中共中央发出第53号通告，对党团的组织与任务提出详细规定③。1926年7月，中共中央四届三次扩大会议通过的《中国共产党与国民党关系问题议决案》，进一步明确党团和党组织的差异④。至此，中国共产党党团制度基本建立健全。

中共党团与国民党党团有相似的地方。1924年1月，国民党一大在广州召开，国民党参考1919年12月俄共八大通过的俄国共产党章程，制定了《中国国民党总章》(以下简称《总章》),《总章》专门就国民党党团的建设问题进行了具体规定：“在秘密、公开或半公开之非党团体，如工会、俱乐部、会社、商会、学校、市议会、县议会、省议会、国议会之内，本党党员须组织成国民党党团，在非党中扩大本党势力，并指挥其活动。”⑤

---

① 中央档案馆编:《中共中央文件选集》第1册，中共中央党校出版社1989年版，第297页。

② 《对于组织问题之议决案》，中共中央文献研究室、中央档案馆编:《建党以来重要文献选编（1921—1949）》第2册，中央文献出版社2011年版，第260页。

③ 中央档案馆编:《中共中央文件选集》第1册，中共中央党校出版社1989年版，第450页。

④ 中央档案馆编:《中共中央文件选集》第2册，中共中央党校出版社1989年版，第132页。

⑤ 徐秀丽:《中国国民党党团述论（1924—1949）》,《历史研究》2012年第1期。

（三）第三届中执委扩大会议

1924年5月10日至15日，中共中央执行委员会扩大会议在上海召开。除“中央局报告”和湘区、京区、上海、汉口、山东的“地方报告”外，会议通过了《共产党在国民党内的工作问题议决案》《工会运动问题议决案》《S. Y. 工作与C. P. 关系议决案》《党内组织及宣传教育问题议决案》《农民兵士间的工作问题议决案》。这5个议决案，篇幅总计接近1万字，其中《工会运动问题议决案》将近3000字，最短的《S. Y. 工作与C. P. 关系议决案》超过1100字，较之中共三大决议案的寥寥数语，认识更深刻、措施更为具体。

扩大会议纠正了中国共产党在国共合作实践中的右的错误。会议认为，召集此次扩大执行委员会，有三个重大的意义：第一，我们在国民党中和在国民党外，做种种复杂的工作，即在比我们强大的党，也很容易有不偏于“左”倾即偏于右倾的危险，何况是我们这毫无经验的党。因此，我们越发感觉在国民党工作的重要，便越发感觉认识国民党及巩固我们党的重要。第二，劳动运动尤其近代产业工人运动是我们的党之根本工作，我们在国民革命运动中若忽视了这种工作，便无异于解散了我们的党。第三，青年运动也是党的重要工作之一，以前党及S. Y. 在此项工作上都做了种种错误，不可不急于纠正。

在此认识基础上，会议进一步纠正了实际工作中的偏差。会议肯定了国共合作五个月以来的成绩，指出国共合作实现以后共产党内出现的右倾偏向，强调要坚持国民党一大宣言中的革命政纲，并作为标准来正确对待国民党左右派之间的斗争，经常地普遍地宣传和实行这个政纲来扩大国民党组织，加强左派、削弱右派，并批评前一段工作中对两派采取调和政策的错误。“国民党的左派是孙中山及其一派和我们的同志——我们同志其实是这派的基本队；因此所谓国民党左右派之争，其实是我们和国民党右派之争。”应当用种种方法于思想上和组织上巩固左翼。“巩固国民党左翼和减杀右翼势力”。反对国民党右派思想在工人里的影响。在国民运动的根本问题上指摘右派政策的错误。扩大会议体现了敢于斗争的精神。

扩大会议提出共产党自身教育工作和组织工作的重要性，要求在产业工人中大力发展共产党的组织，批评前一段“没有十分努力去吸收工人”的错误，并制定加强党的工作的具体措施；按照不同情况，对在工会运动方面如何帮助国民党作出一些具体规定。会议根据同国民党右派争夺工人运动领导权的复杂情况，适当调整了党的工会活动和产业工人加入国民党的政策，使党在开展独立活动时不致受过分的束缚，能够保持有灵活机动的余地。

扩大会议坚持并发展、完善了中共三大决议。例如，关于农民问题，中共三大决议案内容简单，措施比较抽象。三届一中全会通过的《国民运动进行计划决议案》认定：“农民在中国国民运动中是最大的动力，中国国民党的基础便应建设在农民上面，各省支部应竭力推广其分部于乡村。”1924 年 5 月扩大执行委员会通过的《农民兵士间的工作问题议决案》重申：“第三次大会的国民运动议决案里曾经说明反对国际帝国主义及国内军阀的国民运动里大多数农民群众的加入是最有力的动力。”进而对在新形势下如何开展农民运动作了全面规划安排。就如何实际开展农民运动作出了周密安排。议决案提出中央应当注意全国范围的农民问题；要求国民党做经常的有规划的农民宣传，要求派人到乡村去进行指导，对于农民里的宣传应当注意地方政府征收田税的问题。佃农及自耕兼佃农之间应当宣传反对苛租，鼓动他们反对土豪劣绅。农民和佃农之间都可以宣传组织乡团，武装农民以防匪祸。使在“军人”手里的兵士变成真正拥护民族解放运动的战士①。《共产党在国民党内的工作问题议决案》“要求国民党实行废除额外苛税并禁止大地主对于贫苦佃农之过分的剥削”。

三、国共合作的实现

中共三大作出的“党内合作”的决策直接导致了国共合作的实现。三

---

① 《农民兵士间的工作问题议决案》，中共中央文献研究室、中央档案馆编：《建党以来重要文献选编（1921—1949）》第 2 册，中央文献出版社 2011 年版，第 75 页。

大作出的共产党员加入国民党，希望社会上革命分子加入国民党，共同参加国民革命，实现“党内合作”的政策，使孙中山看到了中国共产党的诚意。中共三大以后，许多优秀的中共党员加入国民党，并担任了中央和地方党部的重要领导职务。在中共党员和孙中山的努力下，国民党进行了改组，召开了国民党第一次全国代表大会，提出了新三民主义，第一次国共合作建立起来。

（一）推动孙中山改组国民党

中共三大结束后，中共中央继续推动孙中山改组国民党的工作。6月20日，孙中山在与李大钊谈话时表示，政党建设重于夺取北京领导权，认为“如果没有一个政党，把北京的领导权夺到手也是徒劳”。等解决了广东问题后，他将亲自往莫斯科一趟[①]。

6月24日，中共中央执行委员会讨论北方的政治危机及国共合作问题。此次危机是因为北京政府总统、内阁都不复存在引起的，当时实际上也没有国会。在北洋政府内部，以曹锟、吴佩孚为一方，黎元洪、段祺瑞为另一方，都在设法控制中央政府，张作霖与黎段直系有联系；孙中山组织有南方政府。上海的各马路商会联合会（小商人）希望召集国民会议，从而以此办法建立一个新政府。对此，中共中央作出四点决定：（1）发表一个对于时局的主张；（2）以中央委员会的名义联名致函孙中山，要求他在华南停止军事行动，到上海去，组织工商学的国民会议，把现有的各农民联合会组织成为农村自治政府；（3）尽快在上海召集一次劳动大会；（4）指示各地方支部组织学、工、商参加的游行以支持国民会议的要求。

6月25日，陈独秀、李大钊、蔡和森、谭平山与毛泽东五名中央执行委员以国民党员身份联名致信孙中山，要求孙中山“裁决”以下两个问题：（1）在上海或广州建立强有力的执行委员会，以期合力促进党员的活动和广泛开展宣传；（2）最近的北京危机不是近几天来事态发展的结果。联名

① 郝盛潮主编：《孙中山集外集补编》，上海人民出版社1994年版，第328—332页。

信说："我们不能沿袭封建军阀用武力夺取政权攻占地盘的同样的方针。这会给人们造成我们与军阀是一脉相承的印象。用旧方法旧军队去建立新中国不仅不合逻辑，而且在实践中也绝对行不通。旧军队有十倍于我们的兵力，我们只能用新手段，采取新方针，建立新的力量。对于国民，我们应联合商民、学生、农民、工人并引导他们到党的旗帜下。从人民中建立的新军队将用新的方法和新的友好精神捍卫民国。"联名信认为："我党当前的主要任务是结束广州的战事，这样我们才能在国家政局危急之时去胜任我们的主要任务。我们不能囿于一方的工作而忽略全国的工作。我们要求先生离开广州前往舆论的中心地上海，到那里去召开国民会议。这样，一支解决全国问题的集中的军队便能建立起来，一支国民革命集中的军队便能建立起来。如果我们这样做，我们就不会丧失我们在国民革命运动中的领导地位。"同日，马林将这封信的内容译成德文寄往莫斯科，并附言："现将中国共产党中央委员会五名委员以国民党员身份就中国的政治危机事今天寄给孙中山信的德译文寄给你们。李大钊和陈独秀同志仍在设法同孙谈一次话，尽快做出一个决定。"①

7月13日早晨，孙中山与陈独秀、蔡和森谈话。孙中山就国民党的政治立场和工作计划表态：首先，他不会同曹锟联合，不参加那个高级专员委员会（即由不在北京的部分国会议员倡议成立的委员制组织）。被提名参加那个委员会的有黎元洪、唐绍仪、张作霖、段祺瑞、卢永祥、孙中山等。他也不采纳关于把国会召至广州的建议。孙中山虽然不反对党员以个人身份支持商人的行动，可是他不能支持商人的行动。不会有什么结果，"党不应该插手"。鉴于此，中共中央"决定把驻地迁往上海"，因为他们在广州做不了很多事情，想在北方建立新的组织，后者的任务将是：或者使国民党急剧地改变当前的看法；或者建立一个新的国民党。此外，同志们打算通过学生运动以及现有的工人组织

① 《致季诺维也夫、布哈林、越飞和达夫谦同志的信，附五位中共中央委员致孙中山函》（1923年6月25日），李玉贞主编：《马林与第一次国共合作》，光明日报出版社1989年版，第266页。

支持商人们关于召开国民会议的倡议。在马林看来，“从经济上支持孙在南方的军事计划并无益处”，那些计划其实并没有革命意义；“支持我们的同志进行召开国民会议的宣传倒可能很有益处”。马林希望达夫谦和越飞“能做到”。马林还说，在接到莫斯科对其2日和7日电报的答复之前，“我自己不会到孙那里去。他当然只关心资助的问题，我去他那里之前，很想知道你们的看法”。马林还致函北京罗斯塔社，让他们在7月20日以后不要再给他寄新闻简报。“无论如何我月底一定要离开广州”①。

尽管如此，马林还不愿意放弃。7月18日又与孙中山进行了一次不愉快的谈话。孙中山甚至“突然用英语说：象陈独秀那样在他的周报上批评国民党的事再也不许发生。如果他的批评里有支持一个比国民党更好的第三个党的语气，我一定开除他”，不接受财政援助也在所不惜。他说得很激动。在这种时候，像廖仲恺和胡汉民这样的人都悄悄地溜走了，一个个噤若寒蝉。马林也不甘示弱，承认有几篇批评国民党消极被动的文章出自他的手笔，而且“援助问题与共产党人能否留在国民党内毫无关系”。同日，中共中央召开会议。陈独秀和马林都认为，孙中山的行为是由于香港报纸批评中国共产党的宣言而引起的。“孙中山更希望留在广东，而不乐意同我们接近。现在，我对他毫无办法。你们随时可以通过上海找到他。我们的中央委员会感到，不能寄希望于通过健忘的孙中山改变态度去把国民党的宣传推上新的轨道。为了开展群众工作，我们的人也不能总在广州束手以待。”既然中共中央在广州做不了很多事情，应转到北方进行召开国民会议的宣传工作，决定于近日迁往上海②。

7月18日，中共中央收到《共产国际给中国共产党第三次代表大会的指示》。该指示信强调：第一，共产党作为工人阶级的政党，应当力求实现工农联盟和实行土地革命。第二，领导权应当归于无产阶级政党。第三，

---

① 《致达夫谦和越飞的信——北京危机与孙中山计划》(1923年7月13日)，李玉贞主编：《马林与第一次国共合作》，光明日报出版社1989年版，第281页。

② 郝盛潮主编：《孙中山集外集补编》，上海人民出版社1994年版，第331—332页。

在国民党内部要极力反对孙中山与军阀的军事勾结，要不断推动国民党支持土地革命[①]。7月19日，陈独秀与廖仲恺举行会谈。廖仲恺在谈话中说，国民党在中东铁路问题上不能再对张作霖施加影响。如果“再紧逼一步”，张作霖就会怀疑他们，就会觉得他自己是被国民党人利用了。这是国民党联俄政策冷淡的表现。

7月19日，中共中央基于三方面原因，讨论共产党人在广州的处境问题：（1）上海的国民党员抱怨我们《向导》周报上的批评太苛刻。该报本来只是进行国民党的宣传，现在却又试图推动国民党进行改组并采取另外的工作方法。（2）广州国民党地方小组负责人曾声明（在邀请该小组参与抵制日本的运动后）认为，陈独秀只想利用国民党。他的宣传工作只考虑共产党的组织，干的是同国民党决裂的事。（3）孙中山告诉马林，“这个周报上的批评是无法接受的”，如果陈独秀不放弃批评，孙一定要把他开除出党。中共中央经讨论后作出如下决定：第一，在不与国民党决裂的前提下，对国民党在政治上的无所作为和它的错误行动仍要进行批评，但要避免激烈言辞。第二，一周内中共中央离开广州，重回上海，因为留在广州争取孙中山支持政治宣传是白费力气。中共中央只能在北方通过新的地方组织去推动国民党的现代化。按照马林的说法：“我们认为，留在南方继续争取孙本人对进行政治宣传的支持是白费力气。”[②] 至此，中共中央暂时放弃推动改组国民党的尝试。

（二）国民党改组的广州试验

中共三大闭幕后，共产党人认真贯彻三大精神，积极投身到国共合作的工作中去。中共中央机关1923年迁回上海后，中央局委员谭平山改任驻粤委员，国共合作的一系列具体工作由谭平山和他领导的中共广东区委负

① 指示的内容参见《中共中央文件选集》第1册，中共中央党校出版社1989年版，第586—588页。

② 《致达夫谦和越飞的信》（1923年7月20日），李玉贞主编：《马林与第一次国共合作》，光明日报出版社1989年版，第296页。

责进行。

1. 国民党改组在广州试验的背景

中共中央由广州迁回上海，采取一系列实际步骤帮助国民党改组。其一，发表《第二次对于时局之主张》，呼吁召开国民会议，强调“只有国民会议才真能代表国民，才能够制定宪法，才能够建设新政府统一中国”。其二，根据中共三大的决议，大多数共产党员和青年团员以个人身份加入国民党，成为帮助国民党改组的强大推动力。其三，通过《向导》周报等刊物，对国民党和孙中山的一些错误主张和在政治上的无所作为提出善意的批评和规劝。

中共中央局迁沪后陷于被动的局势。原定与国民党合作陷入止步不前的窘境。陈独秀等人似暂时放缓与国民党的合作。即使在上海，两党间也缺乏密切的联系。“因同志们和国民党党员间的猜疑及政治观念不同”，两党关系甚至一度紧张。张国焘在给维经斯基的信中说：“上海的一些国民党员中出现了一股反对我们留在国民党内的情绪”。陈独秀承认，“三次党代表大会通过的关于我们同国民党关系的政治论断，不太切合实际”[①]。经费的匮乏也严重影响工作的展开。中共三大之后，由于苏联与国民党之间的合作取得了重大进展，中国共产党来自共产国际的经费援助却发生了问题[②]。中共三届一中全会称“因同志中对于决议案有多少疑虑”，“原拟在最短期间成立北部中部各重要支部之计划遂未能实现”，在总结“大会决议案”未能充分执行的原因时，也称“本党经济困难”[③]。1924年元旦，陈独秀在中共与青年团的联席会议上坦承：“虽然中国共产党第三次代表大会决定帮助国民党的发展，以及整个国民运动的发展，但是，几个月来党在这方面无所作为。这是因为：（1）中国共产党内对此有分歧；（2）国民党本身没

① 《张国焘给威金斯基、穆辛的信》（1923年11月16日），《“二大”和“三大”：中国共产党第二、三次代表大会资料选编》，中国社会科学出版社1985年版，第227、224页。

② 杨奎松：《共产国际为中共提供财政援助情况之考察》，《社会科学论坛》2004年第4期。

③ 《中国共产党第一次中央执行委员会文件》（1923年11月24—25日），《“二大”和“三大”：中国共产党第二、三次代表大会资料选编》，中国社会科学出版社1985年版，第233页。

有任何前进的动力”[①]。

1923年10月6日，苏联政府代表鲍罗廷到达广州，国民党改组随之进入操作阶段。但“由于中共中央在三大后又移往上海，这项工作主要是在鲍罗廷和广东党组织的直接推动下进行的”[②]。中共中央对此最初也不热心，抱持着一种颇淡漠的旁观态度。鲍罗廷在广州发起的国民党改组实际上是另起炉灶，与马林、陈独秀所提出的国民党改组方案有别[③]。最明显的区别，就是中共中央几乎不插手，中共方面只有地方党组织参与。

鲍罗廷与孙中山聘鲍罗廷为国民党组织教练员的委任状

① 《鲍罗廷的札记和通报（摘录）》，中共中央党史研究室第一研究部译：《联共（布）、共产国际与中国国民革命运动（1920—1925）》第1卷，北京图书馆出版社1997年版，第442页。

② 中共中央党史研究室：《中国共产党历史》第一卷（1921—1949），中共党史出版社2011年版，第113页。

③ 鲍罗廷是作为苏联政府代表被派到广州的，莫斯科给他的指示是“服从中国民族解放运动的利益，绝对不要热衷于在中国树立共产主义的目标”，这与作为共产国际代表的马林所接受的指令是不同的。鲍罗廷在与国民党孙中山的关系上也秉持更加务实的宗旨，在国民党的改组方案上也与马林、陈独秀的主张有根本的不同。鲍氏注重国民党军队的改组，这正是马林等人极力反对的。关于鲍罗廷与国民党改组可参考日本学者北村愁的《第一次国共合作的研究》和李玉贞的《国民党与共产国际（1919—1927）》。

2. 国民党改组广州试验的经过

1923年10月，国民党成立临时中央执行委员会。在第一次会议上，中共中央执行委员、广东区委书记谭平山被选为国民党临时中央执行委员会书记和组织员，负责国民党改组具体事宜。谭平山领导的中共广东区委不负众望，认真负起了国共合作“试验地”的责任。他们召开会议，成立专门机构，研究出切实可行的方案：第一，共产党员、青年团员以个人身份加入国民党，并发动优秀青年加入国民党，以良好风貌影响国民党；第二，重新登记党员，清除不良分子；第三，将广州划分为12个区，组建市党部、区党部和区分部等基层组织，健全组织系统；第四，对全市重新确定的党员进行培训，为国民革命的兴起做准备。

为推动国民党改组工作，中共广东区委和青年团广东区委共同成立“国民运动委员会”的专门机构，积极组织共产党员和青年团员参加国民党改组的试验工作，并大量介绍和推荐党团员和先进分子加入国民党。国民党的基层组织在广州各区很快得到建立和健全，分别成立区党部和区分部，谭平山、冯菊坡、阮啸仙、刘尔崧、张善铭、杨匏安、周文雍等共产党人或青年团员分别当选为各区党部或区分部的执行委员，有的还兼任秘书，主持日常工作，给广州国民党机关注入了新鲜的血液。同时，谭平山还应邀担任国民党临时中央执行委员会书记和组织员，直接负责国民党改组的具体工作。在中共广东区委的大力协助和直接参与下，国民党在广州进行的改组和试验工作取得了明显成效。至国民党一大召开前，广州市内成立了9个国民党区党部，3个代理党部，66个区分部，3个特别分部。广州市的国民党党员由两个月前的3649人增加到8218人①。广州国民党组织首先被改造为国共合作的革命统一战线组织。国民党的党员结构也发生了根本性变化，日益成为由工人、农民、城市小资产阶级和民族资产阶级组成的革命联盟。国共合作实现了双赢。通过合作，一方面，促进国民党走向

---

① 谭平山：《在国民党一大上的报告概要》（1924年1月21日），《谭平山文集》，人民出版社1986年版，第272页。

新生，发展成为一个反帝反封建的革命政党；另一方面，也使共产党从鲜为人知、学术型、小组式的小党，发展成为领导实际革命斗争的大党。国共合作、改组国民党的试验区在广州获得初步成功，大大增强了国共两党进行全面合作的信心，进一步密切国共两党的关系。广东党、团组织不断关注孙中山国民党的工作，并及时予以配合和支持，为后来改组国民党工作的全面铺开，国共两党全面合作积累了宝贵经验。

根据谭平山的提议，要实施已公布的中国国民党章程草案非实地实验不可，遂决定以广州市内及上海两地为章程草案试验场，且训练党员，尤应当以实际运动工作为训练课本。由于当时广州的政局比较稳定，群众基础较好，国民党负责人和中共广东区委的领导人都在广州。故选择广州为国民党章程草案的实验地无疑是正确的。

国民党一大后，中共广东区委又派出一批得力干部到国民党内工作。国民党广东省党部完成改组工作，杨匏安、彭湃、刘尔崧还分别担任广东省党部的组织、农民、工人部的部长。与此同时，在广东各地区，中共地方组织帮助国民党进行改组的工作也相继展开，国共两党全面合作的局面在广东正式形成，为国民革命运动在广东的蓬勃兴起奠定了坚实的基础。

3. 其他省的国民党改组实践

中共三大后，各地党组织贯彻落实中共三大关于国民运动决议案，发动共产党员、青年团员参加国民党，推动国民革命发展，并在年底前选举出席国民党一大的代表。

毗邻广东的湖南，在这方面表现突出。中共三大前后，毛泽东为中共湘区委员会制定了“联谭倒赵”策略。1923 年七八月间，“谭赵战争”打响，毛泽东从上海赶回长沙。由于北洋军阀大力援助赵恒惕，谭延闿部湘军退守湘南，后进一步退回广东。毛泽东以国民党中央党部筹备员身份留在长沙。9 月 28 日，毛泽东写信向国民党上海本部总务部长彭素民、副部长林伯渠汇报筹备国民党组织的进展与计划，并要求将筹备员委任状寄来。“因检查极厉害”，托人带到武汉寄出，并要求“来信请写毛石山，莫写毛泽东”[1]。在毛泽东和中共湘区委员会的努力下，湖南国民党组织得以恢复和发展。首先在共产党员、青年团员较为集中的长沙、安源组织国民运动委员会，大力发展国民党组织。据统计，在 1923 年夏，湖南国民党已组织四个分部：一分部（学界），学生 150 余人，教职员 20 余人，新闻界 5 人。二分部（工界），党员 130 余人。宁乡第三分部，10 余人。江西萍乡第四分部，170 余人，总计 500 余人。9 月，在长沙开设联合办事处，分总务、党务、财务、宣传、交际五科办事[2]。后陆续组织各支部和湖南总支部。到 1923 年底，党员人数发展到 900 多人[3]。湖南推选国民党一大代表时，当选的毛泽东、夏曦、袁达时，均系中共党员。

李大钊领导的中共北方区委，也积极贯彻中共三大精神，发动共产党员、青年团员加入国民党，并在国民党一大代表选举中取得优势。国民党史学者李云汉说，在北方的李大钊，在南方的谭平山，都急切地在国民党的旗帜下，号召一般爱国青年参加他们所主持的“国民党组织”，借以利用国民党的名义来发展共产党的组织。这种现象，在上海、北京、广州等地均曾发生，而以北京最为显著。本来国民党在北京的各派组织，“其倾向中山先生并积极宣扬中山演说的基本立场却系一致。但同时他们对共产党及社会主义青年团份子，均采取防制与抵抗的态度”。1923 年 5 月，李大钊在北京组织青年国民俱乐部，号称“在京国民党青年的集合机关”，规定“在京学界党员必须一律加入”，实际主事者多为共产党人。同年 11 月 18 日天津亦成立青年国民俱乐部，主其事者即“著名共产分子”于树德、于方舟、韩麟符等人。天津选举时，李大钊以应邀讲演为名，“亲去策划”，结果初选所产生的四名代表——于树德、于兰渚（方舟）、陈镜湖（印潭）、韩麟符（致祥），“竟全属共产党党徒”。但依据临时中央执行委员会的决议，天津归直隶省区，只能出代表三人。李大钊写信给张继、汪

① 毛泽东：《致林伯渠、彭素民》（1923 年 9 月 28 日），中共中央文献研究室编：《毛泽东书信选集》，人民出版社 1983 年版，第 23—24 页。

② 《中国国民党湖南省第三届执行委员会报告书》（1934 年 4 月）之“一、筹设党部时期”，湖南省档案馆藏档案：卷宗名“国民党湖南省党部”，档案号 1—1.2。

③ 旷昕：《第一次国共合作时期国民党在湖南建立略述》，《求索》1984 年第 6 期。

兆铭与廖仲恺，要求将于树德列为指派代表。李大钊的要求为国民党临时中央执行委员会所接受。至于北京，则拖至元旦，趁部分国民党员探亲来往之际进行选举，张国焘与谭克敏、许宝驹同时当选为代表，李大钊本人则以北京特别区指派代表身份出席大会。

按国民党右派的指控，国民党一大代表中的中共党员，除陈独秀、李大钊、于树德、沈定一、谭平山五人系指派代表外，其他如浙江之宣中华，江苏之朱季恂，湖北之刘芬、李能郅、廖乾五，山东之王尽美等，“其当选类皆出于垄断把持之结果”。如汉口国民党员，甚至在大会开幕后还集体上书孙中山申述刘芬等三人代表资格之取得未尽合法[①]。这从反面说明，该地区中共党组织积极贯彻中共三大决议，参与国民党改组取得成效。

（三）第一次国共合作的实现

1924年1月，中国国民党第一次全国代表大会在广州文明路广东高师礼堂举行。20多名已经加入国民党的共产党人出席了这次大会，李大钊、谭平山、毛泽东等共产党人还担任了大会的重要职务。大会经过认真讨论与激烈争论，通过了《中国国民党第一次全国代表大会宣言》等重要议案。孙中山1月30日下午在闭幕词中说：“我们这次在广州开会，是重新来研究国家的现状，重新来解释三民主义，重新来改组国民党的全体。从此以后，大家分到各地方，便要希望一致奋斗。”这次大会重新解释了三民主义，接受了中国共产党反帝反封建的民主革命纲领，制定了联俄、联共、扶助农工的三大政策，成为国共两党和各革命阶级联合的基础。在组织上，承认共产党员和青年团员以个人身份加入国民党，使国民党成为一个工人、农民、小资产阶级和民族资产阶级结成的统一战线的组织形式。国民党一大的召开，标志着国民党改组的完成和第一次国共合作的正式建立。这是年轻的中国共产党开始实践民主革命纲领和统一战线政策的重大

① 武汉国民党员为本党改组事上总理书，原件未注年月，下款书“武汉国民党员公叩”，文中批指之李能郅（至），即李立三。

胜利，也是孙中山推动中国革命的历史功绩，标志着他一生最为重要的转变①。

国民党一大会址

1. 毛泽东在国民党一大

1924年1月19日，国民党第一次全国代表大会召开预备会议。次日，大会正式开幕。毛泽东在会上的席位是第39号。据张国焘回忆：毛泽东在会上“引人注目，发言最多”。“常依据孙先生的说法来发挥他自己的意见”，许多老国民党员大都以惊奇的目光注视着他，“似乎在欣赏他们这样的青年精神。散会后，汪精卫曾走过来向我说，‘究竟五四运动中的青年不错，你看他们发言多踊跃，态度多积极！’”毛泽东的发言见解尖锐、深刻，主要围绕国共合作问题展开，给人留下深刻印象。

大会根据孙中山提名，指定谢持、何世桢、谭平山、丁惟汾、廖仲恺、茅祖权、孙科、朱霁青、李大钊、肖佛成、汪精卫、张知本、戴季陶、居正、于右任、毛泽东、石瑛、邓泽如、谢英伯19人为章程审查委员。毛泽东等人挫败了右派分子在党章问题上做反共文章的阴谋。1924年1月20

① 《孙中山的三大政策和第一次国共合作（永远的丰碑·红色记忆）》，《人民日报》2006年6月17日。

日下午，在讨论组织国民政府的必要性时，部分代表在讨论中把问题扯得很宽泛。毛泽东认为，组织国民政府十分必要，但怎样组织国民政府又是一个复杂而慎重的问题。他站起来发言：此案为《组织国民政府之必要》，还不是说明怎样组织政府及何时组织政府；怎样组织政府及何时组织政府，是尚待议的问题。因此，表决也仅限于《组织国民政府之必要》。提议获多数代表赞同，大会遂以《组织国民政府之必要案》为题顺利通过表决。1月25日上午，大会在讨论宣传审查委员会提出的《出版及宣传问题案》时，又有一些老党员代表咬文嚼字、拖泥带水，在无关紧要的字眼上争论不休，甚至提出举办学校之动议。毛泽东站起来提议："请主席以审查结果全文付表决。"大会主席胡汉民以审查结果全文付表决，获通过。1月28日上午，大会在讨论《中国国民党章程草案》时发生激烈争论，焦点是所谓"跨党"的问题。广州特别区代表方瑞麟发言，提出"本党党员不得加入他党"。李大钊发表声明，严正指出："我们来参加本党而兼跨固有的党籍，是光明正大的行为，不是阴谋鬼祟的举动。"李大钊的声明得到多数代表赞同，廖仲恺对方瑞麟的论点进行了有力驳斥。毛泽东见表决时机已经成熟，便大声说，主席！主席！ 39号发言，本席主张本案停止讨论，即刻付表决。大会主席胡汉民交付大会表决。结果，否决了方瑞麟的提案。1月29日上午，加拿大代表黄季陆提出《请采比例选举制为本党政纲之一》案，企图把西方资产阶级政党在竞选分配议席的办法搬到国民党中央机构的选举中。毛泽东看穿了他们的动机，发言反对："比例制有害于革命党，因少数当选，即有力量可以破坏革命事业，是予少数派以机会也。本席根本反对本案，以为不能讨论，不能表决。"黄季陆、毛泽东进行二轮争辩。宣中华、王乐平、胡谦等赞成毛泽东的观点，反对该提案。表决结果，大会决定提交中央执行委员会"保留"，明年大会"再议"。实际上被挡下。1月29日上午，北京代表谭熙鸿向大会提出《本党设立研究会》案。毛泽东认为，把研究与实行截然划分开不利于革命党的行动。所以他说："本席反对本案。……本案精神可以成立，条文则不能成立。"夏曦、袁达时赞同毛泽东的意见。大会将此案交中央执行委员会"酌量办理"。原案实际上也被搁置。

孙中山等步出中国国民党第一次全国代表大会会场

1924年2月9日召开的国民党一中全会第四次会议，十项议案中有四项由毛泽东提出。毛泽东提出的第一项议案是“重要市县党部及区党部宜有经费补助案”。理由如下：“经费不宜只用于中央与省之两个高级党部（空洞的党部），市县党部、区党部非补助经费，必无办法，必难发展。……宜择有工人、农民、学生、商人等群众运动实际工作之市、县、区党部补助经费，此等党部之须补助经费，较之省党部之补助经费更为重要。”这个提案显示了毛泽东加强基层组织建设的思想。会议经讨论后，决定将此案交预算委员会审查。第二项议案是：“本年内各省省党部宜兼理所在地之市党部，中央及各地执行部宜兼理所在地之特别区党部案。”会议否决了毛泽东的提案，认为“应照章程组织，此案不能成立”。第三项议案是：“中央执行委员会及各地执行部实际组织时，应注意事实上之需要案。”理由是：中央及京、沪、哈、汉四地执行部，组织干事以上职员共有60余人。大会后半年内断不须设置职员如此之多。该提案强调充实和加强下级党部，主张加强基层组织建设，具有从组织角度改造国民党的意义。会议决议“交中央执行委员会参考”。毛泽东的第四项议案是，“本年内地方组织宜分别轻重缓急，立定一个计画案”，理由如下：“地方组织不宜务广，宜择重要地方若干处，立定一个计画，集中人力、财力，于此一年内专心致志……本年内应该专力的地方应把列成两等：第一等最重要而现时有发展之可能者，如上海、北京、广州、汉口、哈尔滨……等，至多八、九处，宜用十分之七的力量（人力、财力）去做；第二等次重要而现在有机会着手者，如太原、安庆、杭州、南昌……等，至多十一二处，用十分之三的力量去办”。经讨论，会议决定将本案“交中央执行委员会参考”。

毛泽东的上述四个提案，是他上年在湖南从事发展国民党地方组织实践经验的总结，反映了他在组织建设上的真知灼见。除第二案未成立外，其余三项分别交审查或中执委参考①。这些提案代表了共产党的立场，与毛泽东的共产党党团负责人身份不无关系。这些提案中所包含的重要思想，成为毛泽东后来在中共组织建设中长期坚持的原则，在实践中起到重要作用。

2. 张国焘在国民党一大

前已述及，鲍罗廷笔记中没有记载张国焘在共产党党团会议发言的意见。但张国焘自述，“指导小组”的会议在讨论国民党宣言草案时，“多数同志都附和鲍罗庭的意见”，张国焘则“提出难于解决的问题”，令鲍罗廷左右为难，气氛尴尬。结果，“李大钊先生也以指导小组负责人的身份”制止他：“提过一次，就足够了，可不必再提”。张国焘这才住口②。这就是说，如同在中共三大上反对马林一样，张国焘在国民党一大也是反对派。所不同的是，此次更加势单力孤，没有支持和赞同者。张国焘认为，他只有两种选择，“一是不顾一切的提出我的主张，那便可能遭受中共多数同志的反对和国民党人的不满。二是为保全共产党态度的一致，不如早点离开广州，去主持铁路工人的代表大会”。同志们知道了我的心情，有意无意地表示希望我走第二条路。大会于 1 月 20 日开幕，张国焘于 1 月 23 日离开广州，除开幕式外，只参加过一次正式会议。据国民党一大会议录记载，张国焘

① 《毛泽东年谱（1893—1949）》（上卷），中央文献出版社 2013 年版，第 120—121 页。

② 张国焘：《我的回忆》第 1 册，东方出版社 1991 年版，第 316 页。

既没有会议提案，也没有在会上发表意见。按他自己的说法：“我却坐在那里，一言不发”①。

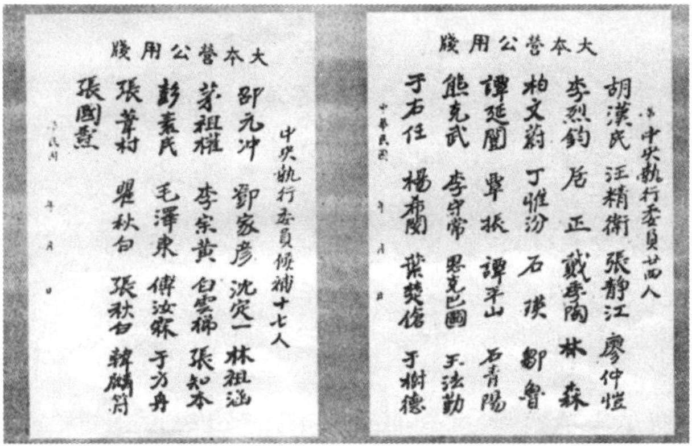

国民党中央执行委员会委员、候补委员名单

3. 其他中共三大代表在国民党一大

国民党一大选举中央执行委员会，包括中央执行委员 24 名（连同总理孙中山共 25 名）、候补中央执行委员 17 名。关于选举办法，孙中山在 1 月 30 日上午的报告中讲道：

现在按照议事日程选举中央执行委员会委员及候补委员暨中央监察委员。本总理原要大家推选代表十人，用连记法推选中央执行委员二十四人，乃有几处未推选，现据各代表推选之人，由本总理提出当众报告，请予通过。其中有二位是我们老同志，现在欧洲留学，尚有二位：一是邓家彦；一是邵元冲，现在外省，一是石君青阳，一是张君静江，此四位是我加入的，其余都是各代表推选者。

经表决通过的 24 名中央执行委员和 17 名候补中央执行委员名单如下：

中央执行委员

胡汉民	汪精卫	张静江	廖仲恺	李烈钧	居　正	
戴季陶	林　森	柏文蔚	丁惟汾	石　瑛	邹　鲁	

① 张国焘：《我的回忆》第 1 册，东方出版社 1991 年版，第 319 页。

谭延闿 覃 振 谭平山 石青阳 熊克武 李守常

恩克巴图 王法勤 于右任 杨希闵 叶楚伧 于树德

候补中央执行委员

邵元冲 邓家彦 沈定一 林祖涵 茅祖权 李宗黄

白云梯 张知本 彭素民 毛泽东 傅汝霖 于方舟

张苇村 瞿秋白 张秋白 韩麟符 张国焘

其中，共产党籍的中央执行委员3名：谭平山（排名15）、李大钊（即李守常，排名18）和于树德（排名24）；候补委员7名：沈定一（排名3）、林伯渠（即林祖涵，排名4）、毛泽东（排名10）、于方舟（排名12）、瞿秋白（排名14）、韩麟符（排名16）、张国焘（排名17）。两者合计共10人，约占总数41人的1/4。从排名看，中央执行委员中，中共党员居中后段，孙中山亲自提名的张静江位居第三，石青阳位居第十六名；至于候补中央执行委员，中共党员在名单的前、中、后段均有，以后半段为主。扣除孙中山提名的邓家彦和邵元冲外，中共党员沈定一、林伯渠位居榜首。

一般来说，年龄较长且资深的国民党元老多排名靠前，可见对中共党籍委员在数字上可能有倾斜保障。谭平山与廖仲恺、戴季陶组成国民党中央常务委员会，谭并兼任组织部部长，林祖涵任农民部部长。名列国民党中央执行委员会的十位中共党员中，除沈定一、于方舟、韩麟符外，其余七人均系中共三大代表，李大钊、谭平山和毛泽东三人是第三届中央执行委员会委员。由此可见中共三大与国民党一大在组织上的关联。

四、中共三大精神的贯彻落实

中共三大关于共产党员以个人身份加入国民党以实现国共合作的重大决策，在大会结束后很快传达到各地，有力地推动了中国革命运动的发展。

（一）大会精神的传达与贯彻

中共三大后，除进入中央局担任中央领导工作的同志外，各地来的代表陆续返回工作所在地，传达贯彻中共三大精神。从三届一中全会可见大会精神初步贯彻的成效。

1. 代表返回各地传达贯彻中共三大精神

张太雷是在1923年6月底离开广州前往上海的。马林6月27日给全俄中央合作总社驻上海办事处职员维里杰的电报中说："太雷携带箱子及邮件乘杰弗逊号星期五到达。"[①] 维里杰于7月2日来电略谓：王荷波和张太雷安全到达，信件和箱子也已收到无误。另有资料表明，瞿秋白在中共三大结束后就离开广州，于6月下旬在杭州召集浙江省党团会议，传达中共三大的决议。当时，他住在岳王村的四伯父家[②]。

在上海，徐梅坤回忆，中共三大结束后，他休息两天后回去贯彻大会精神。因为当时年轻，记忆力好，开支部会议时，只是用口头传达，没有带文件和决议回去。"我们回到上海以后，立即向江浙区的党员传达了中共三大的情况和决议。为了党的工作需要，我们先后以个人身份加入国民党。虽然规定全体共产党员加入，但实际上有的参加，有的不参加；有的公开，有的秘密。大部分是参加了，当时叫跨党分子"。不过，自1923年7月起，上海区委改由中央候补委员邓中夏担任书记，卸任的徐梅坤回忆可能不够全面。

在湖南，1923年7月，遵照中共三大决议，李维汉任书记的中共湘区执委会帮助成立国民党湖南省党部筹备处，何叔衡任主任。为推进国民革命运动的开展，中共湘区执委会设立国民运动委员会，夏曦任书记。中共湘区执委会还先后设立妇女运动委员会、农民运动委员会，积极深入发动工农群众运动，发展和壮大共产党和共青团的组织。

在湖北，1923年中共三大后，中央执行委员项英被派驻汉口，指导、帮助武汉区执委会工作，同年10月，为了整理党务和工会工作，中共中央

---

① 《发函电记录》(1923年4月30日至7月18日)，李玉贞主编：《马林与第一次国共合作》，光明日报出版社1989年版，第160页。

② 王静、陆文桂：《瞿秋白》(1899—1935)，江苏文艺出版社1998年版，第153页；季樟桂：《瞿秋白1923年来杭住址考》，瞿秋白纪念馆编：《瞿秋白研究(13)》，上海社会科学院出版社2005年版，第235页。

又派包惠僧到汉口接任区执委会委员长。从 1923 年夏到 1924 年初，党组织缓慢发展，除武汉三镇和港、窑、湖工矿区有发展外，黄冈、黄陂、黄梅、沔阳、黄安、孝感等县也开始建党活动。党的外围组织——马克思学说研究会在武昌、汉口都有很大的发展，分别建立独立组织。

在山东，中共三大结束后，随着共产党员数量的增多，基层党组织的发展和党的活动范围扩大。10 月 6 日，在中共济南地方支部的基础上，建立中共济南地方执行委员会，隶属于中共中央，有委员 3 名，王尽美任书记，有党员 16 名。王尽美主办党刊《现代周刊》。从 1923 年起，济南党组织派党员到青岛、张店等地从事工农运动和建党活动。1924 年，邓恩铭在青岛建立中共青岛组，王用章在淄博、张玉山在寿光和广饶、贾乃甫在齐河后里仁庄分别建立支部。中共济南地方执委会和各地党组织建立后，共产党员和青年团员均以个人名义加入国民党，还帮助国民党改组，推动革命形势的发展。1924 年 1 月，王尽美作为国民党的山东代表，出席国民党一大。4 月，在中共山东地方组织的帮助下，山东的国民党改组，在济南成立中国国民党山东临时省党部，王尽美当选为临时省党部执行委员。

有资料说，张太雷 1923 年 9 月随同孙逸仙博士代表团访问苏联后，留在莫斯科，从 12 月起参加青年共产国际执委会工作兼中国社会主义青年团驻青年共产国际代表。据郑超麟回忆，张太雷带来了中共三大的消息。彭述之召集全体会议并作报告[①]。

2. 团二大与中共三大精神在青年中的贯彻

团二大的召开，对于中共三大精神的贯彻有重要作用。中共三大《关于国民运动及国民党问题的决议案》指出，“共产党党员及青年团员在国民党中言语行动都须团结一致”。青年团二大的筹办甚早。1923 年 2 月，中共中央和共产国际代表马林曾计划“团的会议在北京”召开[②]。后来，湖南

① 丁言模、黄明彦等编著:《张太雷年谱》，上海辞书出版社 2011 年版，第 145—146 页。

② 《郑州铁路大罢工笔记》(1923 年 2 月 4 日到 10 日)，李玉贞主编:《马林与第一次国共合作》，光明日报出版社 1989 年版，第 121 页。

团组织建议在长沙举行，拟在中共三大结束后进行。但中共中央迁到广州后，“曾问及湖南代表，是否可在长沙举行青年代表大会，也曾问及北京代表，回答是：只能召开一个秘密的小会”[①]。最终因政治局势的变化，改为在南京召开。

1923 年 8 月 20 日至 25 日，团二大在南京举行。参加会议的代表有邓中夏、朴育南、恽代英、李求实等 30 人左右，代表全国 6000 名青年团员。会议一致接受了中国共产党与国民党建立统一战线的方针，决定采取与党同一的步骤，团员以个人身份加入国民党。

1923 年 8 月，青年团二大在南京国立东南大学召开

按照共产国际的规定党团关系的原则：“除了政治上的主张须与中国共产党协定以外，社会主义青年团有完全的自主之权。两团体各级执行委员会会议，得互派有表决权之代表一名出席。”[②] 中共代表邓中夏在团二大第

① 《致共产国际执行委员会、红色工会国际、共产国际执行委员会东方部和东方部远东——关于中国形势和 1923 年 5 月 15 日至 31 日期间的工作报告》（1923 年 5 月 31 日），李玉贞主编：《马林与第一次国共合作》，光明日报出版社 1989 年版，第 188 页。

② 《中国社会主义青年团中央执行委员会第十七号通告》（1922 年 9 月 6 日），李忠杰、段东升主编：《中国共产党第二次全国代表大会档案文献选编》，中共党史出版社 2014 年版，第 89 页。

四次会议报告中，提出“在政策上须完全服从”“在组织上可完全独立”，大会决议通过。邓中夏报告中共三大结果后，大会决议：（1）对于中国共产党第三次大会之决议，本团愿努力协同中国共产党诚实执行。（2）《关于国民运动及国民党问题的决议案》，大会完全承认中国共产党这个决议案最合中国实际情形，并承认中国共产党决议所指示的，是中国目前革命的唯一道路。本团应努力协助中国共产党“扩大国民党的组织于全中国”，“在劳动群众中须有大规模的国民革命宣传，扩充国民革命的国民党”。同时大会指出本团尤须注重强烈的国民运动宣传，以促进国民革命的实际行动（如示威及政治罢工等）。团员加入国民党，当受本团各级执行委员会之指挥，但本团之各级执行委员会当受中国共产党中央及其各级执行委员会对于团员加入国民党问题之种种指挥。团员在国民党中应赞助中国共产党党员之主张，与其言语行动完全一致；应保存本团的独立的严密组织。（3）对劳动运动及农民运动，应与中国共产党合作。（4）大会完全承认中国共产党对青年运动之决议，并愿接受中国共产党之组织上及行动上之指导及援助。

团二大与参照中共三大的做法，通过《中国社会主义青年团中央执行委员会组织法》，中央执行委员会以七人组成，中央委员缺职时应以候补委员补缺。大会后之中央执行委员会选举四人组织中央局。其余三人分派各地。中共一大同时也是中共三大代表刘仁静当选中央局委员长。其余六名委员是邓中夏、施存统、夏曦、卜世畸、林育南、李少白。

3. 中共三大后哈尔滨党组织活动的个案

1923 年 11 月，在上海召开的中共三届一中全会，在总结中共三大后五个月的工作时，对各地党务工作并不十分满意，“中局报告”说，中共三大后党员增加不过百人；“新发展的地方，一是济南成立了地方会，一是哈尔滨成立了一组”，只有这个“两个地方工作最力”。陈为人领导的哈尔滨党组织在三大闭幕后，为贯彻三大决议进行了辛勤工作，得到中央的赞扬。

在党组织发展方面，陈为人发展汪洁曼、李铁钧、马新吾、陈毅可、刘天佑五人加入中国社会主义青年团，并成立哈尔滨支部，同时与团中央取得联系，各项工作顺利开展。同年8月，李大钊领导的中共北京区委派青年团团员彭守朴赴哈尔滨与陈为人、李震瀛共同开展党、团工作；10月中旬，京区执委会又派中共党员陈作霖到哈尔滨。这时，哈尔滨已有党员三人（陈为人、李震瀛、陈作霖）、团员六人（汪洁曼、李铁钧、陈毅可、刘天佑、彭守朴、马新吾），于是成立了党、团合一性质的中共哈尔滨独立组。中央局报告中正是根据这些事实，认为哈尔滨是"工作最力"的两个地方之一。

哈尔滨的国民运动也有效开展。中共三届一中全会"各委员报告"单列"(六)哈尔滨"，并作全面总结7个方面的成效。从报告内容看确实出自陈为人之手。因为三届一次中执委会议召开之前，中央下发了《教育宣传委员会组织法》，要求各地选出一人为"教育宣传委员"，哈尔滨独立组"已委陈君涛负责"。这几条都是中共哈尔滨独立组贯彻三大决议的具体措施。

1."民校"指"中国国民党"。"民校事"是指建立国民党地方党部。陈为人等人在中共三大后即着手建立哈尔滨地区的国民党支部。1922年，孙中山曾派朱霁青来哈尔滨建立组织，但未成功。倒是陈为人等"以马克思主义研究小组为核心的国民党"发展了一些党员。"张同志"即张昭德，是原北京俄文专修馆学生、北京马克思学说研究会成员，毕业后任哈尔滨工业专科学校教师，陈为人推荐他担任哈尔滨市国民党部青年委员，获国民党中央委任。

2.《晨光报》即《哈尔滨晨光报》，韩铁声于1923年2月创办。陈为人、李震瀛到哈尔滨后，与韩铁声取得联系，以记者身份秘密从事革命活动，扩大了革命影响。

3."青年学院"成立于1923年9月下旬，是陈为人、李震瀛委托韩铁声出面申请并获批准的。据陈为人等人拟订的院章称"东三省哈尔滨青年学院"，总院设于哈尔滨，分院设在各埠，学院以研究学术、交换知识、宣传文化、改善社会为宗旨，学院分设政治经济组、文学组、哲学组、社会学组、实业组和俄英等外语课，分别由陈为人、李震瀛等人授课。

4."劳动运动"指工人运动。其中的"俄友"即在中东路工作的与苏俄有联系的进步人士。此时正值中苏中东路谈判前夕，中东路布尔什维克影响在不断扩大，为工友提供生活费和筹办东路华工部等事正是布尔什维克经常做的。陈为人等人积极争取苏俄人士支持，创办工人进步刊物《劳动周刊》，这种有利条件在当时中国北方各省是得天独厚的。

5. “通讯社”。1923 年 9 月 16 日，在陈为人的倡导下，由韩铁声出面创办哈尔滨通讯社，社长韩铁声，编辑主任陈为人，李震瀛、吴春雪、李直斋等分担其他工作。通讯社在呈文中称：“以宣传消息、介绍文化、拥护舆论、编纂各项统计调查为宗旨”，并与电台取得联系，得到支持。该通讯社既是党的宣传阵地，也是党团员和左派人士秘密活动的据点。

6. “S. Y.”是青年团的英文缩写。“C 友出外”，“C”是苏俄的英文代称，“C 友”系指“苏俄朋友”，这里是指六名中国社会主义青年团团员，不包括苏俄籍人士在内。

7. “已发起一群众对外组织，下星期日开大会”，当指 1923 年 11 月初拟召开的纪念俄国十月革命六周年会议，事实上只是散发了 2000 多份传单“宣传承认苏俄”，此事还得到了团中央的表扬。据陈为人等给林育南的信中称：“反对帝国主义者的空气已浓”①。

（二）发起群众性国民运动

中共三大作出了关于劳动运动、农民运动、妇女运动和青年运动等决议案。会后，积极组织落实。特别是国共两党实现合作后，领导人民大众积极贯彻国共合作的方针。

1. 铁路工会的成立与工人运动的复兴

1923 年 2 月 1 日，京汉铁路总工会在郑州举行成立大会，被直系军阀吴佩孚破坏，制造了二七惨案。成立全国铁路总工会的计划未能实现。1923 年 6 月在广州召开的中共三大对二七罢工和铁路工人运动非常重视。中共中央和共产国际代表马林进行了大量的调查研究。大会通过的《劳动

---

① 王连捷：《中共三大后哈尔滨党组织活动考述》，《党的文献》2011 年第 3 期。

运动议决案》中说：“全国铁路总工会筹备委员会应从速召集全国铁路代表会议，讨论各路统一之工作。”中共三大后，中共中央从速建立全国铁路总工会。经过整顿，到 1924 年初，各路工会都有了不同程度的恢复。

1924 年 2 月 7 日，即二七惨案一周年纪念日，全国铁路工人第一次全国代表大会在北京秘密举行。参加大会的有京汉、京奉、京绥、正太、粤汉、津浦、株萍、胶济等 9 条铁路的工人代表，共 20 多人。张国焘主持大会并作《国民革命与铁路工会的任务》的报告，提出铁路工人应该拥护国民革命。大会选举产生全国铁路总工会第一届执行委员会，宣布中华全国铁路总工会正式诞生，中共三大代表孙云鹏当选中华全国铁路总工会委员长，张国焘为总干事。大会制订了全国铁路组织计划，贯彻落实中共三大《劳动运动议决案》：已经组织好了的各路工会，要更加严密；被封禁了的各路工会，要设法恢复；还没有组织的，要从速成立团体。各路工会的相互关系，总工会当力谋密切起来。从前各路工人斗争已经要求到的条件，总工会当力争实行。全国铁路总工会还决定加入“万国运输工人联合会”。

1924 年 6 月，东方太平洋运输工人代表大会在广州召开，出席会议的有中国、菲律宾、爪哇（印度尼西亚）、新加坡、中国香港等地的铁路工人、海员以及赤色职工国际的代表。这是东方各国运输工人第一次联合大会。苏兆征代表中华海员工业联合总会在会上介绍 1922 年香港海员罢工的有关情况和经验教训。此次会议“乃东方民族都是受帝国主义的压迫，所以最有力量反对帝国主义之东方运输工人应有特别的联合”。当时有俄、德、法、美、希腊、爪哇和中国等八个国家的海员革命工会，以及中国等 11 个国家的铁路工会等团体共同加入运输工人国际宣传委员会。这是赤色职工国际下面的一个产业组合机构。

中共广东区委工委根据中共三大关于“广东方面劳工运动，须注意新式产业之工人，至进步的手工业工人组织同时兼须整顿促进其阶级觉悟”的指示，决定改变广州工会组织成分复杂、派别繁多、行动涣散的局面，巩固和发展已有的革命工会，改造旧式工会。联俄、联共、扶助农工三大政策的贯彻，给广州工人运动的进一步开展创造了有利条件。廖仲恺担任国民党中央工人部长，冯菊坡担任工人部秘书，刘尔崧、施卜等担任干事。1924年3月5日，广州各工会代表1000多人在太平戏院召开会议，廖仲恺和谭平山讲话，号召工人们加强团结，统一组织，参加国民革命。同年5月1日，广州70多个工会在广东教育会礼堂召开工人代表会，廖仲恺致开幕词。孙中山亲到大会演讲。他指出：工人“要废除中外不平等的条约，便可以做全国人的指导，作国民的先锋”。大会通过了20个决议案，并提出整顿各工会内部组织，按产业原则联合和组织工会，工人实行职业保障，政府设立劳工科管理工人事务等决议。大会还选出17个工会的代表组成广州工人代表会执行委员会，其中有9人是共产党员，实际工作由刘尔崧负责。广州工人代表会的成立，基本上实现了广州工人运动的统一，从职业组织走向产业组织，从分散走向统一联合的开始。

1924年6月，沙面发生越南革命志士范鸿泰暗杀法国驻印度支那总督麦尔林事件。沙面英法租界当局以此为借口，颁布“新警律”，限制华人出入，引起沙面工人的愤慨。中共广州地委派刘尔崧、施卜、穆青、周文雍到沙面发动工人罢工。3000多名洋务工人宣布罢工，租界的中国巡捕也参加罢工。工人们离开沙面，并向英法租界当局提出取消“新警律”等4项条件。沙面英法租界当局不仅不接受工人条件，还宣布沙面戒严，调军舰到广州，实行武力威胁。广州工人代表会发出《反对英国限制华人进入沙面的新警律代电》。中共广州地委还号召各界人民组织沙面罢工后援会，从物质和精神上支持罢工工人。广州各洋行货仓的运输工人举行罢工，声援沙面洋务工人。沙面的商务很快陷于瘫痪，沙面英法租界当局被迫与罢工工人谈判。最后，沙面英法租界当局答应取消“新警律”，并同意不得开除罢工工人等。沙面工人于8月19日复工。沙面洋务工人罢工坚持一个多月，基本达到目的。它大大鼓舞了广东人民反帝斗争的决心和信心，是二七惨案以来全国工人运动复苏的起点。

2. 农民运动的兴起与广州农民运动讲习所的创办

中共三大开始对农民问题给予高度重视，大会通过的《党纲草案》提出："农民当占中国人口百分之七十以上，占非常重要的地位，国民革命不得农民参与，也很难成功"，并提出了减租问题。毛泽东在中共三大上主持起草了《农民问题决议案》。1923 年 10 月，邓中夏根据广东东江、湖南衡山、浙江萧山、江西萍乡和马家村、山东青岛盐田农民减租抗税的斗争实践，提出中国农民已经行动了。

1922 年 5 月，彭湃开始在他家乡汕尾市海丰地区开展农民运动。同年 7 月，彭湃发动 5 位青年农民和他一起，成立了仅有 6 个人的农会。在短短的 3 个多月时间里，农会会员就发展到 500 多人。至 1923 年 1 月 1 日汕尾市海丰县总农会成立的时候，会员已经有 10 万人之多。海丰总农会团结全县农民实行减租，向封建剥削制度进行猛烈斗争。为保护农民的利益，农会规定将农产品集市的权力归农会掌管；反对地主肆意加租、易佃剥削农民；创办农校，农民子弟免费入学；动员农民造林，山林收益按劳分配；成立仲裁部，为农民主持公道。这些措施深得农民拥护。当地的土豪劣绅十分惧怕农会，一时间，欺压农民的事几乎看不到了。海丰农民运动的声威，很快远播到东江地区和全省农村[①]。

广东海陆丰赤山农会旧址

① 《邓中夏文集》，人民出版社 1983 年版，第 32—33、35 页。

中共湖南地方党组织于1923年春开始开展农民运动。4月，毛泽东派在水口山矿区作工会工作的共产党员刘东轩、谢怀德前往衡山岳北白果开展农民工作。9月中旬，在白果召开了岳北农工会成立大会，到会的有一万多农民。大会通过了关于改善农民生活、农村教育、解放农村妇女等项决议，并发表了《宣言》，号召农民团结起来，反抗敌人的压迫和剥削，"为自己解除困苦，争谋利益"而斗争。农会成立后，在农民中积极开展工作，酝酿减租减息斗争，启发农民的阶级觉悟，加入农会的人很快增加到四万人以上。

邓中夏在研究广东的海丰、陆丰、惠阳和湖南的衡山白果等地农运资料后，认定农民积极加入农会，进行减租抗税和平粜阻禁的斗争，显示了农民的革命热情，是"国民革命"一支最"有力的军队"。他建议各级党、团组织"积极分出精力做农民运动"；动员党、团员到农民中去，"赶快成立'农民运动委员会'，以应目前迫切的需要"。由于成立时间短，力量不强，斗争经验少。8月和11月，广东、湖南农民运动先后遭到军阀陈炯明、赵恒惕的残酷镇压，农会受严重摧残。邓中夏及时总结这两次失败的教训，提出在农会力量还不强大的时候，同地主阶级展开斗争要十分注意策略，不要急于正面冲突。他说：衡山、海丰两处农运遭到失败，一个重要原因是农会在"做经济斗争"时，"采用的政略与方法过于左倾"，害了"左派的幼稚病"。地主阶级利用农会"左"的幼稚，勾结"官厅和军阀"，用"炮火把两个崭新的农会"破坏了。他认为，不宜提出"消灭私有制"一类"共产革命"的口号，农民"私有观念很深"，反对地主，但不反对私有制，口号过高会把一些农民"吓跑"①。

1924年3月，国民党中央执行委员会决定成立农民运动委员会，谭平山、廖仲恺等任委员。6月30日，国民党中执委第39次例会决定，接受共产党人彭湃等人的提议，决定创办农民运动讲习所。农讲所是以中国国民党中央农民部的名义开办，在经费及校舍等方面由国民党中央给予解

① 范忠程:《大革命时期邓中夏对农民运动的理论贡献》,《求索》2008年第10期。

决。广东区委给中央的报告中也说："国民党改组后，国民党认定农民运动是革命工作之一，我们因用国民党中央农民部名义工作，开办农民运动讲习所"。

大革命时期的武汉国民党中央农民运动讲习所

历届农讲所概况如下：

<table>
<tr><th>届次</th><th>名称</th><th>时间</th><th>所址</th><th>主持人</th><th>学员人数</th><th>毕业人数</th></tr>
<tr><td>一</td><td rowspan="5">中国国民党中央执行委员会农民运动讲习所</td><td>1924.7.3—8.21</td><td rowspan="2">越秀南路惠州会馆（当时国民党中央党部所在地）</td><td>彭湃</td><td>38</td><td>33</td></tr>
<tr><td>二</td><td>1924.8.21—10.30</td><td>罗绮园</td><td>225</td><td>142</td></tr>
<tr><td>三</td><td>1925.1.1—4.1</td><td rowspan="3">东皋大道1号（没收反动商团头目陈恭授的私房）</td><td>阮啸仙</td><td>128</td><td>114</td></tr>
<tr><td>四</td><td>1925.5.1—9.1</td><td>谭植棠</td><td>98</td><td>76</td></tr>
<tr><td>五</td><td>1925.9.14—12.8</td><td>彭湃</td><td>114</td><td>114</td></tr>
<tr><td>六</td><td>中国国民党农民运动讲习所</td><td>1926.5.3—9.11</td><td>惠爱东路番禺学宫（原为第二军官学校校址）</td><td>毛泽东</td><td>327</td><td>318</td></tr>
</table>

六届农讲所共招收学员930人，毕业797人，第一至第五届都招收女学员，共约30多人，其中第二届招收女学员13人，第六届没招收女学员。第一至第二届的学员均是广东籍，第三届开始招外省学员，第六届时，学员来自全国20个省区。农讲所学员有共产党员、共青团员和农民协会会员、进步学生，有一部分原来就是工农青运动的积极分子，他们几乎都是由各地共产党和共青团组织选拔而来。于树德回忆，农讲所的学员“是以各地方国民党部的名义、实际上是我们共产党选派来的。那时许多地方国民党大部分都掌握在共产党人手里，各地都是以国民党的名义去招生”。历届农讲所都重视党的组织建设，在农讲所里建立了共产党和共青团组织，积极开展组织活动，发展党团员，每周最少过一次组织生活。

总之，中共三大后，在中国共产党的推动下，孙中山先生对国民党进行了改组，确定了联俄、联共、扶助农工的三大政策，召开了国共合作的国民党第一次全国代表大会，第一次国共合作正式建立，全国掀起了声势浩大、轰轰烈烈的反帝反封建的革命群众运动，胜利地举行了北伐战争，促进了中国革命的高涨[①]。

① 《党的三大（永远的丰碑·红色记忆）》，《人民日报》2007年10月12日。

第四章　中共三大研究述评

中共三大是中国共产党在民主革命时期召开的一次重要会议。大会正式确定了共产党员以个人身份加入国民党，与国民党进行党内合作的策略方针。中共三大之后，在中国共产党的推动下，第一次国共合作正式建立，全国掀起反帝反封建的大革命。中共三大备受理论界和学术界的关注，长期以来积累丰富的研究成果。这里拟就近百年来中共三大研究的成果作一个综合性的梳理和评析。

一、十一届三中全会以前的中共三大研究

关于中共三大研究情况，学术界有多篇研究综述[①]，但对十一届三中全会之前的研究情况涉及不多，实际上自1923年6月大会召开以来，即开始出现许多对中共三大进行研究的著作。

（一）大革命时期

中共三大期间及会后，马林给莫斯科写了大量报告和信函，除记载大会情况外，也包括马林个人的观察与思考，有学术研究方面的意义。张国焘作为大会争论的主角，会后写给莫斯科的报告也包含其个人观点，有类似的史料与学术意义。1923年11月中共三届一中全会和1924年5月中央

---

① 具体可见：李淼翔、刘宋斌：《中共“三大”学术研讨会综述》，《广东社会科学》2006年第6期；李淼翔：《广东省纪念中共三大召开八十周年座谈会暨学术研讨会述要》，《中共党史研究》2003年第5期；王杉羽：《中共三大历史评定的研究综述》，《湖北函授大学学报》2013年第26卷第4期；潘李军、凌弓：《十年来中共“三大”研究综述》，《红广角》2013年第8期；刘名玥：《2002年以来的中共“三大”研究综述》，《致富时代（下半月）》2009年第12期。

扩大会议特别是1925年1月召开的中共四大，总结了中共三大会议精神的贯彻情况并评价决议案优劣。学术研究方面，陈公博1924年写的《共产主义运动在中国》说，中共三大“在孙博士的政府所在地广州举行。与第一次大会相比，这次大会的决议和政策没有多大变化，但发表了一个对国民党不甚满意的宣言，并指摘了国民党所已采取的某些步骤”[①]。陈公博当时在美国，主要根据间接材料，所述不够公允。

中共三大确定国共合作方针和推动国共合作的作用，是1927年以前中共三大研究的重点，主要包含两方面：首先，对采取共产党员以个人身份加入国民党的方式实现国共合作持肯定态度。1926年，中共驻共产国际代表团团长蔡和森，应莫斯科中山大学旅俄支部邀请所作的《中国共产党史的发展（提纲）》报告说，加入国民党问题在西湖会议上已决定全体党员以个人名义加入国民党，但“在理论上还未确定，所以在这次大会上争论的还是这个问题”；后来国民党实行改组使得“我们第三次大会对国民党所定的政策有实行的可能了，这证明第三次大会之政策是正确的”[②]。其次，关于扩大国民党的组织于全国的问题。1924年5月，在上海召开的扩大执行委员会“把第三次大会的错误完全纠正了”，指出中共三大这个问题上的错误。中共四大《关于民族革命运动之决议案》认为，第三次大会后“因为接触了实际工作，党的幼稚也暴露出来了”，但这是因为大部分同志疏忽了第三次大会所作的正确决定，才导致了“左”倾或右倾的错误。可见此时，对中共三大的决议还是认可的。

到1927年，随着大革命从高潮走向失败，对中共三大的批判“检讨”成为探究国民革命失败原因的重点。例如，瞿秋白1927年2月撰写的报告《中国革命中之争论问题》认为，“第三次大会时的党纲草案，在现在看起来简直是不值一笑，很幼稚的”。而批判的重点集中在两方面：一是争夺革命领导权的问题。“一九二三年夏决定加入国民党——这是进一步；但是没

① 陈公博著，韦慕庭编，中国社会科学院近代史研究所翻译室译：《共产主义运动在中国》，中国社会科学出版社1982年版。

② 《蔡和森文集》（下），人民出版社2013年版，第829—833页。

有根本明了自己的政策，仍旧保存‘研究会’时代的小团体心理，不知道加入是为着争领导权”。二是对农民的土地问题。瞿秋白说，“这党纲草案的最严重的错误，就是没有切实的，勇敢的解决农地问题”，并承认在修改中共三大党纲的过程中，有“我自己的严重错误”[①]。同时，还有将农民土地问题与争夺革命领导权联系起来。例如1927年7月，苏联《真理报》发表的文章认为，正是因为中共三大忽视了农民的土地问题，导致“农民就好象退出了革命阵线”，使得党对于“无产阶级‘天生’就是革命的领导者”存在幻想[②]。

很多党史报告指责中共三大有“左”倾和右倾错误。如1927年2月瞿秋白的《中国革命中之争论问题》，就是“为了反对陈独秀的右倾机会主义错误，以批判彭述之的方式”而写的，在提到中共三大党纲的修改经过时，曾特地说明“我现在这种声明并非要标明独秀同志的错误，而是要客观的研究过去错误的来源”。对陈独秀右倾错误的批判并没有形成体系，文字也相对温和[③]。大革命失败后，1927年9月，蔡和森在直隶省委会议上作《党的机会主义史》的报告，其中谈到第三次大会中的“左派幼稚病问题”，认为当时张国焘和蔡和森两同志并不是根本反对加入国民党的政策，而只是反对这种倾向中的过火行为。“这些错误的性质和程度，现在可以从我党的新方针的观点加以讨论，从这个观点来看，至少可以承认，我们没有犯系统的机会主义错误”。蔡和森认为，中央出现机会主义的时间在1926年3月20日稍前一点，即在国民党第二次大会上，没有将陈独秀的右倾机会主义与中共三大联系起来[④]。

---

① 瞿秋白:《中国革命中之争论问题》，广东革命历史博物馆编:《中共“三大”资料》，广东人民出版社1985年版，第133—134页。

② T.曼达梁:《中共领导为何失败?》，安徽大学苏联问题研究所、四川省中共党史研究会编:《1919—1927苏联〈真理报〉有关中国革命的文献资料选编 第1辑》，四川省社会科学院出版社1985年版，第519—520页。

③ 瞿秋白:《中国革命中之争论问题》，广东革命历史博物馆编:《中共“三大”资料》，广东人民出版社1985年版，第133—134页。

④ 蔡和森:《党的机会主义史》(1927年)，《中共党史报告选编》第80、82页。

（二）土地革命战争时期

1928 年 6 月，瞿秋白《在中国共产党第六次全国代表大会上的政治报告》中认为，中共三大在主张加入国民党的问题上“无一致的意见，也无一定的主张”，导致后来在国民党工作的同志倾向于否认斗争，“使他们在一切马克思理论的根本问题，都发生了疑惑”。中共三大“对于党纲草案，曾经有几个字的修改，但这几个字之中，就含着机会主义：对于农民及资产阶级作用之不正确的见解”①。李立三 1930 年的《党史报告》，肯定中共三大有伟大的意义：确定党的民主革命政纲，加入国民党。这一原则的确定，成为推动 1925 年到 1927 年大革命的动力。可是陈独秀在接受国际正确路线之下爆发了机会主义的观点，主张一切工作归国民党，成为以后机会主义的根源。“第三次大会中陈独秀完全是极右的机会主义的主张”，在讨论加入国民党问题时“就更表现机会主义的面目”；张国焘“表面的左倾，在理论基础上找不出什么不同”②。张闻天 1934 年的报告说，这两种倾向“都是由于不了解无产阶级在资产阶级民主革命中争取领导权的机会主义的倾向”。中共三大“没有能够把这样的机会主义的思想驳斥下去”，这是中国共产党在大革命中机会主义路线的根本来源③。

这一时期的中共三大研究，强调共产国际对中共三大所作决议的正确，其中包括加入国民党、保持共产党组织的独立性、敦促中共争夺革命领导权以及工农联盟的观点。张闻天认为，“中国共产党从最初起对于加入国民党的意义虽是接受了共产国际的指示，可是没有彻底了解的”④。1934 年王明在《十三年来的中国共产党》中指出，“我们党在资产阶级民主革命中基本政治立场，在 1923 年召集的中国共产党第三次代表大会上，根据共产国际执委底指令拟定了”。在王明看来，共产国际还有先见之

---

① 中共中央文献研究室、中央档案馆编：《建党以来重要文献选编（1921—1949）》第五册，中央文献出版社 2011 年版，第 268 页。

② 中央档案馆编：《中共党史报告选编》，中共中央党校出版社 1982 年版，第 219—220 页。

③ 中央档案馆编：《中共党史报告选编》，中共中央党校出版社 1982 年版，第 395 页。

④ 中央档案馆编：《中共党史报告选编》，中共中央党校出版社 1982 年版，第 394 页。

明，预先料到年轻的中共党员对于民族统一战线的策略“有不正确的解释和了解”，并在其指令中有明确的阐释[①]。米夫 1936 年在《英勇奋斗的十五年》更是将共产国际的作用推向极致。一是加入国民党问题，“第三次代表大会，则根据共产国际执委一九二二年一月十二日的特别决议而解决了这一个问题”。二是在国共合作问题的部署中，“共产国际一面号召中国共产党员加入国民党，在国民党中工作，但同时又要求中国共产党保持自己政治的组织的独立性，而不应依附于任何其他政治派别”。三是指责中共三大忽视共产国际的正确指令，从而导致大革命失败。中共三大修改党的纲领，“但不论旧的纲领或新的纲领，却都不曾提出农民群众的根本要求”。共产国际执委的重要指示，“在第三次代表大会决议中，显然没有任何反映”[②]。

1932 年，国际联盟调查团来华调查九一八事变。调查团在中国调查期间，中国代表处以顾维钧代表名义提出一系列说帖，其中《关于在中国之共产主义之说帖》以及调查团在 10 月公布的《国联调查团报告书》认为，共产国际当时提出的与国民党联合的提议，陈独秀坚决反对，但“因其为第三国际之命令不能不服从也”。“共产党于一九二三年六月二十三日，在广州开第三次大会时，曾讨论由个人单独加入国民党问题。但毫无结果”[③]。

（三）抗日战争和解放战争时期

此时期研究强调中共三大对共产国际指示内容的忽视。有的说，“当时中国共产党领导机关的个别负责者，对于加入国民党的意义虽然接受了国际的指示，却没有彻底的了解”，“三次大会又修改了党的纲领，关于推翻帝国主义统治与封建军阀压迫的要求，更加广大，只是疏忽了国际关于土

---

① 中共中央党史研究室第一研究部译：《联共（布）、共产国际与中国苏维埃运动（1931—1937）》第 13 卷，中共党史出版社 2007 年版，第 246—247 页。

② 米夫著，攸丽纪主校：《英勇奋斗的十五年》，北方文化出版社 1938 年版，第 17—18 页。

③ 顾维钧编：《参与国际联合会调查委员会 中国代表处说帖》，沈云龙主编：《近代中国史料丛刊续编第四十九辑》，文海出版社有限公司印行 1932 年，第 327—329 页。

地问题的指示”[1]。有的说，第三次代表大会“疏忽了国际关于土地问题的指示”；尽管有这样那样的错误，“三次大会对于国共合作的主张，无论如何是正确的”[2]。中共三大“因为看到完成中国现阶段的革命任务——打倒帝国主义和封建军阀，必须组织革命的统一阵线；所以，大会上决议和国民党实行合作，积极帮助国民党进步”[3]。对中共三大的评价也较正面，但其重视程度不及大革命以及土地革命战争时期。

抗日战争后期，随着两个“中国命运”决战的展开，维护统一战线、争夺领导权和避免“左”右倾错误，是中国共产党亟须面对的现实课题，中共三大研究因而受到重视。1943 年 12 月，中共中央党务研究室主任王若飞在延安所作的《关于大革命时期的中国共产党》说，“一九二三年六月在广东召集三次大会，党员四百多人，决定加入国民党，在会议上反对张国焘不要工人加入国民党的主义。陈独秀赞成工人加入国民党，并主张经国民党去工作，已有轻视独立自主领导权的萌芽”[4]。以中共三大为起点，追溯大革命时期党内对领导权问题的错误的根源。相关研究强调中国共产党领导大革命的功绩。1945 年中共六届七中全会通过的《关于若干历史问题的决议》，高度评价大革命的贡献，但并未提及中共三大。

1949 年，随着解放军向全国进军的节节胜利，国共两党力量对比发生逆转，学术界也重新思考共产党在第一次国共合作中的作用，高度评价中共三大的历史贡献。例如韩启晨编著的《中国近代简史》说：中共三大“决议和国民党合作，和国民党进行民主革命的阶级联盟。这一政策的确定，对中国大革命的实现，起了决定的作用”[5]。东北军政大学编写的《中国近代简史》突出中共的主导和领导作用，“中共决定帮助国民党进步，并联合他进行革命。而当时处于瓦解状态的国民党确已有了新的生机”。中共三

① 方且编：《中国共产党史纲》第 1 分册，上海编译社 1949 年版，第 19 页。
② 中国现代史研究委员会编：《中国革命运动史》，1937 年，第 166—167 页。
③ 韩启农：《中国近代史讲话》，新华书店 1945 年版，第 29 页。
④ 中共安顺地委等编：《王若飞文集》，贵州人民出版社 1996 年版，第 203 页。
⑤ 韩启晨编：《中国近代简史》，新疆新华书店 1949 年版，第 48 页。

大“认为国民党既已进步，遂决定中共党员以个人的资格，可以加入国民党，以便对他们进行更大的帮助”[①]。

（四）社会主义革命和建设时期

新中国成立到“文化大革命”前的十七年，是党史学发展的成型时期。随着中国革命在全国范围内的胜利，“人们对党史的认识更加深化，党史研究也能进一步从理论和实践的结合上来说明党的思想发展规律和中国革命的发展规律了”[②]。在中共三大研究中，常常从大革命时期、新民主主义革命史的角度，对中共三大的历史地位进行系统的分析解读。

1951年，胡乔木写作的《中国共产党的三十年》是这一时期党史研究的代表作。本书对中共三大在批评和反对这两种错误倾向作出的突出贡献给予充分肯定。“大会拒绝采取右倾的和左倾的错误意见，决定与国民党合作，共产党员加入国民党，改组国民党成为民主革命联盟，同时保持共产党在组织上和政治上的独立”，并认为大会上所制定的统一战线政策很快就加速了中国革命的步伐。“这次大会事实上成了革命高涨的起点”。同时，强调毛泽东在会议上所提出的正确意见。“毛泽东同志出席了党的第三次代表大会，在大会上坚持了正确意见，反对了错误意见。在这次会上，毛泽东同志当选为党的中央委员”[③]。《中国共产党的三十年》为新中国成立后的中共三大研究提供了大致的框架或范式，此后的中共党史研究基本都延续这种结构和定调，使得相关论著更加规范化、标准化。

同时，出于巩固政权的需要，新中国成立后的中共三大研究，不断强调中国共产党应在组织上和政治上保持独立性[④]。中共独立性的思想渊源，

---

① 东北军政大学编：《中国近代简史》，东北书店1948年版，第27—28页。

② 张静如、唐曼珍：《中共党史学史》，中国人民大学出版社1990年版，第119—126页。

③ 胡乔木：《胡乔木文集》第2卷，人民出版社1993年版，第13—14页。

④ 刘祖春编：《中国共产党简史（通俗本）》，中南人民出版社1952年版，第5—6页。周景濂编撰：《中国新民主主义革命史教学参考资料选辑》，泰联出版社1953年版，第27—28页。丁晓先：《中国近代简史》，人民教育出版社1953年版，第69页。

一般追溯到列宁关于民族和殖民地问题的指示对会议进程的指导作用，包含保持党的独立性以及建立统一战线的可行性。

李新、彭明等主编的《中国新民主主义革命时期通史（初稿）》，有很深入的理论辨析。首先，中共三大充分估计了建立统一战线的必要和可能，并在共产国际的帮助下，通过革命的实践很快认识到建立革命统一战线的重要性。其次，通过对会议中出现的两种错误倾向进行分析，说明中国共产党对保持自身独立性和争夺无产阶级在革命中的领导权的正确认识。陈独秀的"二次革命论"，实质上是取消无产阶级领导权向资产阶级投降的一种理论，是基于他对中国社会各阶级的错误分析，低估了中国工人阶级的伟大力量。张国焘的关门主义倾向，则是"不懂得中国革命的同盟军问题，所以在实质上也就是否认了党和工人阶级在民主革命运动中的领导权"。在此基础上，中共三大的最大功绩，"是具体地确定了建立革命统一战线的方针和政策，从而使党能够充分地发动广大革命群众和掀起一个汹涌壮阔的革命高潮，使党能够日益发挥其中国革命的组织者和领导者的作用"①。

到"文化大革命"时期，党史科学遭到严重歪曲和破坏，事关国共合作的中共三大几乎成为禁区。从两条路线斗争史的政治话语，叙述中共三大的争论。例如广东省高等院校政治理论课编写组编写的《中国共产党两条路线斗争史讲义》说，"伟大领袖毛主席出席了这次大会"，突出毛泽东的伟大和正确②。例如说，"毛主席坚决反对这两种错误倾向，正确地估计了国共两党在反帝反封建的政治基础上可以实行合作。毛主席特别强调，在国共合作时共产党必须保持政治上、组织上的独立性，牢牢掌握统一战线的领导权"。在毛主席的正确思想指导下，大会通过了《国民运动及国民党问题的议决案》，同时保持共产党在政治上和组织上的独立性。"由于受陈独秀右倾机会主义的影响，大会没有完全按照毛主席的革命路线解决无产

① 李新、彭明等主编：《中国新民主主义革命时期通史（初稿）》，人民出版社 1962 年版，第 151—156 页。

② 张静如、唐曼珍：《中共党史学史》，中国人民大学出版社 1990 年版，第 219 页。

阶级在统一战线中的领导权的问题，仍然没有明确解决农民问题和革命武装问题”①。

李云汉的《从容共到清党》是国民党史学者研究国民革命史的重要著作。书中讲确立国共合作的过程，更多的是孙中山与莫斯科的接触过程，基本都是以苏俄的对华政策和影响作为重点的论述对象。论述国共合作破裂时，提到中共三大《关于国民运动及国民党问题的议决案》，以此作为“共产党阴谋破坏国民党的证据”，并对中共进行不实指责②。

“文化大革命”结束后，中共三大研究也拨乱反正，回归学术研究。1977 年 12 月，李新主编的《中国新民主主义革命史讲话》说：毛泽东同志出席了大会。大会的中心议题是讨论和孙中山领导的国民党建立统一战线的方针。毛泽东同志在会上对陈独秀的右倾机会主义倾向和张国焘的“左”倾关门主义倾向进行了斗争。他在大会上当选为中央委员。大会最后确定了建立革命统一战线的方针与政策③。该书基本沿用《中国共产党的三十年》的框架和定调，虽然还存在过分突出毛泽东作用的问题，但与《中国共产党两条路线斗争史讲义》相比，语气更缓和，书写也更客观。

二、1978 年至 2021 年的中共三大研究

中共十一届三中全会以来，随着改革开放和社会主义现代化建设的深入，中共三大研究也开始了全面推进的新阶段，各方面都取得突破性进展，研究成果卓著。

（一）研讨活动与会址建设

综合研讨会和知网论文来看，关于中共三大的论文年份分布如下：

---

① 广东省高等院校政治理论课中国共产党两条路线斗争史讲义编写组编：《中国共产党两条路线斗争史讲义》（初稿 1972 年印，修改稿 1975 年印），延安大学马列主义教研室 1977 年编印，第 15—17 页。

② 李云汉：《从容共到清党》，及人书局 1987 年版。

③ 李新：《中国新民主主义革命史讲话》，广东人民出版社 1977 年版，第 19 页。

年份	篇目	年份	篇目	年份	篇目	年份	篇目	年份	篇目	年份	篇目
1982	1	1989	2	1996	3	2003	53	2010	2	2017	3
1983	31	1990	5	1997	3	2004	2	2011	8	2018	6
1984	1	1991	1	1998	3	2005	3	2012	1	2019	7
1985	1	1992	2	1999	2	2006	81	2013	30	2020	2
1986	1	1993	3	2000	1	2007	2	2014	11	2021	17
1987	2	1994	5	2001	2	2008	4	2015	3		
1988	3	1995	2	2002	5	2009	1	2016	2		

可以看出在 1983 年、2003 年、2006 年、2013 年、2021 年份中共三大研究论文最多，因多逢纪念活动，2021 年恰逢党史学习教育和中共建党百年。共计公开发表（包括《人民日报》的刊文）约 260 篇。从内容看，这些论文与三大历史意义相关者 19 篇，与共产国际相关者 20 篇，与广东相关文章 23 篇，与人物研究相关论文 90 篇，与国共合作相关文章 74 篇，与农民、工人、军事、妇女问题相关文章 26 篇。

1. 中共三大研讨与纪念活动

广东省党史学会于 1983 年 6 月 27 日至 7 月 1 日在广州举行“纪念中共‘三大’六十周年学术讨论会”。参加会议的有广东、北京、河北、河南等地的中共党史、中国近代史的教学研究和宣传工作者百余人，共提交学术论文 48 篇。这是关于中共三大研究的第一次专题学术讨论会，对于革命统一战线的理论和实践，中共三大确定同孙中山领导的中国国民党实行第一次国共合作的历史作用，实现第三次国共合作的必要性和可能性等问题，进行探讨和研究。中共中央党史征集委员会、中央党史研究室和中共广东省委、省委党史研究委员会、广东中共党史学会等部门负责同志出席会议。会后，广东省委党史研究委员会、广东中共党史学会编辑出版《纪念中共“三大”六十周年学术讨论会》，收录相关论文 30 篇。

2003 年 6 月在广州召开的纪念中共三大召开 80 周年座谈会暨学术研

讨会，由中共广东省委党史研究室、省委宣传部、省委统战部、广东省中共党史学会、广州市委党史研究室联合举办，中共广东省委以及各民主党派广东省负责人、专家学者及省市各方代表共100多人出席了会议。会议共收到来自全省有关单位的论文69篇，会后中共广东省委党史研究室等编撰出版了《中共“三大”研究》一书，其中收入相关论文47篇。

2006年7月，为纪念中国共产党成立85周年暨中共三大会址、中共中央机关旧址保护工程竣工与纪念馆落成，中共三大学术研讨会于7月1日至2日在广州举行。研讨会由中共中央党史研究室、国家文物局、中共广东省委和中共广州市委主办，中共广东省委宣传部、中共广东省委党史研究室、广东省文化厅和中共广州市委宣传部、中共广州市委党史研究室、广州市文化局承办。出席研讨会的领导、专家学者共约230人，收到论文94篇。会后，中共中央党史研究室第一研究部、中共广东省委党史研究室、广东中共党史学会、中共广州市委党史研究室编辑出版了《中共三大学术研讨会论文集》，收录论文80篇。

纪念中共三大召开90周年学术研讨会于2013年6月17—19日在广州三寓宾馆举行，由中共中央党史研究室第一研究部、中共广东省委党史研究室、广州市文广新局主办，广州农讲所纪念馆、中共三大会址纪念馆承办。会议共收到论文101篇，研究中共三大召开的历史背景、会议经过、路线政策、历史意义和重要人物。

2. 中共三大会址场馆的建设

1979年12月，中国共产党第三次全国代表大会会址被列为第二批广东省文物保护单位。2006年6月，中共三大会址纪念馆建成对外开放。纪念馆位于广州市恤孤院路3号，由中共三大会址遗址广场、历史陈列馆、中共中央机关旧址——春园和旧民居三部分组成。2009年5月，《人民日报》报道了中宣部公布的第四批全国爱国主义教育示范基地名单，“国共合作从这里起程——中共三大会址纪念馆”榜上有名[①]。2013年3月，中国共

① 《中宣部公布第四批全国爱国主义教育示范基地》，《人民日报》2009年5月22日。

产党第三次全国代表大会会址被公布为全国重点文物保护单位。中共三大纪念馆每年紧扣时政和重大历史事件，举办专题展览，开展形式多样的社会教育活动，进行爱国主义教育、革命传统教育，较好地发挥了立德育人的功能。

2020 年 8 月，在中共广州市委宣传部指导下，中国共产党第三次全国代表大会研究中心（中共三大研究中心）正式成立。该中心是在中共三大会址纪念馆的基础上加挂研究中心牌子，主要承担以中共三大与大革命运动为主线的广州红色文化历史文献、口述史资料、革命史料及文物的调研、挖掘、收集、保护、整理和开发利用等工作；开展广州红色文化学术研究、学术研讨活动与科研交流合作，培养相关学术领域的专业人才和学术团队。

2021 年 6 月 20 日，中共三大会址纪念馆改扩建竣工开馆。改扩建后，中共三大历史陈列馆规模比之前扩大了两倍，纪念馆的接待参观服务能力可达到 70 万人次 / 年；展出文物展品包括从中央档案馆、荷兰阿姆斯特丹国际社会史研究所等机构组织复制的珍贵藏品。如马林档案、《关于国民运动及国民党问题的议决案》手写稿、《中国共产党第三次全国大会宣言》、广州东山老照片等。陈列馆的改扩建设计巧妙融入党徽镰刀和锤头元素，以抽象元素与建筑体量的巧妙组合，构成突出的建筑语言；而榫卯结构的交织形式，表达了榫卯共握、工农同心的设计理念。

（二）历史意义和局限性

中共三大是党在民主革命时期召开的一次重要的会议，目前学界对其历史作用的评价较为客观，认为贡献是第一位的。关于三大的历史贡献，李君如主编的《中国共产党历次全国代表大会研究》一书论述较为全面，指出中共三大有四方面深远影响：第一，三大是“党的历史上专门研究统一战线的第一次全国代表大会，开启了统一战线的先河”；第二，三大在正确分析中国国情的基础之上，作出了把国民革命作为当时党的中心任务来抓的决定，从而实现了党的工作重心的第一次战略转变；第三，三大对于党的制度建设和组织建设作出了独特的贡献，为以后党的自身建设积累了宝贵的财富；第四，三大的召开标志着国共统一战线的初步形成，对开创国民革命具有重要意义[①]。

此外研究中共三大历史意义的还有：收入1983年《纪念中共“三大”六十周年学术讨论会》的有：温焯华、蔡洛、林文业的《中共“三大”开创了中国大革命的新局面》，黄振位的《试论中共“三大”的历史地位和作用》，胡提春的《论中共“三大”的伟大意义》。收入2006年《中共三大学术研讨会论文集》的有：肖甡的《论中共三大的历史意义》，丁卫平的《中共三大的两项历史功绩》，刘家贺的《论中共三大的历史作用与现实意义》，游慧冰的《略论三大的历史意义及其启示》，林益的《浅论三大正确把握时代特征、确定历史方位的基础》。

在期刊公开发表的有：曾庆榴的《中共“三大”的历史地位及深远意义》（《广东党史》2003年第4期），李忠杰的《追忆昨天 珍视今天 无愧明天，中共三大推动实现国共第一次合作和统一战线的形成》（《红广角》2013年第6期），王世彤的《传承中共三大精神，同心共筑“中国梦”》（《红广角》2013年第6期），魏法谱的《论中共三大的历史意义》（《红广角》2013年第6期），黄振位的《历史的坐标　制胜的法宝——中共“三大”的历史作用》（《红广角》2013年第6期），廖惠霞的《中共三大的历史贡献》（《人民之声》2021年第5期）。这些文章，从不同角度研究中共三大的历史贡献，有的还指出不足。

关于中共三大的局限性。中共中央党史研究室编著的《中国共产党历史》第一卷（1921—1949）认为，三大的主要不足是没有提出党对民主革命的领导权，对国共两党及其所代表的阶级力量作了片面的估计[②]。陈丽华等的《中共历次代表大会焦点写真》认为大会在批评党内“左”倾思想的

① 李君如主编：《中国共产党历次全国代表大会研究》，东方出版中心2007年版，第66—67页。

② 中共中央党史研究室：《中国共产党历史》第一卷（1921—1949），中共党史出版社2011年版，第109页。

同时，并没有有效防止右倾思想的抬头，因而三大带有右倾的性质；在农民问题上，虽然认识到了农民在革命中的重要地位，但是却没有提出解决农民问题的切实办法；在革命军队问题上，虽然认识到了没有民众支持的军事行动是不可能成功的，但却没有注意军事武装的问题。同时该著作也指出，其原因是中共正处于幼年时期，对革命中的各种问题还缺乏成熟的分析和理性的判断，因此不可避免地存在许多局限性[①]。

（三）共产国际与中共三大

中国共产党作为共产国际下属的“支部”，各方面活动都受共产国际指导。共产国际推动了中共对国民党态度的转变，为中共三大确定国共合作方针提供了理论和政策依据。关于共产国际对中共三大的影响，学界有两种声音，有学者认为共产国际在促进国共合作方面起了积极作用，也有学者认为共产国际对国共合作的指导是存在失误的。茅家琦认为：为实现1920年列宁《民族和殖民地问题提纲初稿》中规定的政策，共产国际加强对中国的工作。第一次国共合作的实现，马林起了积极的作用。共产党员以个人身份参加国民党是马林以爪哇伊斯兰教联盟运动的经验为依据而提出来的[②]。云峰认为，共产国际对资产阶级两面性认识不清；对联合和斗争、独立与统一问题认识模糊；也不重视武装斗争和领导权问题。总体上说，错误地估计了左派的真实力量，同时也低估了右派的影响及其坚持反革命活动的能力[③]。另外，官丽珍认为共产国际对中共三大的召开作了许多重要的指示，对中共三大的顺利召开起了重要的作用。其中包括“提出中共中央局迁往广州的主张”“促使中共对国民党政策的转变”和“推动第一次国

① 陈丽华、周维强、王久高：《中共历次代表大会焦点写真》，福建人民出版社2003年版，第157—158页。

② 茅家琦：《共产国际与第一次国共合作》，《江南大学学报（人文社会科学版）》2002年第1期，第40—43页。

③ 云峰：《共产国际对第一次国共合作指导失误刍议》，《毛泽东思想研究》1999年第1期。

共合作的实现"[1]。肖甡则认为，第一次国共合作的建立是共产国际"东方战略"在中国的实施，并且共产国际寻求孙中山为统战盟友帮助国民党改组促成第一次国共合作的实现[2]。姚金果同样认为共产国际要求中共中央将驻地迁往广州，为中共三大在广州召开提供了先决条件，方便了三大的筹备工作，为三大的胜利召开提供了保障[3]。

此类文章，收入 1983 年《纪念中共"三大"六十周年学术讨论会》的有：韩剑夫的《共产国际与中共"三大"》；收入 2003 年《中共"三大"研究》的有：曾庆榴的《共产国际与中共中央局迁粤》，刘琦的《共产国际与第一次国共合作》；收入 2006 年《中共三大学术研讨会论文集》的有：刘琦的《正确认识共产国际在第一次国共合作中的作用》，张秋实的《共产国际、俄共（布）与中共三大》，毛圣泰的《共产国际"东方战略"与第一次国共合作》。

在期刊公开发表的有：张秋实的《中共三大以后莫斯科召回马林原因探讨》（《安徽史学》2003 年第 5 期），李良明的《共产国际与中共三大研究中的两个问题》（《湖北行政学院学报》2007 年第 3 期），苏若群的《共产党国际与中共三大》（《世纪桥》2013 年第 7 期）。此外，还有研究共产国际与第一次国共合作的论文，以较大篇幅论述中共三大。

还有若干关于共产国际与中国革命的专著，有章节涉及中共三大。例如杨奎松的《毛泽东与莫斯科的恩恩怨怨》（江西人民出版社 2008 年版）。

（四）广州与中共三大

关于中共三大与广州的研究主要集中在中共会址的考证和中共三大在广州召开的原因、意义。此外，关于中共三大促进国共合作和工农群众运动发展，也以广州的事例居多。

---

① 官丽珍：《共产国际与中共"三大"》，《中共"三大"研究》，中共党史出版社 2004 年版，第 100—102 页。

② 肖甡：《论共产国际对第一次国共合作建立的贡献》，《党史研究与教学》2005 年第 1 期。

③ 姚金果：《共产国际与中共三大》，《中共三大学术研讨会论文集》，广州出版社 2006 年版，第 97—108 页。

中共三大会址的考证。中共三大开会时的原会场，抗战时遭日军轰炸，新中国成立时已荡然无存。相关人员经过数十年的调查、落实，在 1970 年代初才得以确认原址所在地。洪霓将中共三大的探寻大致分为了寻找线索、初步确定、最终落实和考古勘察这四个阶段，初步确定和落实是经过徐梅坤、罗章龙等人的回忆，考古勘察则证实了三大的原址，并且为三大旧址复原奠定了科学基础，为建立中共三大旧址纪念馆提供了科学依据[①]。钟鸣、舒顺龙关注了会址发现的细节，三大的考证从刚解放就开始了，一直持续没有解决的原因是：第一，有些当事人去世了；第二，广东有些当事人虽然还在世，但是曾受到错误的批判，历史上有过波折，所以他们也都不愿意抛头露面，因此这个考证就耽误下来了[②]。

中共三大在广州召开的历史原因和重要影响。中共三大是中国共产党迄今为止唯一一次在广州召开的全国代表大会。那么为什么会选择在广州召开呢？陈登贵认为广州是共产党组织最早建立的城市之一，中国共产党的最早领导人陈独秀亲自参加了广东的建党活动，也就是说广东党团组织的建立和出色工作为中共三大在广州召开创造了条件[③]。张军赋、宋力从广州自身独特的条件来看，“广州是当时中共领导人和共产国际代表开展革命活动的重要地区”，是“中国革命的大本营”“中国革命的红色之都”。同时，广州稳定的政治形势和日益壮大的革命力量，“为大会的顺利进行和圆满完成会议的各项任务提供了安全的保证”[④]。

研究中共三大与广州的还有：元邦建的《中共广东区委与第一次国共合作的建立》(1983 年《纪念中共“三大”六十周年学术讨论会》)、何薇的《广东在第一次国共合作中的历史地位》(2003 年《中共“三大”研

① 洪霓：《中共三大会址考》，《中共三大学术研讨会论文集》，广州出版社 2006 年版，第 530—535 页。

② 钟鸣、舒顺龙：《解密中共三大会址之谜》，《新湘评论》2011 年第 3 期。

③ 陈登贵：《中共三大和国民党一大在广州召开的缘由》，《纪念中共三大学术作品精选》，广州出版社 2013 年版，第 290 页。

④ 张军赋、宋力：《广州以三大为荣，三大为广州添彩——党的三大选址广州的背景浅析》，《中共三大学术研讨会论文集》，广州出版社 2006 年版，第 508—512 页。

究》)。收入2006年《中共三大学术研讨会论文集》有：李森翔的《中共三大对广东革命斗争的重大影响》，杨汉卿的《中共广东党组织与党的三大》，欧阳湘的《试论中共三大精神在广东贯彻及其成效——以中共四大对广东工作的评价为中心》，赵军祥的《中共三大在广州召开的原因》，苏爱荣的《中共广东区委与第一次国共合作》，陈金葵的《中共广东党组织与第一次国共合作》，吴敏娜的《中共广东区委与中共中央迁粤》，卜穗文的《试述中共三大代表及中共中央机关在广州春园的重要活动》，以及程汤泉的《中共三大促进了增城大革命运动的发展》。

在期刊公开发表的文章，近十几年比较多，作者队伍与发表刊物不限于广东。例如：魏雅丽的《国共合作的丰碑——访中共三大会址纪念馆》(《红广角》2011年第2期)，陈弘君的《充分发挥中共三大会址等革命旧址作用，传承优良革命传统》(《红广角》2013年第8期)，李超的《中共三大与广州——兼论中共三大精神的传承》(《广东省社会主义学院学报》2017年第4期)，李颖的《中共三大为何选址广州》(《党史文苑》2018年第1期)，曹劲的《从杨家祠到恤孤院后街31号——1923年前后广州东山历史片区空间格局解析》(《文博学刊》2019年第2期)，扈颖钰的《论红色资源育人功能的实现途径及创新——以中共三大会址纪念馆为例》(《党史博览》2019年第10期)，邓琼的《加强新时代博物馆志愿者队伍建设的实践与思考——以中共三大会址纪念馆为例》(《文物鉴定与鉴赏》2020年第4期)，袁晓磊的《论中共中央迁驻广州的经过及其历史意义》(《西部学刊》2020年第6期)，付曼的《党史学习教育背景下红色资源开发运用研究——以中共三大会址纪念馆为例》(《广州城市职业学院学报》2021年第4期)。

《人民日报》关于中共三大广州召开的报道有:《寻访“三大”会址(七一之歌)》(2001年6月23日第8版),《广州：用改革发展硕果告慰先烈》〔经典中国(94)〕(2005年6月20日第4版),《中共三大会址纪念馆正式对公众开放》(2006年7月2日第4版),《“南粤星火路”采访活动启动——广东》(2017年6月15日第11版),《40多名编辑记者在粤“走转改”》(2018年5月16日第6版),《聆听革命的历史回响(奋斗百年路启航新征程)——广州，党的三大在此召开》(2021年1月20日第12版),《广州将红色基因转化为城市文明精气神——红色学堂，建到了家门口(奋斗百年路启航新征程·文明城市谱新篇)》(2021年5月21日第6版),《中共三大会址纪念馆改扩建竣工》(2021年6月21日第6版),《感悟思想伟力砥砺初心使命——广州：办实事开新局》(2021年7月7日第7版),《“十四五”开局奋进的中国(广州篇)》(2021年7月15日第20版)。《光明日报》关于广州的报道有:《在中共三大会址感悟红色文化》(2021年1月20日第6版),《广东：守正创新建设文化强市》(2021年4月2日第7版)。

2003年6月，中共广州市委党史研究室和广州电视台推出粤语版的3集文献纪录片《握手——中共三大在广州》立体再现了中共三大召开前后，共产党和国民党实现历史性的握手，推动中国大革命发展的光辉历程。除拍摄有关文献、文物和旧遗址外，采访了多名对中共三大有精深研究的专家学者。近年来，出现众多宣讲中共三大的影视片，长短不等。

(五)中共三大人物研究

在中共三大研究的众多论文中，人物研究是绝对的“大户”。不仅在历次研讨会上占比高，而且在报刊上发表的也为数不少。同时，相关人物传记，对中共三大的记述也是浓墨重彩。

1. 陈独秀

陈独秀是中共三大时党的最高领导人，自然受到广泛关注。对陈独秀在中共三大前后的评价越来越趋正面。例如，苗体君认为大革命的失败应该归因于共产国际操纵下的共产党与国民党所实行的“党内合作”政策。陈独秀在两党合作问题上始终保持清醒的头脑，由不赞成到共产国际压制下的默认，到最后的反对，他所扮演的多数是“傀儡”的角色。在两党合作问题上，他有自己正确的、明智的思想，却无法在实际工作中施展和运用[①]。朱洪对陈独秀1923年的思想进行了梳理评析，他认为陈独秀重视劳动阶级，并代表马克思主义者参加科学与人生的论战，为马克思主义在中国的传播作出了积极的贡献[②]。徐希军分析陈独秀曾经不愿与国民党合作的原因：政党政治，不适用于今日之中国；国民党是一个失败的革命党；国民革命中的全民党，当居领导地位[③]。王海琳则对陈独秀在三大前后的政治思想进行了梳理，揭示了陈独秀政治思想的合理内容，认为三大前后陈独秀的政治思想是右倾投降主义的开始，是有失公允的[④]。

其他研究文章，收入1983年《纪念中共“三大”六十周年学术讨论会》的有：张添亮的《陈独秀与中共“三大”》。收入2003年《中共“三大”研究》的有：王国政的《陈独秀在中共“三大”前的心路历程》。收入2006年《中共三大学术研讨会论文集》的有：王国梁的《我们应该大力提倡党内批评——陈独秀在三大报告中关于党内批评的启示》，李颖的《陈独秀与第一次国共合作方针的确立》，吴九占的《陈独秀与国共“党内合作”》。在期刊公开发表的有：张统模的《陈独秀与第一次国共合作》(《史林》1988年第4期)，周蕴蓉的《试析陈独秀对第一次国共合作态度的转变及其原因》(《广东教育学院学报》1995年第1期)，罗玉明的《陈独秀与第一次国共合作》(《怀化师专学报》1996年第1期)，陆米强的《中共三大前后陈独秀对国共合作的认识》(《世纪》2004年第5期)，邓荣元的《中共“三大”前后的陈独秀》(《广州社会主义学院学报》2006年第3期)。

专著方面，朱文华的《陈独秀传》(红旗出版社2009年版)、唐宝林的《陈独秀全传》(社会科学文献出版社2013年版)等的评价，没有过多纠结陈独秀的右倾错误。认为陈独秀在中共三大制定国共合作方针“促进

① 苗体君：《陈独秀对第一次国共合作认识的正确性新探》，《安徽史学》1999年第2期。

② 朱洪：《中共三大：执行共产国际关于在国民党旗帜下进行国民革命的决定——陈独秀1923年思想评析》，《文化学刊》2018年第8期。

③ 徐希军：《中共三大前陈独秀对国民党的认知与评判》，《安庆师范学院学报》2013年第32卷第3期。

④ 王海琳：《中共“三大”前后陈独秀政治思想中的合理内容》，《武汉大学学报(哲学社会科学版)》2004年第3期。

了反帝反封建革命统一战线的形成，为迎接革命的大发展准备了重要的条件”。同时也评价了陈独秀的功绩与批判其右倾思想①。有的也指出陈独秀在中共三大前后的不足：“那就是没有提出工人阶级应当努力争取对民主革命的领导权的问题。大会对国民党内的复杂情况和日后可能发生的变化估计不足，多少种下了后来中共犯右倾机会主义错误的根子。这反映了党还处在缺乏经验的幼年时期”②。

2. 毛泽东

毛泽东也是中共三大人物研究的热门。金英豪认为，毛泽东在中共三大上针对陈独秀等人的右倾观点和张国焘等人的“左”倾观点进行了多次发言，深刻阐述了建立革命统一战线的重要性，他的主张，得到了多数代表的赞同。大会经过热烈讨论，否定了“左”右倾错误观点，确定了国共合作，建立统一战线的方针③。朱洪认为毛泽东所以能够入选中央局，除陈独秀对其在湖南工作的肯定外，共产国际代表马林对他的赏识和褒奖也起了重要作用④。黄建东认为，农民问题是毛泽东首先在三大上提出来的，还参与起草了《农民问题决议案》，不仅为党对农民问题的认识作了重大理论贡献，也极大地影响了毛泽东本人对中国革命道路的选择⑤。欧阳湘厘清了毛泽东到广州的时间表、路线图⑥；对毛泽东任职中央局秘书的分时间段考察，澄清了学术界和相关史料的不实记载⑦。对毛泽东以中央局委员身份参加国民党一大的中共党团委员会的考证和辨析，推翻流传甚广的“指导小组”之说；关于毛泽东为国民党一大代表的辨析，推翻了国民党史学者

① 贾兴权：《陈独秀传》，山东人民出版社 1998 年版，第 322 页。

② 陈利明主编：《陈独秀传》，团结出版社 2011 年版，第 179 页。

③ 金英豪：《毛泽东与第一次国共合作的促成》，《党史研究与教学》1994 年第 6 期。

④ 朱洪：《毛泽东进入“三大”中央局与马林的关系》，《百年潮》2004 年第 1 期。

⑤ 黄建东：《发表卓越见解坚持正确主张——毛泽东在中共三大》，《党史文汇》2011 年第 11 期。

⑥ 欧阳湘：《毛泽东 1923 年到广州时间考》，《党的文献》2018 年第 1 期。

⑦ 欧阳湘：《毛泽东中共“三大”至“四大”期间任职中央局秘书考析》，《湖南科技大学学报（社会科学版）》2008 年第 4 期。

充满政治偏见的不实指控①。

关于毛泽东与中共三大的文章，收入《中共三大学术研讨会论文集》的有：潘利红的《毛泽东在中共三大前后关于农民运动的贡献》，吴石坚的《中共三大前后毛泽东对农民运动的探索》，鲁阳的《毛泽东与中共三大》。在期刊公开发表的论文有：林修敏的《毛泽东与中共三大》(《党史博览》1994 年第 3 期)，唐振南的《毛泽东首次进入中共领导核心》(《湖南科技大学学报（社会科学版）》2011 年第 5 期)，吴敏娜的《从中共三大看毛泽东的人格魅力》(《广州社会主义学院学报》2014 年第 9 期)，卢荻的《毛泽东在中共三大前后的历史贡献》(《岭南文史》2021 年第 2 期)。此外，研究毛泽东与第一次国共合作的文章中涉及毛泽东与中共三大，学术影响较大的有：张光宇的《毛泽东和第一次国共合作》(《武汉大学学报（社会科学版）》1983 年第 6 期)，周兴樑的《毛泽东对第一次国共合作的贡献》(《中山大学学报（社会科学版）》1993 年第 4 期)。至于报刊文章，多强调毛泽东在中共三大上进入中共中央核心领导层的原因、影响，代表了正确主张，与多数代表一致。

专著方面，除中共中央党史文献部门编纂的《毛泽东传》《毛泽东年谱》之外，李捷、于俊道的《实录毛泽东》(北京联合出版公司 2018 年版)，李新芝、郑明俊主编的《毛泽东纪事》(1893—1976)(中央文献出版社 2018 年版)都讲到毛泽东参加中共三大情形及所作贡献，以及中共三大对毛泽东的影响。这里不一一列举。

3. 孙中山、李大钊、马林与其他

孙中山与中共三大。孙中山接受共产国际和中国共产党的帮助，同意开展国共合作，并第三次在广州建立革命政权，这成为中共在广州召开三大讨论国共合作事宜的背景。苗体君认为孙中山把广州打造成当时中国南方革命运动的中心，扶持支持革命力量，使得共产党组织得到了发展壮大，

---

① 欧阳湘：《毛泽东参与国民党一大期间中共党团领导考》，《中共党史研究》2017 年第 9 期；欧阳湘：《毛泽东的国民党一大代表资格问题考辨》，《中共党史研究》2019 年第 9 期。

青年团、工人运动也得到很好的发展[①]。李超认为在中国共产党和共产国际的帮助下，屡遭挫折的孙中山发生了伟大的进步，逐步确立了联俄联共的思想，并愿意接受以共产党员加入国民党的方式进行国共合作，这就成为中共召开三大讨论统一战线问题的重要背景[②]。关于孙中山与三大的文章，收录2003年《中共“三大”研究》的有：郭昉凌的《孙中山在国共合作中的创新》，周艳红的《孙中山与中共“三大”》；收入2006年《中共三大学术研讨会论文集》的有：杨辉的《孙中山对第一次国共合作的贡献》。在期刊公开发表的论文有：李俊彦的《孙中山与第一次国共合作》(《西北大学学报（哲学社会科学版）》1990年第1期）。此外，《人民日报》中关于孙中山与中共三大的有：《孙中山的三大政策和第一次国共合作（永远的丰碑·红色记忆）》(2006年6月17日第2版）。

马林与中共三大。蔡乐苏认为马林创造性提出国共合作的构想，并为之不懈奔走呼号，为中国人民解放事业所作出的贡献应予充分肯定[③]。洪汉文认为马林与孙中山多次会谈，为国共合作创造了基本条件，是推动共产国际促成中共三大通过国共合作决议的关键人物[④]。窦春芳认为，马林反对与吴佩孚、陈炯明联合，力主中国共产党与孙中山联合，对中国革命发展起了重要作用[⑤]。卢茂飞认为，马林在中国共产党早期的干部里看中了毛泽东，确实有识人之明[⑥]。冯铁金通过解读共产国际档案中马林报告认为，中共三大召开时间是6月10日至19日[⑦]。研究马林的文章还有：陈汤添的《马林对第一次国共合作的贡献》(《纪念中共“三大”六十周年学术讨论会》)；刘贵山的《略论马林在第一次国共合作中的作用》(《佳

---

① 苗体君：《孙中山与中共“三大”的召开》，《江苏第二师范学院学报》2019年第35卷第4期。

② 李超：《孙中山与中共三大》，《广州社会主义学院学报》2016年第4期。

③ 蔡乐苏：《也谈马林在第一次国共合作形成中的作用》，《清华大学学报（哲学社会科学版）》1986年第2期。

④ 洪汉文：《马林对第一次国共合作的贡献》，《中共“三大”研究》，中共党史出版社2004年版，第204—205页。

⑤ 窦春芳：《共产国际代表马林对第一次国共合作建立的贡献》，《纪念中共三大学术作品精选》，广州出版社2013年版，第481页。

⑥ 卢茂飞：《简析马林对中共三大的贡献及影响》，《传承》2013年第6期。

⑦ 冯铁金：《也谈中共三大的召开时间》，《党的文献》2014年第2期。

木斯师专学报》1994年第4期），王仲义的《马林来华与第一次国共合作》(《河北师范大学学报（社会科学版）》1994年第4期），师连枝、高新战的《马林对第一次国共合作的重大贡献》(《许昌师专学报》1996年第1期），侯德范的《马林对第一次国共合作形成的贡献》(《郑州大学学报（哲学社会科学版）》1993年第4期），刘战、陈雷的《促成第一次国共合作的关键人物——记共产国际代表马林》(《党史纵横》2001年第1期）。

李大钊与中共三大。王述维、谢俊春认为在建立国共合作统一战线中，李大钊不仅是党的统一战线政策的主要制定者，而且是积极宣传者和坚决执行者①。肖燕明认为，李大钊发表了一系列文章为统一战线的建立进行了理论宣传，他奔走于北京、上海、广州之间，与孙中山、越飞、鲍罗廷等人进行多次接触，为革命统一战线做了大量工作。杨守芳将李大钊对中共三大的贡献分为中共三大前、中、后三个阶段进行考察评估②。相关研究文章收入《纪念中共"三大"六十周年学术讨论会》的还有：摩石泉、林志坚的《李大钊与中共"三大"》，陈慧道的《李大钊与第一次国共合作》。在期刊公开发表的论文有：吴家林的《李大钊与第一次国共合作的建立》(《党校教学》1988年第5期），金英豪的《李大钊与第一次国共合作的促成》(《山东医科大学学报（社会科学版）》1990年第1期）。

瞿秋白与中共三大。瞿秋白是中共三大的重要人物。刘新锋、范葳分析瞿秋白三大前后的新闻活动，认为瞿秋白的新闻思想在三大前后已形成，其政党报刊思想有鲜明的无产阶级特点③。相关研究文章还有：卢玉华的《中共三大及其前后瞿秋白若干思想片断探析——从张国焘的一段回忆说开去》(《中共三大学术研讨会论文集》)，白应华的《对中共三大上瞿秋白

---

① 王述维、谢俊春：《试论李大钊对第一次国共合作的贡献》，《社会科学》1990年第6期。

② 《中共"三大"研究》，中共党史出版社2004年版，第162—178页。

③ 刘新锋、范葳：《中共"三大"前后瞿秋白的新闻活动和新闻思想》，《新疆石油教育学院》2005年第4期。

抵制和批评陈独秀右倾错误说的质疑》(《思茅师专学报》1997 年第 2 期)，陈雷刚的《试论瞿秋白对中共三大的历史贡献》(《广东广播电视大学学报》2013 年第 4 期)。《人民日报》报道有：《追求真理的探索者——纪念瞿秋白同志诞辰 110 周年》(2009 年 1 月 29 日第 4 版)，《一腔赤诚百折不挠——纪念瞿秋白同志诞辰 120 周年》(2019 年 1 月 29 日第 6 版)。专著方面有王士菁的《瞿秋白传》(四川人民出版社 1985 年版)、陈铁健的《瞿秋白传》(红旗出版社 1985 年版)。

张太雷与中共三大。李晓明、孙武安认为，张太雷是党内最早提出通过国共合作建立反帝反封建革命统一战线的人，也是国共合作最早的推动者之一[①]。苗体君论证其代表身份，肯定他在论争中的支持马林的态度[②]。此外还有林鸿暖的《张太雷对促进第一次国共合作的贡献》(《纪念中共“三大”六十周年学术讨论会》)，刘国武的《张太雷与第一次国共合作》(《衡阳师专学报（社会科学版）》1989 年第 1 期)，杨琳的《张太雷对中共三大的贡献》(《黑龙江史志》2014 年第 9 期)，欧卓尔的《张太雷与中共三大》(《黑龙江史志》2014 年第 11 期)。《人民日报》关于张太雷与中共三大的报道和文章有：《功勋垂青史 英气留世间——纪念张太雷同志诞辰一百周年》(1998 年 6 月 17 日第 12 版)，《张太雷诞辰 100 周年座谈会举行 胡锦涛出席 曾庆红讲话》(1998 年 6 月 17 日第 1 版)。

蔡和森与中共三大。在中共三大前后，蔡和森是中共中央机关报《向导》的主编，在中共三大上的争论中是“反对派”的代表人物，但选举时仍以仅次于陈独秀的高票当选中央委员。一般研究者肯定他保持共产党独立性的观点，但对其“左”倾主张也提出批评，他本人事后也不认为是完全正确。相关论文有：卜穗文的《蔡和森与中共“三大”》(《中共“三大”研究》)、马连儒的《蔡和森与第一次国共合作》(《求索》1985 年第

① 李晓明、孙武安：《张太雷与第一次国共合作的形成》，《湖北师范学院学报（哲学社会科学版）》1990 年第 4 期。

② 苗体君：《张太雷成为中共“三大”代表原因探析》，《山西高等学校社会科学学报》2018 年第 30 卷第 12 期。

2期），刘健清的《蔡和森与第一次国共合作》(《历史教学》1987年第6期），戴炳中的《蔡和森、高君宇在第一次国共合作中的历史贡献》(《河南大学学报（社会科学版）》2002年第6期）。

谭平山与中共三大。谭平山在中共三大前后是广东党组织负责人，在中共三大的筹办中，起到了“东道主”的作用，他在大会上参与多个决议案的起草，并当选中央委员。中共三大后国民党在广州试验，他是主要组织者。相关研究主要围绕这些问题展开。主要研究论文有：黎抒屏的《谭平山与中共“三大”》(《中共“三大”研究》)、莫振山、陈弘君的《第一次国共合作中的谭平山》(《暨南学报（哲学社会科学版）》1990年第2期）。

杨匏安与中共三大。陈善光认为杨匏安研究和宣传革命统一战线理论，为中共三大制定国共合作政策做了思想准备。虽然不是代表，但参与中共三大的具体筹备工作[①]。研究文章还有：刘利亚的《中共三大前后杨匏安对工人运动的贡献》(《红广角》2013年第8期）。《人民日报》关于杨匏安报道和文章也提到中共三大：《我党早期优秀理论家杨匏安》〔永远的丰碑（44）〕(2005年3月17日第4版)，《杨匏安：华南传播马克思主义第一人（为了民族复兴 · 英雄烈士谱）》(2018年7月25日第4版）。《光明日报》也有类似报道：《华南传播马克思主义第一人——杨匏安》(2018年7月25日第3版）。

徐梅坤与中共三大。徐梅坤是中共三大正式代表，并当选为中央候补委员。他被研究者关注，主要源于他到广州实地调研，确认了中共三大会址，后又撰写大量回忆文章，为研究者引用，但其中不乏失实之处。相关研究文章有：洪霓的《中共“三大”代表徐梅坤》(《中共“三大”研究》)、苗体君的《中共三大代表徐梅坤》(《党史纵览》2008年第8期）。值得注意的是，《人民日报》多篇报道提到徐梅坤，特别是长篇专访《九旬老人的心愿——访出席中共三大代表徐梅坤同志》(1983年7月12日第4版）。

---

① 陈善光：《杨匏安与中共三大》，《纪念中共三大学术作品精选》，广州出版社2013年版，第457页。

其余党史人物与中共三大研究成果有：陈登贵的《中共“三大”代表向警予》(《中共“三大”研究》)；李虎的《金佛庄与党的早期军事实践活动》，张玉菡的《对中共三大前后张国焘国共合作观点的再思考》(《上海党史与党建》2014 年第 2 期)，苗体君的《王荷波与中共“三大”历史问题的考察》(《江苏师范大学学报（哲学社会科学版）》2019 年第 2 期)、《阮啸仙成为中共“三大”代表的历史考证》(《苏区研究》2019 年第 3 期)。此外，刘路红、杨党的《刘尔崧传》(中共党史出版社 2014 年版）也论及中共三大，特别是参与会务工作。

（六）中共三大与党的建设

中共三大与党的组织、思想、制度建设。李君如认为三大制定和通过了《中国共产党中央执行委员会组织法》，在中共党史上第一次以法规条文的形式规定党的中央组织结构和工作制度，极大推进了党的工作的制度化和规范化，对于当今加强党的制度建设具有重大指导意义①。曾庆榴指出三大根据对中国国情的正确判断，实现了在国共合作问题上从反对到同意认识上的转折，体现了鲜明的实事求是精神；三大为使国共合作从设想转变为现实而确定的党内合作方式又展现了鲜明的开拓创新精神②。王国梁根据《陈独秀在中国共产党第三次全国代表大会上的报告》认为，陈独秀在三大上对自己工作的检讨是中共早期批评的范例，为党的批评与自我批评的作风的形成奠定了较为重要的基础，对于完善当下党内民主生活制度，加强党的作风建设都具有重要的借鉴意义③。洪汉文认为三大是扩大党内民主、贯彻民主集中制的典范。在大会的筹备过程中，不管是选举大会代表还是研究确定大会的内容和议题，民主集中制都得到了较好的贯彻；在大会的召开过程中，广开言路使各种不同的意见充分涌流，而且对那些坚持

---

① 李君如主编：《中国共产党历次全国代表大会研究》，东方出版中心 2007 年版，第 61—68 页。

② 曾庆榴：《中共“三大”的历史地位及深远意义》，《广东党史》2003 年第 4 期。

③ 王国梁：《我们应该大力提倡党内批评》，《广东党史》2006 年第 6 期。

自己错误意见的代表没有采取组织上的打击，而是说服教育；在大会各种决议的形成过程中，依据少数服从多数的原则作出决定[①]。唐金培的专著从第一次国共合作的酝酿、中国共产党面临的机遇和挑战、大革命迎来高潮时党的建设的成就与缺陷以及第一次国共合作走向破裂时党的建设面临的重大挫折等方面，还原了第一次国共合作期间中国共产党自身建设的全貌。中共三大占重要地位和相当篇幅[②]。

有关中共三大与党的工作重心转变的：黄修荣在《中共三大的召开与党的早期工作中心从社会革命向国民革命的转移》中梳理了党的三大前中国共产党人对民主革命任务的探索过程和中共三大的召开与国民革命人物的确定过程，以中共三大为转折点说明了党的工作重心从社会革命向国民革命转移[③]。黄黎认为，从一大到三大经过反复探索，中国共产党终于完成了对革命任务在认识上的转变，并导致了第一次国共合作的建立和国民革命的兴起[④]。有关中共三大促进各地革命运动发展的：王连捷结合中共三届一中全会文件研究地方党史后认为，陈为人领导的中共哈尔滨独立组在三大闭幕后，为贯彻三大决议进行了辛勤工作，得到中央赞扬[⑤]。与之类似的还有王连捷、谭译的《哈尔滨党组织是贯彻中共三大精神的先进典型之一》(《世纪桥》2013 年第 4 期)。郭剑泉认为，中共三大推动国民革命，为中共参加军事运动创造了良好的环境[⑥]。曾旅湘认为在中共三大确立的国共合作方针指引下，中共积极参与了黄埔军校的筹备、招生以及教学等整个过程，对黄埔军校的建立与发展起到了积极的推动作用[⑦]。研究中共三大与党

---

① 洪汉文:《中共三大与民主集中制》,《中共三大学术研讨会论文集》，广州出版社 2006 年版，第 170 页。

② 唐金培:《第一次国共合作与党的建设互动研究》，河南人民出版社 2011 年版。

③ 黄修荣:《中共三大的召开与党的早期工作中心从社会革命向国民革命的转移》,《中共三大学术研讨会论文集》，广州出版社 2006 年版，第 42 页。

④ 黄黎:《中国共产党对早期革命任务在认识上的转变》,《中共三大学术研讨会论文集》，广州出版社 2006 年版，第 84 页。

⑤ 王连捷:《中共三大后哈尔滨党组织活动考述》,《党的文献》2011 年第 3 期。

⑥ 郭剑泉:《第一次国共合作期间中共对军事运动的尝试》,《中共“三大”研究》，中共党史出版社 2004 年版，第 317 页。

⑦ 曾旅湘:《中共三大与黄埔军校》,《广州社会主义学院学报》2018 年第 4 期。

的军事工作的还有：陈灿和的《第一次国共合作与人民军队的创建》（《中共"三大"研究》）。收入《中共三大学术研讨会论文集》的有：官丽珍的《中共三大与国民革命运动》，李民涌的《三大前后中共对军事的认识与初步实践》。

关于中共三大前后中央机关的迁移与建设。王健英的论文认为三大重视并决定加强中央领导机关的建设，并在三大会后设立了中国劳动组合书记部、中央铁路委员会、中央教育宣传委员会、中央妇女委员会和上海大学①。李雷波的论文在研究中共三大中央局的搬迁过程及原因指出，因内部意见、国民党的消极及经费匮乏等陷入困境。结果，中共中央对鲍罗廷在广州推动的国民党改组和召开国民党一大最初也不热心，抱持着一种颇淡漠的旁观态度。这在某种程度上让中共中央在此次的国民党改组中处于相对被动的地位②。

其他有关文章，收入《中共"三大"研究》的有：郑金琼的《党的"三大"与党的群众基础的扩大》。收入《中共三大学术研讨会论文集》的有：黄振位的《试论中共三大的战略策略思想》，刘宋斌的《中共三大对党的组织建设的贡献》，张寿春的《中共三大对党的自身建设的历史性贡献》，王继凯的《中共三大与党的先进性的历史发展》，徐大兵的《中共三大对党的民主集中制原则形成的历史贡献》，陈充的《从党的三大和第一次国共合作看党的先进性》。在报刊上公开发表的有：范劲松、王道志的《论中共"三大"对党的建设的历史意义》（《党史博采》2013年第5期），朱明国的《总结借鉴中共三大的历史经验，全面提高党的建设科学化水平》（《红广角》2013年第6期），李超的《简朴会风，求是党风，民主作风——马克思主义政党建设视阈下的中共"三大"精神探析》（《世纪桥》2017年第3期），邓绍根的《"党管宣传"有保障：新闻宣传视野下的中共三大》（《青年记者》2021年第17期），《从红色文献中读懂建党精神》（《光明日报》2021年12月6日第2版）。

---

① 王健英：《中共三大及其后的中央机关》，《上海党史与党建》2003年第5期。

② 李雷波：《论中共三大中央局的迁往上海及其影响》，《中共党史研究》2013年第11期。

（七）中共三大与群众运动

中共三大作出了关于劳动运动、农民运动、妇女运动和青年运动等决议案。会后，中国共产党各级党组织贯彻落实会议精神，促进了工农青妇等群众运动的发展。

农民运动。中共三大对农民问题给予了高度重视，首次将农民问题写进了党纲。崔桂林认为我们党从创建时就已经关注农民问题，并在实践中加深了对农民问题的认识[①]。欧阳湘认为从对农民问题的态度可以分析当时共产国际决议的在华执行情况，而且在三大前后，中国共产党明确宣示了代表农民利益的立场，并提出了维护农民利益的政策[②]。此外，有关中共三大与农民问题的研究文章众多，收入《纪念中共“三大”六十周年学术讨论会》的有：陈登贵的《试论中共“三大”对促进我国农民运动开展的历史功绩》，杨业兢的《第一次国共合作与广东农民运动的初步发展》。收入《中共“三大”研究》的有：易霓的《论第一次国共合作对西江农民运动的影响》，宋日文、零建洲的《中共“三大”对东江工农运动的推动》，屈康慧的《第一次国共合作与南路农民运动》。收入《中共三大学术研讨会论文集》的有：黄志坚的《中国共产党在三大前后对农民问题的探索及启示》，梁惠彤的《第一次国共合作与农讲所》，零建洲的《赤旗卷起农奴戟——试论中共三大对现代农民运动的影响》，郭昉凌、周晓辉的《第一次国共合作时期的中山农民运动》。在期刊公开发表的有：郑惠玉的《中共“三大”关于农民问题决议的历史启示》（《广西社会科学》2004 年第 3 期），黄洁薇的《中共三大召开前后的全国农民运动》（《传承》2013 年第 5 期）。

工人运动。林席珍认为中共三大后，中央对工人运动作了全国工作规划，贯彻执行正确的方针，使工人运动由低潮逐渐转入高潮。且党的三大

① 崔桂林：《“三大”前后党对农民问题的认识和实践及其启示》，《中共“三大”研究》，中共党史出版社 2004 年版，第 61 页。

② 欧阳湘：《“三大”前后中国共产党对农民问题的认识及其深化》，《中共“三大”研究》，中共党史出版社 2004 年版，第 81 页。

后，广州即成为国共合作和全国民主革命的中心，广州工人运动获得公开的地位，为党领导广东工人运动开创了新局面①。此外，有关中共三大与工人运动的文章有：陈业承的《中共“三大”开创了广东工人运动的新局面》(《纪念中共“三大”六十周年学术讨论会》)。在期刊公开发表的有：李超的《中共三大与建党初期的工人运动》(《广东省社会主义学院学报》2021年第4期)。工运史专著方面，《中国工人运动史第2卷新民主主义革命初期的工人运动》有单独的“中共三大关于工运的方针”一部分介绍了中共三大的召开及通过的决策，促进了第一次国共合作的建立，成为第一次国内革命战争时期工人运动、农民运动走向高潮的起点②。

中共三大与妇女运动。吴敏娜认为中共三大促进了第一次国共合作的实现，为广州妇女运动提供了有利条件，广州妇女运动成为广东乃至全国妇女运动的中心。广州妇女革命统一战线的形成，妇女解放协会成立，又进一步促进了广州妇女运动的发展③。此外，还有刘敏的《第一次国共合作时期的广东妇女运动》(《中共三大学术研讨会论文集》)。

青年运动。黄志坚认为中共三大后，广州团地委和广东新学生社引领下，广州青年积极参加国民革命。大力发展新学生社、青年团等进步组织；积极帮助国民党发展组织；加强革命宣传，反对奴化教育；参加黄埔军校、农讲所等各种政治、军事培训学校，为革命输送干部；参加保卫广东革命政府、统一广东、北伐等一系列军事斗争④。此外，收入《纪念中共“三大”六十周年学术讨论会》的有：曾建昭、钟亚开的《论广东社会主义青年团在第一次国共合作中的历史作用》，陈万安、陈善光的《广东青年对第一次国共合作的贡献》。

---

① 林席珍：《浅述中共“三大”对工人运动的影响》，《中共“三大”研究》，中共党史出版社2004年版，第133页。

② 刘明逵、唐玉良主编，刘明逵：《中国工人运动史第2卷新民主主义革命初期的工人运动(1919年5月至1923年12月)》，广东人民出版社1998年版，第586页。

③ 吴敏娜：《第一次国共合作时期的广州妇女运动》，《中共“三大”研究》，中共党史出版社2004年版，第328页。

④ 黄志坚：《中共三大与广州青年运动》，《嘉应学院学报》2013年第31卷第6期。

（八）国共合作与统一战线

中共三大的主要议题是国共合作，决定共产党员以个人身份加入国民党实现国共合作，建立最广泛的国民革命统一战线。国共合作和统一战线，也是中共三大研究的重点。

1. 关于国共合作的争论

关于国共合作与中共三大，很多学者将视野集中到了关于国共合作的争论。周承恩论述了国共合作问题的由来，梳理了中共三大会议上的六种争论，分别是：（1）中国的社会性质和革命性质问题；（2）党的基本任务问题；（3）对无产阶级和共产党力量的估计问题；（4）关于联合对象的问题；（5）对国民党看法的问题；（6）关于保持党的独立性问题①。一般学者给予充分肯定，认为中共接受“党内合作”是正确的，既符合马克思主义的策略原则，也有利于共产党的发展。有学者则持基本否定态度，认为“党内合作”是一条右倾路线，是共产国际为了维护苏俄民族利益的产物，是共产国际重视国民党轻视共产党的结果，这种方式限制了共产党争取领导权的斗争和独立活动的开展，是国共合作破裂和大革命失败的总源头。莫志斌、钟莹峰则认为第一次国共合作中“党内合作”的方式，有其正确性的一面，但更多地体现了负面作用：一是体现了苏俄狭隘民族主义和国家主义立场；二是它扰乱了共产党人的视线，不利于争取领导权；三是不利于共产党独立自主地领导革命斗争，加大了幼年的党所承受的政治压力；四是不利于共产党集中主要精力发展革命武装②。肖甡认为中共三大是存在着“左”右两种倾向的。中共三大争论的陈独秀和张国焘等人都有对的一面，也都有错的一面。没有中共三大加入国民党的决议，就没有第一次国共合作的建立，就没有轰轰烈烈的大革命，就没有中国共产党的大发展。

---

① 周承恩：《关于中国共产党第三次全国代表大会的探讨》，《北京大学学报（哲学社会科学版）》1982 年第 2 期。

② 莫志斌、钟莹峰：《第一次国共合作“党内合作”方式再评价》，《湖南师范大学社会科学学报》1998 年第 5 期。

所以，中共三大的决议，对第一次国共合作的实现是起了关键的作用，在基本方面是正确的，是不应抹杀的[①]。这是比较公允的全面评价。

国共合作是历次研讨会的热点。收入《纪念中共“三大”六十周年学术讨论会》的有：谢筱遒的《中共“三大”与国共合作》，白玉的《党的“三大”与国共合作》，宋天铨、李淑琳的《中共“三大”制定的国共合作方针的历史作用和意义》，黄志英、夏琢琼、孙国权的《中共“三大”关于国共合作的决定是一项利国利民的方针》，陈继馨的《中共“三大”前后关于国共合作方针的演变》，叶正墉的《论中共“三大”和第一次国共合作的建立》，郑应治的《关于“党内合作”问题的探讨》，张兆森、郭铁铃、谢木全的《必须正确评价我党在实现第一次国共合作过程中的作用》，摩鸿兴、赖德生、胡永泰的《第一次国共合作是历史的必然产物》，林家有的《试论第一次国共合作的政治基础》，关卫的《论第一次国共合作的建立》。收入《中共“三大”研究》的有：黄瑾璇的《中共“三大”与国共合作》，潘利红的《中国共产党关于第一次国共合作方针的演变》，杨苗丽的《国共合作决策的第一缕曙光——简析最早接受国共合作建议的广州会议》，梁向阳的《中国共产党关于第一次国共合作方针的演变》。收入《中共三大学术研讨会论文集》的有：陈弘君的《共产党员加入国民党实现国共合作是中共顾全革命大局的重大决策》，冷玉健的《解读中共三大确定的国共合作方式》，吴克辉的《中共三大对国共合作宣传工作的探索与实践》，张军赋、宋力的《求同存异、谋取双赢的成功典范》，欧大军的《国共第一次合作组织形式研究》，余宏檩的《从政党“中间化”的角度看国共合作》，周艳红的《三大前后共产党人对国情的认识及国共合作方针的形成》，中共河源市委党史研究室的《第一次国共合作对国民党的重大影响》，林进防的《第一次国共合作的影响》，谢莹的《第一次国共合作前后中共的政治宣传》，朱晓秋的《国共合作对国民党报刊业的影响》，陈育的《中共三大前后〈向导〉周报对国共合作的宣传与推动》，江少虹的《〈向

① 肖甡：《关于中共三大对加入国民党问题的争论》，《中共党史研究》1992 年第 1 期。

导〉与中共三大》，黄展隆的《中共三大与第一次国共合作对梅州地区的影响》，占善钦的《中共三大时国共关系与当前的国共关系比较及启示》，崔珏的《从排斥到合作——浅析中共一大到三大期间对国民党态度的变化》，李韬的《试论第一次国共合作与中国现代化的关系》，陈永红的《国共合作的历史回顾和经验教训》。

在期刊公开发表的论文也比较多，学术影响较大的有：肖甡的《关于中共三大对加入国民党问题的争论》(《中共党史研究》1992 年第 1 期)，刘青的《中共三大关于国共合作的争论》(《炎黄春秋》1998 年第 3 期)，李萍的《从张国焘的一封信看中共三大的争论问题》(《淮南工业学院学报（社会科学版)》2000 年第 3 期)，吴敏娜的《中共三大前后国共合作难题的化解》(《红广角》2011 年第 1 期)，姜帆的《中共三大前后的自主决策努力——兼辩“一切工作归国民党”》(《红广角》2014 年第 10 期)，何爱梅的《中共三大提出“国共合作”策略原因的探究》(《枣庄学院学报》2015 年第 1 期)，伍小涛的《中共三大代表关于国共合作的态度与行为影响研究》(《中国井冈山干部学院学报》2021 年第 1 期)，麦婉华的《中共三大：促成第一次国共合作》(《小康》2021 年第 20 期)。

关于第一次国共合作的著作众多。黄修荣的《第一次国共合作》认为，中共三大所确定的以共产党员加入国民党为特征的统一战线策略是十分正确的。这表明中国共产党在把马克思主义的基本原理同中国革命的具体实践相结合的道路上又前进了一步[①]。张赋认为，中共三大“最主要的功绩，是确定了以共产党员和社会主义青年团员参加国民党的方式建立革命统一战线的方针，从而促进了革命统一战线的迅速形成，为后来革命大发展创造了重要条件”[②]。日本学者波多野善大认为，对于马林传达的指示，张国焘从六方面反对：（1）国民革命是不是中共的唯一任务，中共的任务是领导工人阶级进行阶级斗争。（2）马林认为中国无产阶级的势力是脆弱的。（3）马林认为中国国民党是合乎理想而具有实力的国民革命的政党评价过

① 黄修荣：《第一次国共合作》，上海人民出版社 1986 年版，第 70 页。
② 张赋：《第一次国共合作》，黑龙江人民出版社 1985 年版，第 22 页。

高。（4）在国民党内工作成果归国民党，受到激烈的反对。（5）关于中共保留对国民党政治批评自由。（6）张国焘坚持工人运动是中共领导下的一个独立运动[①]。

有关第三次国共合作。1956年1月，毛泽东在最高国务会议上宣布："国共已经合作了两次，我们还准备进行第三次合作。"[②]可见中共三大创造的第一次国共合作的深远历史影响。学界也有很多学者针对第三次国共合作进行研究。从毛泽东方面进行研究的有：张春英的《中共中央和毛泽东关于解决台湾问题的重大决策之研究》（《党的文献》2004年第2期），梁柱的《道是无情却有情——1949年后的毛泽东与蒋介石》（《北京大学学报（哲学社会科学版）》2004年第6期）。

2. 中共三大与统一战线

中共三大是党的历史上专门研究统一战线的全国代表大会，统一战线问题是中共三大研究的热点。曾庆榴指出，中共三大正确制定与国民党合作建立革命统一战线的正确方针，开启了中国共产党运用统一战线的先河[③]。无论是领导革命还是执掌全国政权，统一战线都是我党的一大法宝，无论是搞革命还是搞建设，统一战线都要求同存异，具有包容性[④]。

中共三大与统一战线文章很多，历次研讨会都堪称热点栏目。收入《纪念中共"三大"六十周年学术讨论会》的有：郑星燕的《总结"三大"的历史经验，发展新时期的统一战线》，李新的《革命和建设都需要最广泛的统一战线》，黎显衡的《第一次国内革命战争时期革命统一战线的建立及其影响》；收入《中共"三大"研究》的有：林益的《把握时代主题

---

① ［日］波多野善大著；罗可群译；中共广东省委党史研究委员会办公室编：《国共合作》，广东省高等教育局科研处1982年，第52页。

② 中共中央台湾工作办公室国务院台湾事务办公室编：《中国台湾问题》，九洲图书出版社1998年版，第63页。

③ 《中共三大：党史上首开统战工作先河的会议——访中共广东省委党史研究室原主任、广东省委党校教授曾庆榴》，《光明日报》2021年1月20日。

④ 方义洁：《总结中共"三大"历史经验 发挥统一战线政治功能》，《广东省社会主义学院学报》2005年第2期。

变奏创新统一战线华章——中共“三大”开创统一战线新局面的历史启示》，何良苏的《中共“三大”与新世纪统一战线的发展》，陈永红的《总结中共“三大”历史经验发展新时期统一战线》，周贤山的《中共“三大”历史经验对新世纪统战工作的指导意义》；收入《中共三大学术研讨会论文集》的有：刘庆和的《中共三大对国共合作统一战线的确立及其影响》，谢东江的《对中共三大开创革命统一战线的哲学思考》。在期刊上公开发表的有：肖莉的《中共“三大”历史经验与新世纪新阶段统一战线》(《广东省社会主义学院学报》2008 年第 4 期），周平的《中国共产党全国代表大会全纪录：国共携手——中共三大》(《党史纵览》2011 年第 3 期），李俊朝的《中共三大精神磊落：中华两岸合力复兴——纪念中共三大召开 90 周年》(《求实》2013 年第 2 期），丁小丽的《民主革命统一战线的确立：中共三大文献研读》(《党史文汇》2016 年第 9 期），张师平的《革命统一战线的建立：中共三大的历史贡献》(《福建省社会主义学院学报》2017 年第 6 期），任晓敏的《中共三大对统一战线的探索与实践》(《四川省社会主义学院学报》2021 年第 3 期）。

统战史方面的专著，中共三大也是重点。中共中央统战部编著《中国共产党统一战线史》叙述中共三大提出党内合作，国共两党统一战线的过程，认为中共三大“既有利于国民党的改造和发展，又有利于共产党登上更广阔的政治舞台，对双方都是有利的。中共三大将二大提出的建立民主的联合战线的原则和西湖会议提出的党内合作形式又向前推进了一步，国共合作的步伐大大加快了”①。其他各种版本的通史性统战史专著，相关章节的框架结构和评价基调大体一致。断代性的新民主主义革命时期统战史，相关篇幅更多、分量更重。值得注意的是，出现以统战视角研究中共三大的专著。吴敏娜的专著，在介绍中共三大召开的过程及对广东地区影响的基础上，着重研究中共三大正确制定革命统一战线的方针政策，为中国统一战线最终形成奠定基础，以及后来对中国大革命高潮的到来产生的决定

① 中共中央统战部：《中国共产党统一战线史》，华文出版社 2017 年版，第 14 页。

性作用[①]。

（九）综合性研究与史料整理

史料整理与出版方面，除《党的文献》公布单篇或成组的档案外，主要有如下几种史料汇编。一是广东革命历史博物馆编撰的《中共“三大”资料》收录了中共三大召开前12篇史料（1992年6月—1923年5月）、20篇中共三大的决议、7篇中共三大后的报告（1923年11月—1923年12月）及党内重要人物谈论中共三大的回忆[②]。二是李玉贞主编的《马林与第一次国共合作》，主要收录马林关于中共三大前后的史料，包括：《斯内夫利特笔记——中国共产党第三次代表大会关于国共合作问题的讨论》《致共产国际执行委员会的信》《中国共产党第三次全国代表大会通过的中国共产党党纲草案》等[③]。三是中共中央党史研究室第一研究部编译的《共产国际、联共（布）与中国革命档案资料丛书》（北京图书馆出版社1997年版），其第1辑《联共（布）、共产国际与中国国民革命运动》（1920—1925）和第2辑《共产国际、联共（布）与中国革命文献资料选辑》（1917—1925），都收录了大量中共三大史料。后续几册也间有涉及中共三大的史料。四是李忠杰、段东升主编的《中国共产党第三次全国代表大会档案文献选编》中列举了中共三大14篇文献、35篇中共三大相关文献（1923年1月10日至1923年12月25日）以及9篇中共三大的会议资料[④]。此外，中共三大会址纪念馆与中山大学历史系合作出版《中共三大重要历史文献资料汇编》，为进一步研究中共三大历史提供了基础性材料。

关于中共三大的综合性研究。有的论文研究中共三大史的多个问题，本书暂列入综合性研究。例如：尚连山、苏若群在《从解密档案看中共三大的三个问题》涉及中共三大为什么在广州召开、中共三大决定实行党

---

① 吴敏娜：《统一战线源始略论——中共三大研究》，广东人民出版社2012年版，第32页。
② 广东革命历史博物馆编：《中共“三大”资料》，广东人民出版社1985年版。
③ 李玉贞主编：《马林与第一次国共合作》，光明日报出版社1989年版。
④ 李忠杰、段东升主编：《中国共产党第三次全国代表大会档案文献选编》，中共党史出版社2014年版。

内合作的原因和三大后中共中央离开广州的原因[①]。黎显衡的《中共“三大”若干问题的探讨》，讨论了三大会址的确认、三大争论的性质、中央局谁任秘书和中共中央机关迁穗四个问题[②]。杨苗丽的《与中共三大有关的几个问题》论及国共合作的提出、三大前的两次争论及中共三大的历史意义[③]。李颖的《走近中共三大》(百年潮 2013 年第 6 期)，仁民的《汇聚起大革命的滚滚洪流——聆听中共三大的历史回响》(《中国人力资源社会保障》2021 年第 3 期)，也有综合性质。黄振位的论文对孙中山、共产国际、共产党三方提出“国民革命”口号作了溯源，并叙述了中共中央南迁、中共三大时间确定、共产国际指示和三大的中心议题与争论等问题[④]。

《人民日报》的报道，涉及各个方面，多属综合性质。《中国共产党第三次全国代表大会 中国共产党民主革命时期七次全国代表大会介绍(三)》(1981 年 6 月 4 日第 5 版)，《纪念党的“三大”六十周年学术讨论会在广州举行认识“三大”历史意义 促进第三次国共合作实现》(1983 年 7 月 12 日第 4 版)，《中国共产党第三次全国代表大会(永远的丰碑 · 红色记忆)》(2006 年 5 月 22 日第 2 版)，《汲取历史经验推进伟大事业(理论信息)——“中共三大学术研讨会”综述》(2006 年 7 月 12 日第 9 版)，《党的三大(永远的丰碑 · 红色记忆)》(2007 年 10 月 12 日第 2 版)。另有《光明日报》刊登的《三页发黄手稿上沉甸甸的议决案》(2021 年 1 月 20 日第 6 版)。

确立中共三大的划时代地位。改革开放后，中共三大研究的一个重要进展是确立中共三大的划时代地位。有的明确认为中共三大是大革命的起

---

① 尚连山、苏若群:《从解密档案看中共三大的三个问题》,《中共党史研究》2013 年第 9 期。

② 黎显衡:《中共“三大”若干问题的探讨》,《中共“三大”研究》，中共党史出版社 2004 年版，第 139 页。

③ 杨苗丽:《与中共三大有关的几个问题》,《中共三大学术研讨会论文集》，广州出版社 2006 年版，第 559 页。

④ 黄振位:《“国民革命”的提出与中共“三大”的召开》,《广东社会科学》2003 年第 6 期。

点；更多是以中共三大或中共三大召开的1923年6月作为划时代的标志性事件。在改革开放前，按照一般中共党史或新民主主义革命史的分期，党的创建和第一次国内革命战争为一篇或一章，中共三大纳入中国共产党的创建部分叙述，或与中共二大一起视为民主革命统一战线的建立；通常将国民党一大或五卅运动视为大革命或第一次国内战争的起点。改革开放后，最早将中共三大视为大革命起点的书籍是上海市高校编写组编写的《中国共产党历史讲义》[①]。稍后，山东省高等学校编写组的《中国共产党历史讲义》上（修订本），也采用类似的框架结构[②]。

党史基本著作的历史分期和叙事模式。中共中央党史研究室编写的1989年版的《中国共产党历史大事记》，采用以中共三大作为大革命起点的历史分期编排。《中国共产党的七十年》和《中国共产党历史》（上卷），同时确认大革命起点的历史分期和框架模式；并认为中共三大决定共产党员以个人身份加入国民党，用这种形式实现国共合作。对于国共两党的发展，对于中国革命的前进，都是有利的，是有巨大功绩的[③]。由此，各地党史研究室编纂的党史大事记和党史基本著作，统一以中共三大为划时代标志。2000年，中共中央组织部、中共中央党史研究室、中央档案馆联合编纂出版了《中国共产党组织史资料》第1卷“党的创建和大革命时期”（1921—1927），按照将中共三大视为大革命起点的框架布局谋篇（中共党史出版社），从而奠定各地组织史资料的基本范式。21世纪初出版的《中国共产党的九十年》评价三大的内容与《中国共产党的七十年》完全相同；《中国共产党的历史》（第一卷）同样对中共三大的优点和不足进行了叙述，

---

① 上海市高校《中国共产党历史讲义》编写组：《中国共产党历史讲义》，上海人民出版社1980年版。

② 山东省高等学校中共党史讲义编写组：《中国共产党历史讲义》上（修订本），山东人民出版社1980年版。浙江省高等学校中共历史讲义编写组：《中国共产党历史讲义》上（第四次增订本），浙江人民出版社1981年版；郑德荣、朱阳主编：《中国共产党历史讲义》上（第4版），吉林人民出版社1981年版。

③ 胡绳主编：《中国共产党的七十年》，中共党史出版社2018年版，第45页。

优点部分相同[①]。较之《中国共产党的七十年》和《中国共产党的九十年》，《中国共产党历史》则指出了共产国际的影响。此后，其他由学者或高校、科研机构编写的中共党史著作，也采用党史正本的框架结构甚至评价、定调模范。通史性的多卷本《中国共产党通史》就以中共三大召开的1923年6月为第一、第二两卷的分界线，第2卷“在大革命的洪流中”充分肯定中共三大的巨大历史功绩[②]。

值得注意的是，近年出版中共三大的专著多种。例如，李颖的《国共合作：中国共产党第三次全国代表大会》中讲述了中共三大的筹备、开办、意义，大会通过的重要文献、中央委员新成员的简介、当事人的会议及学界的一些相关论文[③]。李晔晔主编《国共携手中国共产党第三次全国代表大会》罗列中共三大前后的有关文献、中共三大通过的重要文献、中央委员新成员的简介、三大后的重要会议及主张和学界一些关于中共三大问题的一些争论[④]。李蓉、叶成林的《中共三大轶事》从广州的地缘优势出发，讲述了中共三大召开的目的、任务、时间、人员、内容等。内容细致，包括大会成员的地域分布，大会的中心议题和议程，大会中的争论，报告和闭幕。为此类书中介绍最详细的，行文通俗易懂[⑤]。杨苗丽的《中共“三大”》(广东人民出版社2007年版)，也是通俗性读物，但篇幅较少、聚集地方性。

莫岳云、崔珏、周建华等所著《中共中央在广州：中共三大研究》(中央文献出版社2021年版，中共广州市委宣传部、广州市社科联组织编写的《中国共产党与大革命丛书》之一)，着重地方史研究和统战史视野，将中共三大置于20世纪20年代中国历史大背景下进行考察，重点记述了中共三大的社会背景、召开过程、主要成就，归纳和阐明中共三大实现中共党

① 中共中央党史研究室:《中国共产党历史》第一卷(1921—1949)，中共党史出版社2011年版，第109页。

② 沙健孙主编:《中国共产党通史》第2卷《在大革命的洪流中》，湖南教育出版社1996年版，第122页。

③ 李颖编:《国共合作：中国共产党第三次全国代表大会》，万卷出版公司2008年版。

④ 李晔晔主编:《国共携手中国共产党第三次全国代表大会》，河北人民出版社2012年版。

⑤ 李蓉、叶成林:《中共三大轶事》，人民出版社2015年版。

史的四个转变：由“社会革命”向“国民革命”转变，由“党外合作”向“党内合作”转变，由“秘密状态”向“公开状态”转变，由“党的创建时期”向“国民革命时期”转变等，对中共三大后统一战线与国民革命的发展作了阐述和评价。

三、中共三大研究展望

回顾中共三大召开100年的历程，可以清楚地看到，在中共十一届三中全会召开前的半个世纪里，中共三大研究因受政治因素的影响未能很好地开展，取得的成就也有限。直至十一届三中全会后，中共三大研究全面展开。首先，中共三大的划时代地位得到普遍肯定。不仅中央党史文献部门编辑的中国共产党历史基本著作、党史大事记和人物传记、年谱等，将中共三大视为大革命的起点；地方党史和中国革命史乃至中国近代史著作，部门史研究如统一战线史、党的建设史、理论创新史著作，大学思政课《中国近现代史纲要》教材和参考书，在篇目设置和脉络梳理时，都普遍以中共三大作为划时代的标志性事件。其次，学术研究全面繁荣，关于中共三大的史料整理、专题研究和通俗性读物相继出版，学术论文和理论文章层出不穷，研究中共三大及中共三大前后的历史事件和重要人物不断有新成果问世，甚至有长期以来似是而非或以讹传讹的看法被推翻。最后，研究队伍和专门机构建立健全。近年来中共三大受到党史文献和宣传、文化广电部门的高度重视，高校和党校的硕博士研究生和青年研究人员纷纷加入中共三大的研究队伍，新成立的专门机构如中共三大会址纪念馆和中共三大研究中心，致力于中共三大与大革命运动为主线的历史文献、口述史资料、革命史料及文物的调研、挖掘、收集、保护、整理和开发利用等工作，并组织学术交流合作，培养专业人才和学术团队。

关于中共三大的研究广度有很大扩展，延续了学界传统的人物研究、历史意义研究等，并有所深化。特别是加深了对孙中山、毛泽东、陈独秀等人物的研究，也拓展了对瞿秋白、王荷波、杨匏安等人物的研究。在三大的历史意义与现实价值方面，结合了当前热点的党建研究，从党的组织建设、思想建设方面出发，研究评议三大的历史与现实意义。研究的方法也更为多样，实证研究、理论研究、比较研究等研究方法均有体现，考证类文章也有不少，诸如三大会址的考证、毛泽东到广州的时间及路线考证等。这些都为三大研究的进一步深化奠定了基础。毋庸讳言，中共三大研究还存在种种不足。首先，研究规模和学术影响力不足，地方色彩明显。中共三大的研究在国内还没有形成广泛的规模效应。经统计，在中国知网的几百篇学术论文中，广东学者尤其是广州本地学者占绝大多数。中共三大在广州召开，广东籍代表比较多，会务由广东党组织承担，但是中共三大是全国党代会，主题是国共合作，代表来自全国各地，国共合作孕育过程和实践基础包括全国各地，特别是北京、上海、武汉、长沙等地，中共三大决议影响全国各省，甚至关系国民党和各派政治力量。中共三大在广州召开，但中共三大不是广东地方史问题。学术界对中共三大的阐释应突破广东的地域性因素。其次是研究主题同质化程度较高，学术视域有待拓展。历史事件、人物和问题的同题文章众多，基本观点、资料来源甚至结构篇幅也大同小异，没有突破性进展。

中共三大研究尚有待进一步深入。中共三大是中国共产党历史上的重要会议，涉及重大事件如大革命、国共合作和重要历史人物如毛泽东、陈独秀、张国焘等人。中共三大决定共产党员以个人身份加入国民党的“党内合作”，在当时是一种正确选择，甚至可以说是唯一正确的选择。“回到历史现场”，联系当时国际国内形势，了解当时中国政治格局和力量对比，避免苛责前人和“事后诸葛亮”。中共三大是代表大会中争论最为激烈的党代会之一。特别是关于国共合作问题，形成壁垒分明的阵营，最终在纪律约束下，达成一致意见，通过《关于国民运动及国民党问题的议决案》。实际上，双方的意见都有所保留。影响中共三大决策的因素错综复杂。除中国共产党认识水平的提升外，中共三大的主要议题是与国民党合作，自然受制于国共关系；中国共产党作为共产国际的支部，受共产国际的指导和苏联的影响。这也为后来的学术研究增加了困难。当前，党史界对中共三大在探索国民革命道路上所取得的成就的总体评价以及对中共三大涉及的事件、人物等问题的具体认识，尚有明显差异，还有待于更科学的实证考察、评估辨析，深化中共三大研究大有可为。

当前，对中共三大各方面的研究还很不平衡，还存在很明显的薄弱环节。从总体上看，还有很多具体问题有待于进一步探讨与深化。中共三大的基础性史实还没有完全弄清。众所周知，中共三大会址曾是一个历史谜团。直至中共三大召开半个世纪后的20世纪70年代初，经过组织亲历者、知情人和党史、文物专家多方调研才得以确定。代表人数与代表名单，则仍是没有得到解决的问题。关于中共三大代表人数一直以来没有统一的说法，大致上有30人、30多人和近40人的说法。这些不同说法，来自不同的资料来源。由于没有档案资料记载代表人数，一直无法确定。《中国共产党历史》和《人民日报》都采用不同的说法，以30多人最为普遍，但这与已被确定的文献资料所载明显不符。一是表决人数。陈独秀起草的《关于国民运动及国民党问题的议决案》，表决时以21票赞成、16票反对、3票弃权而通过，合计40票；二是中共三大选举中央执行委员会的结果，陈独秀得票数为40张。有否临时缺席、是否全票当选尚不得而知。考虑到表决权和列席、正式代表之分，中共三大代表应在40人以上。但目前还无办法确定。至于代表名单，各种档案列举的只有20余人。中共三大会址纪念馆经多方调研后认定的只有38名，其中多人仍有疑问。经各地学者的共同努力，代表名单可望得到确认。关于中共三大的人物研究，现在还不平衡，扎堆于几个重要领袖人物，大有拓展余地。关于中共三大召开的时间、中共中央南迁及在广州的情况，也还有待进一步研究的问题。中共三大会议召开情况、各地选派代表和贯彻大会精神等基础性资料，应加强征集并建立数据库。这是一个需各地学者合力配合才能完成的浩大工程。

拓展研究领域。一是新视角与新课题。中国特色社会主义进入新时代，以习近平同志为核心的党中央全面从严治党，中共三大在加强党内法规建设和制度建设的历史经验有借鉴意义。当前，实现中华民族伟大复兴进入不可逆转的历史进程，统一战线是实现中华民族伟大复兴的重要法宝，中共三大开创的统一战线，成为常研常新的课题。二是新动力与新契机。近年来中共三大研究的加强，与党中央高度重视党史学习教育，特别是在全国开展群众性的党史学习教育活动需用大量教育素材分不开；与高等党校加强思想政治教育，思想政治课老师队伍和研究生扩招有密切联系。2021年底党史学习教育结束后，习近平总书记强调："要认真总结这次党史学习教育的成功经验，建立常态化长效化制度机制，不断巩固拓展党史学习教育成果。"习近平总书记还鲜明提出"历史自信"的概念，强调要"郑重、全面、权威地对党的历史作出科学总结"。几乎同时，国务院学位委员会《关于对〈博士、硕士学位授予和人才培养学科专业目录〉及其管理办法征求意见的函》，法学门类内新增"中共党史党建"为一级学科。可以预期，中共党史研究必将有一轮大发展。对于中共三大研究，也是有新动力的契机。三是新资料的发掘。改革开放后，中共三大史料相继出版，除广东革命历史博物馆的《中共"三大"史料》和李玉贞主编的《马林与第一次国共合作》，党史文献部门整理出版了多卷本《共产国际、联共（布）与中国革命文献资料选辑》（近年重版再印）。基础史料的公布，引发了中共三大研究的热潮。需要指出的是，这些资料虽然出版已久，但仍有大量的相关资料没有被利用。近年来，不断有学者利用这批史料进行新的研究。同时，中共三大会址纪念馆与中山大学历史系将合作出版《中共三大重要历史文献资料汇编》，其收录规模与资料来源都将是空前的。其中多件是近年首次公开发布，除内地刊发的文章外，还有国民党史料和《香港华字日报》的报道。可以预期，中共三大研究将进一步深入开展。

附录：中共三大前后大事记略

1922 年

7 月 16—23 日　中国共产党第二次全国代表大会在上海举行，出席代表 12 人。大会通过《关于民主的联合战线的决议案》等文件。选举以陈独秀为委员长的第二届中央执行委员会。大会提出党的最高纲领是实现社会主义、共产主义，但在现阶段的纲领，即最低纲领是打倒军阀，推翻国际帝国主义的压迫，统一中国为真正的民主共和国。

7 月 18 日　共产国际执委会决定，要在中国实行关于支持孙中山和促进国共合作的意见，指示中共中央把总部转移到广州。

8 月初 《共产国际执行委员会给其派驻中国南方代表的指令》明确指出，“共产国际执行委员会认为国民党是一个革命组织”。共产党人应该支持国民党。

8 月 14 日　孙中山因军阀陈炯明叛乱离开广州，到达上海，住进法租界的莫利爱路 29 号的寓所。此后，共产国际、苏俄和中国共产党都向孙中山伸出热情的援助之手。

8 月 29—30 日　中国共产党中央执行委员会在杭州西湖举行特别会议。经过充分讨论后决定接受共产国际的指令，在孙中山改组国民党的条件下，共产党员以个人名义加入国民党。但是党内大多数同志存有疑虑。西湖会议后，只有少数领导人加入国民党。

9 月 4 日　孙中山在上海召集国民党负责人 53 人开会，讨论改组国民党问题，陈独秀、马林、张太雷应邀参加。孙中山解释了联俄、联共政策。

9月6日　陈独秀、丁惟汾、张秋白等9人被孙中山指定为国民党党务改进起草委员，参与起草国民党改组方案和国民党党纲、党章等工作。

9月13日　中共中央政治机关报《向导》在上海创刊；蔡和森率先在创刊号上发表《统一，借债，与国民党》。这是中共领导人最早提出“国民革命”的概念。20日，陈独秀在《向导》第2期发表《造国论》，比较完整地阐述了“国民革命”理论。

9月18日　孙中山在上海发表“致国民党员书”的党内通信，沉痛地回顾了同陈炯明的分歧、陈炯明叛变的始末及严重后果，并决定联俄联共，彻底改组国民党。

10月　中共中央从上海迁到北京。

11月5—12月5日　由陈独秀、刘仁静、王俊三人组成的中共代表团出席在莫斯科召开的共产国际第四次代表大会。陈独秀当选为共产国际执行委员。共产国际负责人拉狄克在会上要求中共走出“孔夫子式的共产主义研究室，到群众中去”。

1922年12月　苏维埃社会主义共和国联盟（以下简称“苏联”）正式成立。

1922年12月下旬　马林到达莫斯科，共产国际就中共加入国民党的问题展开辩论。

1923年

1月6日，共产国际执委会再次召开会议，就布哈林起草的关于国共关系的提纲展开讨论。马林阐明了国共合作的必要性和可能性；维经斯基则强调共产党保持自己的独立性。

1月10日　共产国际执行委员会主席团任命马林同志为共产国际东方部符拉迪沃斯托克局的第三名委员，并认为，马林和维经斯基同志参加下一次中国共产党代表大会是适宜的。维经斯基2月22日给共产国际的报告说：“3月底，中国要召开党代会，我打算去那里。”

1月12日　共产国际执委会作出《关于中国共产党与国民党的关系问

题的决议》。决议共7条。要点为：一、中国唯一重大的民族革命集团是国民党；二、国民党与年青的中国共产党合作是必要的；三、中共党员留在国民党内是适宜的；四、这不能以取消中国共产党独特的政治面貌为代价，党必须为强大的群众性的共产党准备基础；五、中国共产党应当反对国民党同资本主义列强和军阀的任何勾搭行动；六、中共应当促成国民党与苏俄联合，共同反对欧美日本帝国主义；七、中共绝不能与它合并，也绝对不能卷起自己原来的旗帜。该决议成为中共三大制定革命统一战线策略的依据，因由布哈林主持制定，也叫作“布哈林的决议”或“布哈林的提纲”。其中的矛盾认识是后来中共三大争论的根源。

1月中旬　陈独秀从苏联回国抵达北京后，主持召开中共中央会议。张国焘、蔡和森、邓中夏、高君宇、李大钊等参加，陈独秀传达共产国际四大精神，讨论同国民党建立统一战线问题，意见仍未统一。会议决定调毛泽东到中央工作，派李维汉任中共湘区委委员长。对此，毛泽东在写给张秋人的信中说，“甫先生在京大考在即”。其中“甫先生”即陈独秀。“大考”即筹备召开第三次全国代表大会。显然是准备在北京举办。

1月31日　共产国际代表马林回到中国，他带来了共产国际《关于中国共产党与国民党的关系问题的决议》，作为筹备中共三大、起草各项会议的政策基础。

2月4—10日　马林在笔记关于“党的工作”计划中写道：“中央委员会迁至上海，而后至广州”。“陈、蔡、邓，上海《向导》周报。”“会议延期至5月在广州召开。”

2月下旬　北京反动当局发出逮捕陈独秀、李大钊和共产国际代表马林等的通缉令。

2月底3月初　中共中央机关由北京迁回上海。陈独秀、蔡和森、李大钊、高君宇、邓中夏等均分散居住在公共租界。《时事新报》3月5日刊登的“北大旅沪同学会启事”，有陈独秀、徐新六、李大钊、顾颉刚、叶圣陶等在上海的地址，其中李大钊的地址是：法界环龙路44号张春木（太雷）转。《向导》周报社也同时迁往上海，但并未继续出刊。

3月9日　维经斯基给马林回信，表示不赞同中共中央迁至南方。但又要求马林“请多一些消息——来自广州”，索要中共关于二七大罢工的宣言；并询问中国共产党对即将发生的孙中山、张作霖、段祺瑞和吴佩孚之间斗争的态度，是否无条件地支持孙中山?

3月26日　陈独秀、谭平山应孙中山之邀，从上海来到广州。4月10日，孙中山任命陈独秀为大元帅府大本营宣传委员会委员长，谭平山等为委员。

3月27日　维经斯基在给马林的信中表示，“可以考虑5月份党的会议结束之后召开华南的劳动大会”，共产国际远东局只有三名负责人，维经斯基要等片山潜到达后才能起程来中国。维经斯基“仍想出席党的代表大会”，觉得“4月中旬前去比较合适”。

4月11日　中共中央发表《中国共产党告滇军兵士》，肯定滇军在护国、护法和讨伐陈炯明战争中的功劳，鼓励他们拥护孙中山，打倒北洋军阀吴佩孚、曹锟和日本帝国主义；并教育他们认识自己的穷苦地位，为革命而战斗，希望他们不要吸食鸦片、不要包赌。

4月14日　社会主义青年团湘区委书记戴晓云给团中央书记施存统的信说：“润之、少奇不日赴粤，开西全校会议”。即中共三大，后来刘少奇未参加中共三大。

4月18日《向导》在广州出版第21期，发行处改为广州昌兴街28号1楼。

4月21日　马林、毛泽东、张太雷等从上海起程赴广州。轮船航经汕头时，粤军将领许崇智专门派了一艘运输艇护送。他们在香港也没遇到什么麻烦。马林一行于4月28日到达广州。关于马来广州的原因，他后来在给共产国际领导人布哈林的信中谈到来广州的理由时说：“一来同孙中山建立联系，他控制着广东省的一部分地区；二来党的中央委员会已到广州。那是中央委员会可以合法存在的唯一城市，可以在那里举行会议。”

4月30日　陈独秀在广州签收上海C.维里杰同志寄交的共产国际传给中国共产党中央委员会1923年4、5两月的经费1000墨西哥元。该经费系由马林带来并转交。

5月1日，中共中央发表《“五一”节敬告工友书》，强调“全国工人大团结”，“合力向资本帝国主义及军阀反攻”。马林在广州一次纪念“五一”节的公众集会上发表演说。

5月14日　中国社会主义青年团中央执行委员会召开会议，决定委派张太雷作为出席中共三大的代表。

5月17日　接维里杰致电马林：张国焘已到上海，“赴穗事等待你的指示”。维里杰给了邓中夏和张国焘2000墨西哥元。在马林的名下向国际银行寄3000墨西哥元。

5月中旬　陈独秀、毛泽东以中共中央的名义，向各地党组织发出通知，要求选派代表到广州参加全国代表大会。

5月20日　马林邀请湖北全省工团联合会、湖南工团联合会、广东工会联合会、京汉铁路总工会、铁路总工会筹备委员会、中华海员工业联合总会等几个较大的联合会和劳动组合书记部的7名代表开了“预备会议”，就工人运动情况进行调研。

5月24日　共产国际执委会通过由维经斯基起草、布哈林修改的《共产国际执行委员会给中国共产党第三次代表大会的指示》13条，主要强调了以下几点：第一，中国革命的主要问题是农民问题，共产党作为工人阶级的政党，应当力求实现工农联盟和实行土地革命。第二，领导权应当归于无产阶级政党。共产党的首要任务是在工会中聚集工人阶级的力量。共产党对国民党的基本要求，就是它无条件支持工人运动。第三，共产党要支持孙中山反对北洋军阀的斗争，极力反对孙中山与军阀的军事勾结，不断推动国民党支持土地革命。

5月29日　张国焘从莫斯科回国，在上海停留后到达广州。据张国焘转述，在共产国际执行委员会中，他们谈到在中国问题上有左派（维经斯基、萨法罗夫、拉狄克）；中派（布哈林）；还有右派（越飞和马林）。

5月31日　马林在给共产国际的报告中说：“今晨，我从广东省长处得悉这两天形势严峻起来，因为陈炯明从东面来的军队已经到达离省城只有一小时路程的一个火车站。我们至今还没有把握，能否如期于6月10日在广州召开党的代表大会。”

6月3日　马林与廖仲恺到东莞会见孙中山。当时，因陈炯明部威胁广州，孙中山长时间在石龙前线督师讨陈。马林与孙中山就国民党改组和临城劫车案问题交换意见。马林失望地认识到，孙中山只关心军事形势和苏联能给南方政府的财政与军事援助。

6月初　各地参加中共三大的代表分途到广州，直接向广东区委报到，由区委派交通员带代表到指定地点居住。有的住在谭平山的家，有的住在三大会址楼上和春园。

6月上旬　中共三大预备会议在春园召开，马林传达共产国际关于国共合作问题的意见，报告国际形势，还讨论了中央委员人选和起草三大各决议案等问题。

△（6月9日及稍前）马林在广州召集前来参加中共三大的各地工人代表，特别是和京汉铁路有关的工人代表座谈，详细了解铁路工人的情况，写成《关于京汉铁路工人运动的调查记录》。参加调查的有项英、张连光、林育南、陈天、毛泽东、王荷波、王用章、邓培、刘仁静等，涉及地区有京汉铁路沿线、北京、天津、陇海路、正太路、京张路、津浦路、京奉路、汉口、奉天、湖北、湖南、浦口、上海、安徽、山东、唐山、山海关等地。内容不限于工人运动，也包括农业情况、青年工作，等等。座谈会表示，“中共中央将明确捐款问题”。其中，项英介绍京汉铁路的情况非常具体，地域包括河南的信阳、确山、驻马店、郾城、许昌、郑州、新乡等站的情况，如工会是否被解散，有无同志牺牲、有无工人被开除，以及群众工作；河北的邢台、正定府、保定府、琉璃河等站，主要是二七大罢工后工会和工人的情况；北京的长辛店：5人受伤，其中两人死亡。尚不知被开除人数。张连光主要介绍汉口的情况。江岸车站，33人被杀，后又有4人死去。12名受伤者已痊愈，但被开除。各自离去，有怨气，受害者家属处境极为悲惨。林育南介绍了二七大罢工后的工人安抚和救济情况。在罢工善后和责任承担方面，他们与张国焘发生了矛盾。当时发生了侵吞捐款

的郭寄生、郭平伯事件，这对郭氏兄弟是张国焘介绍加入工会和党组织的。马林觉得，有关当事人都在推卸自己的责任。6 月 9 日陈天谈了湖北问题。他宣称两个姓郭的态度不好，使人无法同他们达成谅解。关于支部中的麻烦，他赞成采取谨慎的措施，以防止局势变化。相对于京汉铁路，湖南的情况不限于工人运动。在马林的调查记录中，毛泽东注意探索中国国情。“中国的国情是，旧的宗法社会传统仍然非常顽固，因此，我们不能发展为一个现代化的群众政党，无论是共产党还是国民党。”“要帮助中国开展运动，唯有靠俄国的积极支持（外交和军事上的支持）。”毛泽东说：“湖南的情况，在中国是正常情况，人们一直想要一个好人政府。”“工人建立现代工会组织，3000 万人口中不超过 3 万会员。”毛泽东还分析了“现在失业的原因有三：1. 每逢王朝更迭，那些在前朝统治下和平生活的农民总会由于土地兼并而失去土地。2. 进口商品冲垮了手工业。3. 内战。”“湖南农村已有纺织品、火柴、香烟、陶瓷产品，但仍有许多旧的社会领域未被触动”。来自浦口的王荷波重点介绍了津浦铁路工人运动的情况，京汉铁路罢工被镇压以后，浦口工人进行了两天半的罢工。在军队的压力下，工人们停止了反抗。王立即被浦口解雇和驱逐。工会转入地下，损失了三分之一会员。王荷波曾在香港短期工作，他认为香港工人是中国工人中最先进的。上海，组织工作非常困难。要在上海卓有成效地工作，唯一办法是在工厂内开展工作，外面的人不受信任。王用章（山东）介绍山东煤矿、铁矿和胶济铁路工人与工人运动的情况，“工人阶级情绪低落”。来自唐山的邓培，介绍京奉铁路工运情况。有 10 个铁路工人和 1 个煤矿工人加入共产党。反对英帝国主义的情绪非常强烈。综合各代表发言，广州工人倾向孙中山，北方人从前倾向吴佩孚，而罢工后则不然，现在更倾向孙。刘仁静说，青年害怕共产主义，宣传太教条化了。“我们必须从事国民运动”，同基督教青年会竞争，结成群众性联盟。

6 月 12—20 日　中国共产党第三次全国代表大会在广州举行，出席代表 40 多人，代表党员 420 人。大会的主要议程是讨论全体共产党员加入国民党的问题。大会接受共产国际执行委员会于本年 1 月 12 日通过的《关于中国共产党与国民党的关系问题的决议》，决定全体共产党员以个人名义加入国民党，以建立各民主阶级的统一战线。在会上，多数代表着重批评了张国焘等不愿积极同国民党合作的错误意见，也不同意马林、陈独秀提出的“一切工作归国民党”的右倾观点。经过充分讨论，大会通过的《关于国民运动及国民党问题的议决案》和《中国共产党党纲草案》等文件提出，党在现阶段“应该以国民革命运动为中心任务”；国民党“应该立在国民革命之领中国革命分子集中于国民党”。共产党员加入国民党的目的是：第一，改组国民党为左翼的政党；第二，在中国共产党不能公开活动的地方，扩大国民党；第三，把优秀的国民党员吸收到我们党内来。为了保持共产党在政治上的独立性，阻止国民党在政治运动上妥协的倾向，后仍保存并努力扩大共产党的组织，严格执行党的纪律。大会发表了宣言，还通过关于劳动问题、农民问题、青年运动、妇女运动等决议，修订党章、制定中央执行委员会组织法。大会选举出由九名执行委员、五名候补委员组成的中央执行委员会。第三届中央执行委员会由陈独秀、毛泽东、蔡和森、谭平山、罗章龙五人组成中央局，陈独秀为委员长、毛泽东为秘书、罗章龙为会计，负责中央日常工作。

6 月 13 日 《向导》周报第 29 期发表张太雷的《羞见国民的中国国民党》。文章说，“中国国民党辛亥革命以来十二年的奋斗一无所成，因为他完全和国民断绝关系，而只知道和军人政客交际。”这是《向导》周报批评国民党文章中最为激烈、辛辣的一篇。

6 月 15 日 中国共产党理论刊物《新青年》季刊在广州创刊，瞿秋白担任主编。由瞿秋白翻译的《国际歌》的中文歌词首次在这个刊物上发表。

6 月 19 日 马林在会见孙中山时，鉴于北京政局正在发生的变化，建议孙中山说“往上海一行，必须设法抓住反对北庭运动的领导权”。但孙中山觉得“这并不重要”，拟在五年之内建立新中国。同意派汪精卫先行并拟随后亲自赴莫斯科。

6 月 20 日 孙中山在与李大钊谈话时表示，政党建设重于夺取北京领导权，“如果没有一个政党，把北京的领导权夺到手也是徒劳”；解决了广东问题后要亲自前往莫斯科一趟。

6月20日　马林在给共产国际执行委员会的信中，汇报了中共三大的争论情况。据徐梅坤回忆，马林带了一部英文打字机，他把会议讨论的意见集中整理好，打成英文，再由张太雷、瞿秋白翻译成中文发下来讨论。关于国共合作问题的讨论，发言的有瞿秋白、邓中夏、毛泽东、邓培、李大钊、林育南，广东支部、长辛店、北京的代表，以及蔡和森、陈独秀、张国焘。其中，瞿秋白的发言内容较多，有17个要点，他支持国共合作的，“只有国民党能指导不同的利益统一起来”“我们的职责是领导无产阶级推动国民党，使其摆脱资产阶级的妥协政策”。国民党的发展，并不意味着牺牲共产党。相反，共产党也得到了自身发展的机会。邓中夏在讨论时提出九个问题，充分估计到对国民党改组的困难，对改组的前景持乐观态度，不赞成过多批评国民党热衷军事和轻视群众。毛泽东提了7条意见：一、国民党是否就不能发展——这是个问题。二、资产阶级革命在中国行不通。三、中国的国民革命只能在世界革命后进行。四、希望在中国实现国际合作。五、他相信目前小资产阶级能够领导国民党。六、我们不应该害怕加入国民党。七、农民和小商人是国民党的好成份。邓培表态同意陈的观点。李大钊有三点意见：一、过去和将来国民运动的领导因素都是无产阶级，而不是其他阶级。二、我们不要害怕参加国民运动。三、没有迹象表明我们没有希望。林育南发言内容有16条，他认为，讨论中的分歧点在于工会工作和党；他同意加入国民党，但认为不加入国民党我们也能帮助做国民运动，反对替国民党介绍党员，我们应该为我们的党保存力量。广东支部认为，提出在全国范围内发展国民党。长辛店代表则说，国民党是资产阶级的政党，是我们的敌人，我们不能帮助他们。北京代表认为，在北方我们有机会发展我们自己的组织。蔡和森指责陈把工人置于国民党的旗帜下，认为这是违反共产国际执行委员会的决定；在统一战线中无产阶级如果不能全部掌握领导权，至少应拥有部分领导权。不能说除国民党外，没有其他的民族主义政党。蔡和森发言后，陈独秀作了回应：共产国际执行委员会的决定不是联合战线问题，而是在国民党内工作。我们应在国民党内工作，因为国民党软弱涣散，而不是如蔡所说等国民党情况好转时，我们再加入。重建国民党是我们的职责。最后是张国焘发言，他宣称执行共产国际决定，高度评价工人阶级的力量，我们的党在北方工人中占有主导地位。我们至少应在北方打出共产主义或劳动组合书记部的旗帜去独立开展工会工作。张国焘在中共三大提出“宁左勿右”的观点：“也许我们是错误的，但我们宁可保持左，左的错误比右的错误容易改正。”他希望中共三大能通过略左一点的决定。

△ 《向导》第30期，发表《中国共产党第三次全国代表大会宣言》。

6月21日　马林致电维里杰：“王荷波携带重要信件启程赴沪”“只有王可以收取党的钱，不要给别人，把详细账目”寄来。王荷波系中共中央执行委员，被派驻上海区委。

6月24日　第三届中央执行委员会讨论北方的政治危机及国共合作问题，作出四点决定：（1）发表一个对于时局的主张；（2）以中央委员会的名义联名致函孙中山，要求他在华南停止军事行动，到上海去组织工商学的国民会议，把现有的农民联合会组织成为农村自治政府；（3）尽快在上海召集一次劳动大会；（4）指示各地方支部组织学、工、商参加的游行以支持国民会议的要求。当时，北京政府出现无总统、无内阁，也无议会的局面，各方对此虎视眈眈。

6月25日　马林向共产国际报告中共三大“选举新的中央委员会的投票情况”。选举新的中央委员会的投票情况是：陈独秀40票，蔡和森37票，李大钊37票，王荷波（工人）34票，毛泽东34票，朱少连（工人）32票，谭平山30票，项德龙（工人）27票，罗章龙25票；中央候补委员是：邓培、张连光、徐梅坤、李汉俊、邓中夏。

△　陈独秀、李大钊、蔡和森、谭平山与毛泽东5名中央委员以国民党员身份联名致信孙中山，要求孙中山裁决两个问题：（1）在上海或广州建立强有力的执行委员会，以期合力促进党员的活动和广泛开展宣传；（2）最近的北京危机不是近几天来事态发展的结果。联名信希望孙中山结束广州的战事，“前往舆论的中心地上海，到那里去召开国民会议”。

7 月 1 日　中共中央以委员长陈独秀致信国际红色工会，对其给予中国工人运动的捐款援助表示感谢，并汇报了最近中国工人运动发展情况。

△　中共中央发出《中国共产党中央委员会致苏联铁路工人联合会的信》，对该会对中国工人阶级所表示的精诚团结之意谨致谢忱，并表示重建组织的工作已经开始，将“为更加成功地打击强大的敌人做好准备”。

△　中国共产党机关刊物《前锋》月刊由广州平民出版社出版，瞿秋白担任主编。次年 2 月出至第三期后停刊。

7 月 2 日　中共中央局委员长陈独秀、秘书毛泽东致信共产国际说：“此次会议后，我们决定把中央执行委员会的机关搬到上海工作，这不仅因为上海是工业最发展的中心区，而且也便于对全国工作进行指导和传达。”

7 月 3 日　马林致信致共产国际执行委员会和萨法罗夫，并随信附寄几份中国党代表大会决议的译文。

7 月 13 日　孙中山与陈独秀、蔡和森谈话，表明将在广东坚持军事斗争的立场，无意立即改组国民党。

△　中共中央在广州举行会议，针对孙中山单搞军事计划，忽视政治宣传工作的状况，认为“在广州做不了很多事情”，应转到北方“进行召开国民会议”宣传工作，并计划在上海召开学生代表会议和劳动大会，决定中央局“将于近日启程”迁往上海。马林在致达夫谦和越飞的信中：“同志们将于近日启程，只有陈独秀留在这里，直到本月底。”

7 月 15 日　马林向共产国际执行委员会的报告中称：“我们党的中央委员会决定最近几天就把驻地迁往上海，中央委员会宁愿在上海处于非法地位，也不愿在广州公开活动，因为上海的运动意义更加重要。”中央机关讨论过是否有必要支持召开国民会议的宣传，讨论了不久将召开劳动大会和学生代表大会的问题。主要的困难在于择定会址和筹集款项。召开一次学生代表大会特别有益，因他们在各大城市很有影响。

7 月 18 日　中共中央收到《共产国际给中国共产党第三次代表大会的指示》。该指示信由维经斯基起草，有共产国际领导人布哈林、季诺维也夫等参与修改和讨论。

△　孙中山与马林进行谈话时表示，如果像陈独秀那样在他的周报上批评国民党的事再次发生，“一定开除他”。马林在信中沮丧地认识到，孙中山“不乐意同我们接近。现在，我对他毫无办法”。至此，马林最终放弃将中共中央留在广州、推动国民党改组的努力。马林还说：“我们的中央委员会感到，不能寄希望于通过健忘的孙中山改变态度去把国民党的宣传推上新的轨道。为了开展群众工作，我们的人也不能总在广州束手以待。”

7 月 19 日　陈独秀与廖仲恺举行会谈。廖仲恺在谈话中说，国民党在中东铁路问题上不能再对张作霖施加影响。如果孙中山或者孙中山的代表汪精卫“再紧逼一步”，张作霖就会怀疑他们，就会觉得他自己是被国民党人利用了。这是国民党联俄政策冷淡的表现。

△　中共中央基于三方面原因开会讨论党中央在广州的处境问题：1. 上海的国民党员抱怨我们《向导》周报上的批评太苛刻。2. 广州国民党地方小组负责人曾声明（在邀请该小组参与抵制日本的运动后），陈独秀只想利用国民党。3. 孙中山告诉马林，“周报上的批评是无法接受的”，如果陈独秀不放弃批评，孙一定要把他开除出党。中共中央经讨论后作出决定：第一，在不与国民党决裂的前提下，对国民党在政治上的无所作为和它的错误行动仍要进行批评，但要避免激烈言辞，加强国民党的宣传，在华北、华中建立国民俱乐部。第二，一周内中共中央离开广州，重回上海，因为留在广州争取孙中山支持政治宣传是白费力气。中央认为，如果孙仍坚持己见，不离开南方，一心依附于英国势力，就不能指望会发生大的变化。只要孙仍然坚持他的一个政党的观点，只要他不请共产党人去工作，就根本不可能指望国民党会现代化，不可能指望他们进行反帝宣传。如果孙委托一些党员做党的政治工作，而其中我们的人一个也没有，那就不能保证严肃认真地推进国民党的反帝宣传。

7 月 21 日　维里杰通过“广州东山西爪园 53 号曼德尔”致电马林，告知“达夫谦后天 7 月 23 日抵北京”，要求马林“最好在广州等我电报与北京指示”。

7 月　中国共产党发表第二次对时局的主张，表明了拥护国民党的立场："由负有国民革命使命的国民党，出来号召全国的商会、工会、农会、学生会及其他职业团体，推举多数代表在适当地点，开一国民会议"。但中国共产党坚持自己的立场，"若是国民党仍旧号召四个实力派的裁兵会议与和平统一，其结果只军阀互战或产生各派军阀大结合的政局"，如此我们主人翁的国民应起来肩此巨任，"号召国民会议以图开展此救国救民的新局面"。

7月底　中共中央负责人毛泽东、蔡和森、罗章龙等首批前往上海，共产国际代表随后也离粤赴沪，委员长陈独秀约于8月初到达上海。中共中央局机关由广州迁到上海后，设在闸北区三曾里。毛泽东同蔡和森、向警予、罗章龙等住中央局机关。

8月2日　俄共（布）中央政治局任命鲍罗廷为孙中山的政治顾问。9月下旬，鲍罗廷到达上海，会见了陈独秀和中国共产党其他负责人。

△　共产国际代表马林在上海同蒋介石商讨孙中山指派他赴苏联考察军事一事，根据马林建议组成"孙逸仙博士考察团"，团长蒋介石，团员有沈玄庐、王登云、张太雷。8月16日，代表团由上海启程赴苏，考察军事、政治和党务，并洽谈苏联援助问题。

8月19日　广州地政人员陈定中绘制了"四区二分署恤孤院后街图"。该图显示，逵园对面仅有一幢房屋，门牌为恤孤院后街31号。这就是中共三大会址。

8月20—25日　中国社会主义青年团第二次全国代表大会在南京召开。大会拥护中共三大确定的国共合作的方针，决定社会主义青年团员以个人身份加入国民党。

9月10日　中共中央发出通告："中局组（织）自迁沪后略有更动，即派平山同志驻粤，而加入荷波同志入中局。又润之同志因事赴湘，秘书职务由会计章龙同志兼代。"

10月6日　鲍罗廷抵达广州。随后，鲍罗廷同中国共产党、社会主义青年团在广州的中央执行委员开会，讨论改组国民党的方法，并决定力劝孙中山召集改组国民党的会议。

10月18日　孙中山任命鲍罗廷为中国国民党组织教练员。

10月25日　孙中山在广州召开中国国民党改组特别会议，讨论改组国民党改组计划。会上，孙中山指派廖仲恺、谭平山等九人为中国国民党临时中央执行委员，汪精卫、李大钊等五人为候补委员。

10月底，中国国民党中执委会发出通知，照会海内外党部选派代表到广州，出席第一次全国代表大会。

11月初　维经斯基再度来华，接替马林担任共产国际驻中国代表。

11月24—25日　中共三届一中全会在上海召开。出席的有中央局委员陈独秀、蔡和森、王荷波、罗章龙，驻京委员李大钊，驻鄂委员项英，青年团中央代表刘仁静。特别招待一人（可能是维经斯基），共8人。全会按照共产国际执行委员会的指示信精神，研究执行中共三大决议，决定进一步促进国民党改组，在全国扩大国民党组织，凡有国民党组织的地方，中共党员、青年团员“一并加入”；凡国民党无组织的地方，“我党则为之建立”。会议还决定通过党团性质的秘密组在国民党内贯彻共产党的纲领和政策，努力争取“站在国民党中心地位”。

11月30日　中共中央机关报《中国共产党党报》在上海创刊，不定期，主编陈独秀。

12月25日　中共中央发出《中央通告第十三号》，要求全体共产党员积极帮助国民党改组，以促进国民党第一次全国代表大会的召开。

1924年

1月1日　中共中央和社会主义青年团中央在上海举行联席会议，讨论国民党改组问题。陈独秀、瞿秋白和鲍罗廷等人出席了会议。鲍罗廷和陈独秀作报告。

1月17日　共产党党团举行全体会议，研究中共党员在国民党一大期间的统一行动问题。据统计，在国民党一大190多位代表中，有25位中共党员。实际到粤参会的20人组成共产党党团。党团委员会，由3名中央委员即李大钊、谭平山、毛泽东组成。

1月18日　共产党党团继续举行会议，共产党党团全体20人参加，鲍罗廷出席。决定组成有一个委员会（3—4人）和5位代表（5个代表团各1人）的联席会议，分成4个小组。瞿秋白提议，在3名中共中央委员之外邀请团中央1名委员参加。鲍罗廷在党团会议上作报告，还总结国共双方存在的4点分歧：民族自决问题、土地问题、民权主义的来源和中国工人的勤劳。李大钊、谭平山、毛泽东等发言，分别就土地问题和民族自决问题表达了意见。毛泽东两次发言，篇幅最长。鲍罗廷了解党团情况时，均由毛泽东作答。

1月20—30日　在孙中山主持下，中国国民党在广州举行第一次全国代表大会。大会通过有共产党人参加起草的、以反帝反封建为主要内容的宣言，确定联俄、联共、扶助农工的三大政策，从而把旧三民主义发展为新三民主义。大会指定谭平山、廖仲恺、孙科、李大钊、汪精卫、毛泽东等19人组成章程审查委员会。大会选举有李大钊、谭平山、毛泽东、林伯渠、瞿秋白等十名共产党员为委员或候补委员的国民党中央执行委员会。接着改组国民党中央党部，共产党人担任组织部、农民部部长。随后，全国大部分地区以共产党员和国民党左派为骨干改组或建立了各级国民党党部。这样，国共合作全面实现。

2月　中国共产党召开三届二次执行委员会会议，通过《同志们在国民党工作及态度决议案》。决议中关于共产党对待国民党右派的态度，实际上是主张调和、退让；关于共产党的活动，主张“一切工作归国民党”。这些主张，助长了党的工作中右的偏差的发展。

5月10—15日　中共第三届中央执行委员会在上海召开扩大会议。会议肯定国共合作五个月来的成绩，指出国共合作实现后共产党内出现的右倾偏向，提出坚持国民党一大宣言中的革命政纲，并作为正确对待国民党左右派之间斗争的标准，加强左派、削弱右派，并批评前一段工作中对两派采取调和政策的错误。会议强调共产党自身教育工作和组织工作的重要性，要求在产业工人中大力发展共产党的组织，批评前一段“没有十分努力去吸收工人”的错误，并制定了加强党的工作的具体措施。共产国际代表维经斯基出席。

1925 年

1 月 11—22 日　中国共产党第四次全国代表大会在上海举行。出席代表 20 人，代表党员 994 人。大会回顾了中共三大以来党的政策制定和实施的经过，肯定上年 5 月中央扩大会议对党的工作中右倾错误的批评，重新规定党同国民党合作和关于工人运动、农民运动等方面的一些方针。大会明确提出无产阶级在民主革命中的领导权和工农联盟问题，通过了《对于民族革命运动之议决案》等 11 个议决案，并选出了新的中央执行委员会，由陈独秀、张国焘、彭述之、蔡和森、瞿秋白组成中央局，陈独秀为总书记。

主要参考文献

中央档案馆编:《中共中央文件选集》(1), 中共中央党校出版社 1989 年版。

中共中央文献研究室、中央档案馆编:《建党以来重要文献选编(1921—1949)》第 1—3 册, 中央文献出版社 2011 年版。

中共中央党史研究室第一研究部译:《联共(布)、共产国际与中国国民革命运动(1920—1925)》(1), 北京图书馆出版社 1997 年版。

中共中央党史研究室第一研究部编:《共产国际、联共(布)与中国革命文献资料选辑(1917—1925)》(2), 北京图书馆出版社 1997 年版。

中共中央组织部、中央党史研究室、中央档案馆合编:《中国共产党组织史资料》(第 1 卷), 中共党史出版社 2000 年版。

中共中央党史研究室:《中国共产党历史》第一卷(1921—1949), 中共党史出版社 2011 年版。

中共中央文献研究室编:《毛泽东年谱(1893—1949)》, 人民出版社、中央文献出版社 1993 年版。

《毛泽东选集》第 1—4 卷, 人民出版社 1991 年版。

宋庆龄基金会:《宋庆龄选集》上卷, 人民出版社 1992 年版。

李忠杰、段东升主编:《中国共产党第三次全国代表大会档案文献选编》, 中共党史出版社 2014 年版。

中国社会科学院近代史研究所、广东省社会科学院历史研究所、中山大学历史系孙中山研究室等编:《孙中山全集》第 5—9 卷, 中华书局 1981 年版。

中国社会科学院现代史研究室:《马林在中国的有关资料增订本》第2版，人民出版社1984年版。

中国社会科学院近代史研究所现代史研究室编:《“二大”和“三大”:中国共产党第二、三次代表大会资料选编》，中国社会科学出版社1985年版。

广东革命历史博物馆编:《中共“三大”资料》，广东人民出版社1985年版。

荣孟源主编:《中国国民党历次代表大会及中央全会资料》上册，光明日报出版社1985年版。

中共广东省委党史资料征集委员会、中国国民党革命委员会广东省委委员会、中共佛山市委党史办公室编:《谭平山研究史料》，广东人民出版社1989年版。

中共广州市委党史研究室编:《陈独秀在广州的创党活动》，广州出版社2009年版。

中共广东省委党史研究室编:《中国共产党广东地方史》第1卷，广东人民出版社1999年版。

中共广东省委组织部等编:《中国共产党广东省组织史资料》上册，中共党史出版社1994年版。

中共广东省委员党史研究室、广东中央党史学会、中共广州市委党史研究室编:《中共“三大”研究》，中共党史出版社2004年版。

中央党史研究室第一研究部、中共广东省委员党史研究室、广东中央党史学会、中共广州市委党史研究室编:《中共三大学术研讨会论文集》，广州出版社2006年版。

欧阳湘、罗玲:《毛泽东在广州》，人民出版社、广州出版社2020年版。

陈金龙:《继承与超越：毛泽东与孙中山比较研究》，广东教育出版社1998年版。

黎永泰:《毛泽东与大革命》，四川人民出版社1991年版。

胡乔木:《中国共产党的三十年》,《人民日报》1951 年 6 月 22 日。

张静如、唐曼珍:《中共党史学史》,中国人民大学出版社 1990 年版。

王健英:《中国共产党组织史大事纪实》,广东人民出版社 2003 年版。

郭德宏、李玲:《中共党史重大事件述评》(增订本),中共中央党校出版社 2005 年版。

李君如主编:《中国共产党历次全国代表大会研究》,东方出版中心 2007 年版。

杨苗丽:《中共"三大"》,广东人民出版社 2007 年版。

陈建华主编:《中国共产党第三次全国代表大会纪念画册》,广州出版社 2007 年版。

李颖编:《国共合作:中国共产党第三次全国代表大会》,万卷出版公司 2008 年版。

卜穗文:《中国共产党第三次全国代表大会历史图文录》,广东人民出版社 2010 年版。

李晔晔主编:《国共携手中国共产党第三次全国代表大会》,河北人民出版社 2012 年版。

吴敏娜:《统一战线源始略论——中共三大研究》,广东人民出版社 2012 年版。

中共广州市委组织部等编:《纪念中共三大学术作品精选》,广州出版社 2013 年版。

李蓉、叶成林:《中共三大轶事》,人民出版社 2015 年版。

李颖:《党代会历史细节:从一大到十八大》,党建读物出版社 2017 年版。

张士义、王祖强、沈传宝主编:《从一大到十九大:中国共产党全国代表大会史》(1921—2017),东方出版社 2018 年版。

莫岳云、崔珏、周建华:《中共中央在广州:中共三大研究》,中央文献出版社 2021 年版。

黄修荣:《第一次国共合作》,上海人民出版社 1986 年版。

李玉贞主编:《马林与第一次国共合作》，光明日报出版社 1989 年版。

孙武霞、翟作君、朱敏彦等:《指令与自主——共产国际·苏联·中国革命》，上海社会科学院出版社 1990 年版。

陈锡祺主编:《孙中山年谱长编》(下册)，中华书局 1990 年版。

桑兵主编:《孙中山史事编年》第 6—11 卷，中华书局 2017 年版。

李永春:《蔡和森年谱》，湘潭大学出版社 2008 年版。

马齐彬:《国共两党关系史》，中共中央党校出版社 1995 年版。

张国焘:《我的回忆》，东方出版社 1998 年版。

李玉贞:《马林传》，中央编译出版社 2002 年版。

姚金果:《陈独秀与莫斯科的恩恩怨怨》，福建人民出版社 2006 年版。

曾庆榴:《国民革命与广州》，广州出版社 2011 年版。

唐金培:《第一次国共合作与党的建设互动研究》，河南人民出版社 2011 年版。

朱洪:《中共首任总书记陈独秀》，当代中国出版社 2011 年版。

黄志坚:《第一次国共合作在广州》，暨南大学出版社 2017 年版。

肖甡:《关于中共三大对加入国民党问题的争论》,《中共党史研究》1992 年第 1 期。

李淼翔:《广东省纪念中共三大召开八十周年座谈会暨学术研讨会述要》,《中共党史研究》2003 年第 5 期。

张秋实:《中共三大以后莫斯科召回马林原因探讨》,《安徽史学》2003 年第 5 期。

黄振位:《“国民革命”的提出与中共“三大”的召开》,《广东社会科学》2003 年第 6 期。

黄振位:《试论中共“三大”的战略策略思想》,《广东社会科学》2006 年第 6 期。

欧阳湘:《“跨党党员”并非都是国民党的“新鲜血液”——对大革命时期知名“跨党党员”早年政治倾向与党派属性的分析》,《中共党史研究》2008 年第 2 期。

刘苏华:《中共一大至三大时期中央出版社组织结构考释》,《湖南师范大学学报》2008 年第 3 期。

欧阳湘:《毛泽东中共“三大”至“四大”期间任职中央局秘书考析》,《湖南科技大学学报(社会科学版)》2008 年第 4 期。

黄志高:《凯末尔革命与二十世纪二十年代共产国际、苏联的对华工作》,《中共党史研究》2009 年第 2 期。

王连捷:《中共三大后哈尔滨党组织活动考述》,《党的文献》2011 年第 3 期。

朱洪:《中共二大:陈独秀应对马林和共产国际的一次紧急会议》,《党的文献》2012 年第 1 期。

尚连山、苏若群:《从解密档案看中共三大的三个问题》,《中共党史研究》2013 年第 9 期。

李蓉:《出席中共三大代表再考证》,《上海党史和党建》2013 年第 9 期。

李雷波:《论中共三大中央局的迁往上海及其影响》,《中共党史研究》2013 年第 11 期。

冯铁金:《也谈中共三大的召开时间》,《党的文献》2014 年第 2 期。

汪家华、郑明:《中共三大中央委员及中央局成员考——以档案文献和回忆性史料为基本面》,《福建党史月刊》2014 年第 12 期。

欧阳湘:《毛泽东参与国民党一大期间中共党团领导考》,《中共党史研究》2017 年第 9 期。

欧阳湘:《毛泽东 1923 年到广州时间考》,《党的文献》2018 年第 1 期。

伍小涛:《中共三大代表关于国共合作的态度与行为影响研究》,《中国井冈山干部学院学报》2021 年第 1 期。

后 记

本书写作的时间不长，但相关资料征集和研究工作已有积累。2003 年初，我在广州市委党史研究室工作时，参与举办纪念中共三大召开 80 周年活动，最早开始相关研究工作。后来，2006 年参与中共三大会址建设项目和有关活动，2013 年参与纪念中共三大召开 90 周年活动并撰写《毛泽东在广州》，较为系统地搜集史料并加强研究，陆续在《中共党史研究》《党的文献》发表学术论文。2021 年中，接受中共党史出版社的委托，承担本书的撰写任务。

按照中共党史出版社的统一安排和策划，我拟订了本书的提纲并执笔完成撰稿工作。需要指出的是，广州番禺职业技术学院马克思主义学院讲师石慧、广东省和平县委党校教师罗凤麒，中共广东省委党校党史党建专业硕士研究生孙长江、张家睿参与了资料整理或文字校对等辅助性工作，孙长江并整理编写了学术史和大事记的初稿。

我的工作单位广东省委党校为本书的撰写提供了良好的工作条件，特别是科研管理处处长许德友教授、副处长蔡蕾和马克思主义学院院长张谨教授，给予了指导和支持。本书的写作，还得到了中共广州市委宣传部、广州市委党史文献研究室和中共三大会址纪念馆等单位的支持。时任市委宣传部理论处处长（现黄埔区委常委、宣传部长）梅声洪博士，市委党史文献研究室周颖处长、孟处长，中共三大会址纪念馆原副馆长（现农讲所纪念馆书记）黎淑莹研究员、吴敏娜研究员，为本书的撰写提供了支持和帮助。在此，谨致诚挚的谢意！

由于条件所限（如因新冠疫情影响未能出差），加上时间仓促、水平有限，书中难免存在这样或那样的问题，敬请专家学者和读者批评指正！

欧阳湘

2023 年 2 月